Wirtschaft

von
Hans-Jürgen Albers
Horst Babendererde
Theresia Benz
Hartmuth Hengst
Max Jung
Uwe Lenz
Helmut Neutschel
Martin Plieninger
Norbert Umlandt

Ernst Klett Verlag
Stuttgart Leipzig

…ᴜft ist eine Neubearbeitung des Unterrichtswerks Wirtschaft 7 bis 10.

1. Auflage

1 5 4 3 2 1 | 12 11 10 09 08

Autoren: Hans-Jürgen Albers, Böbingen; Horst Babendererde, Magdeburg; Theresia Benz, Emmendingen; Hartmuth Hengst, Lorch; Max Jung, Meckenbeuren; Uwe Lenz, Dinslaken; Helmut Neutschel, Gerwisch; Martin Plieninger †, Heidenheim; Norbert Umlandt, Schrozberg

Redaktion: Sabine Hollank, Waltraud Gerbach
Herstellung: Elke Kurz, Kernen i. R.

Gestaltung: Anika Marquardsen, Stuttgart
Umschlaggestaltung: Anika Marquardsen, Stuttgart
Illustrationen: Ralf Grünberg, Nürnberg
Reproduktion: Meyle + Müller Medien-Management, Pforzheim
Druck: Druckhaus Götz, Ludwigsburg

Printed in Germany
ISBN 978-3-12-755430-4

9 783127 554304

Inhalt

Inhalt

Vom Schüler zum Arbeitnehmer

Technisierung und Rationalisierung

Produktion und Entlohnung

Soziale Marktwirtschaft

Wirtschaftliche Stabilität

Ökonomie und Ökologie

Anhang

Auskommen mit dem Einkommen

+ Wünsche und Bedürfnisse
+ Einkommen aller Art
+ Ausgaben planen

Wünsche – immer wieder Wünsche!

Jeder Mensch hat Wünsche. Ob klein – ob groß, ob jung – ob alt: alle haben wir Wünsche nach den unterschiedlichsten Dingen. Oft sind es Wünsche nach ganz neuen Sachen, wie z. B. einem MP3-Player oder einem WAP-Handy. Doch viele Wünsche zielen immer wieder auf Dinge, die für die meisten von uns selbstverständlich sind: eine Wohnung, ein Fahrrad, Gesundheit oder Glück.

Wünsche entstehen abhängig von
- der Zeit,
- dem Alter,
- dem Familienstand,
- dem Beruf und der Höhe des Einkommens,
- dem Wohnort,
- dem Geschlecht,
- den ganz persönlichen Interessen.

1 Erkläre, warum die Wünsche deiner Mitschüler so unterschiedlich sind.
2 Beschreibe an Beispielen, wie und wodurch sich Wünsche ändern können.

Entstehen und Wandel von Bedürfnissen

Wünsche bezeichnen wir auch als Bedürfnisse. Um uns die Übersicht zu erleichtern, teilen wir diese in drei Gruppen ein.

Die Grundbedürfnisse Nahrung, Kleidung, eine Wohnung und persönliche Sicherheit können sich heute bei uns die meisten Menschen leisten. In wirtschaftlich schwierigen Zeiten steigt die Zahl derjenigen Menschen, die keine Arbeit und keine Wohnung haben. Sie müssen sich in vielen Dingen einschränken, und es fehlt ihnen an persönlicher Sicherheit.

Wir alle haben natürlich auch Bedürfnisse, die über die reinen Grundbedürfnisse hinausgehen. Wir möchten abwechslungsreiche Mahlzeiten genießen, modische Kleidung tragen und in einer schönen Wohnung leben. Zu diesen Kulturbedürfnissen gehören außerdem Hobbys wie z. B. Gitarrespielen, Malen usw. Eine Urlaubsreise ist für viele auch noch kein Luxus.

Lebt jemand in einer Villa mit eigenem Park oder besitzt jemand mehrere teure Autos, dann wird diese Person sich auch weitere Luxusbedürfnisse leisten. Dazu zählen wertvolle Teppiche, teurer Schmuck, ein Privatjet.

Die meisten unserer Bedürfnisse sind auf materielle Dinge ausgerichtet. Das sind Sachen, die wir sehen, anfassen und kaufen können.
Diese Bedürfnisse werden oft beeinflusst durch die Werbung und den Preis sowie durch das Alter und die Bildung.

Anders ist es mit dem Wunsch nach nichtmateriellen (sozialen, geistigen) Dingen: Wissen, Liebe, Erfolg, Sicherheit, Anerkennung usw. Die Erfüllung solcher Wünsche ist in der Regel nicht von einem Kaufpreis abhängig. Vielmehr ist dazu der persönliche Einsatz des Einzelnen oder auch eine Leistung der Gesellschaft bzw. des Staates notwendig.

1 Erstelle eine Collage zu den drei Bedürfnisgruppen. Schau in Katalogen, Prospekten usw. nach.

2 Warum ist es oft schwer, bestimmte Bedürfnisse einer der drei Gruppen eindeutig zuzuordnen?

3 Vor 50 Jahren war ein Fernsehgerät ein Luxusgegenstand, den sich nur wenige Menschen leisten konnten. Erkläre, wie die Situation heute ist.

4 Begründe, die Aussage: „Die Erfüllung nichtmaterieller Bedürfnisse ist finanziell nicht messbar."

Handys bei Jugendlichen – ein echtes Bedürfnis?

Innerhalb weniger Jahre haben sich Mobiltelefone bei Jugendlichen explosionsartig verbreitet: Inzwischen haben 94 % der 12- bis 19-Jährigen ein Handy, wie eine Untersuchung des Medienpädagogischen Forschungsverbundes Südwest ergab. 1999 besaßen erst 14 % der Befragten ein Mobiltelefon.

Wenn innerhalb weniger Jahre zehntausende Jugendliche ein Handy kaufen oder geschenkt bekommen, müssen mehrere Punkte zusammenkommen:

- Ein großer Werbeaufwand muss den Jugendlichen das Gefühl vermitteln, dass ein Handy notwendig ist.
- Der Kaufpreis muss bezahlbar sein.
- Ein neues Produkt muss die Lebensgefühle der Jugendlichen treffen, damit es gekauft wird. Dies ist vielleicht der wichtigste Punkt.
- Es gibt immer wieder neue Handy-Modelle und damit einen Anreiz, sich das neueste zu besorgen – das kleinere, das schickere, das Handy mit den neuen Funktionen.

Mit der Einführung von vertragsfreien Handys, bei denen die Gebühren über „Prepaid-Karten“ vorfinanziert werden, ist der entscheidende Marktdurchbruch bei Jugendlichen gelungen.

> Maren, 14

Ein Leben ohne mein heiß geliebtes Handy? Niemals!
Diese Mobiltelefone haben doch nur Vorteile. Wieso also darauf verzichten? Wer jetzt noch immer kein Handy hat, dem ist auch nicht mehr zu helfen. Derjenige ist doch der totale Outsider.
Ich bin für alle meine Freunde immer erreichbar, kann im Internet surfen und jederzeit Fotos machen, wenn etwas Interessantes passiert. Radio kann ich auch hören, nur TV geht bei mir nicht. Aber vielleicht bekomme ich ja zum Geburtstag das neueste Handy geschenkt.

Zwei Drittel der Jugendlichen rechnen die Kosten über eine Prepaid-Karte ab, sodass sie eine Kontrolle über die Gebühren haben. Manche Jugendliche geben jedoch einen Großteil ihres Taschengelds für die Handybenutzung aus oder verschulden sich sogar.

1 **Nenne Marens Gründe für die Nutzung eines Handys.**
2 **Beurteile den Gewinn an Lebensqualität Jugendlicher durch die Nutzung von Handys.**
3 **Warum konnte erst durch die „Prepaid-Karte“ ein Bedürfnis geweckt werden?**
4 **Erkläre Vor- und Nachteile einer „Prepaid-Karte“ im Vergleich zu Mobilfunkverträgen.**
5 **Wie versucht der Handel „Prepaid-Karten“ als billige Alternative anzubieten?**
6 **Welche Möglichkeiten gibt es, den Überblick über die Kosten zu behalten und die Schuldenfalle zu vermeiden? Erkundige dich.**

Die wichtigsten Handy-Funktionen für Jugendliche 2007:

Telefonieren	88 %
SMS austauschen	85 %
Fotos machen	43 %
Musik hören	31 %
Spiele machen	14 %
Uhr nutzen	8 %

SMS = Short Message Service: kostenpflichtige Übertragung von Textnachrichten bis 160 Zeichen auf ein Handy

Umfragen ergeben, dass vor allem der Austausch von Kurznachrichten (SMS) bei Jugendlichen beliebt ist.
Mehr als die Hälfte aller jugendlichen Handybesitzer verschickt täglich SMS-Nachrichten. Durch die begrenzte Anzahl von Zeichen je SMS haben sich vielfältige Abkürzungen entwickelt.

Jugendliche wollten auch ein Handy

Raubüberall auf 15-Jährigen geklärt

Aufgeklärt werden konnte ein Überfall auf einen 15-Jährigen vom ersten Sonntag im April. In Höhe des Friedhofs auf der Kölner Straße in Odenkirchen hatten ihn zwei zunächst Unbekannte aufgefordert, den Rucksack herauszugeben. Dabei schlug einer der Täter dem Jungen zweimal so fest ins Gesicht, dass er sich einer kieferchirurgischen Behandlung unterziehen musste. Gestern konnten die beiden Täter ermittelt werden. Gegen die beiden 15- und 16-Jährigen lag bisher noch nichts vor. Sie waren auf die Idee gekommen, als sie den Jungen mit seinem Handy telefonieren sahen. …

Über das Handy kann man auch bargeldlos Waren bezahlen oder Geld von einem Handy zum anderen überweisen. Dazu muss man sich bei einem Betreiber eines Bezahlsystems anmelden und kann dann einen Geldbetrag auf sein Handy-Konto buchen.
Besitzer eines Girokontos können dem Betreiber auch ihre Bankdaten übermitteln, sodass alle Zahlvorgänge per Handy vom Girokonto abgebucht werden.

Jugendliche können ein Taschengeldkonto nutzen, das z. B. die Eltern monatlich auffüllen.

7 **Welche Bedeutung hat das Verschicken von SMS-Nachrichten bei Jugendlichen?**

8 **Stelle in einer Tabelle beispielhaft verwendete Abkürzungen und Symbole sowie ihre Bedeutung zusammen.**

9 **Warum hat die Wirtschaft großes Interesse an einem bargeldlosen Zahlungsverkehr über das Handy?**

10 **Gibt es noch andere Bereiche, in denen die SMS-Übertragungen eingesetzt werden können? Erkundige dich.**

11 **Wie ist das Verhalten der Jungen in dem Zeitungsartikel erklärbar? Haltet ihr es für richtig?**

Möglichkeiten und Grenzen von Bedürfnissen

Bedürfnisse sind grenzenlos, und doch hat alles seine Grenzen.
Jeder Mensch wünscht sich, dass er täglich genug zu essen hat. Schon sehr bald möchte er sich nicht nur einfach satt essen, sondern er möchte etwas besonders Schmackhaftes auf den Tisch bekommen.
Genauso ist es mit der Kleidung. Wer läuft schon gerne immer mit der gleichen Hose, dem gleichen Kleid herum?

Doch die Mittel zur Befriedigung der grenzenlosen Bedürfnisse sind knapp. Niemand kann sich alles sofort und vollständig leisten. Vielmehr müssen die knappen Mittel überlegt eingesetzt werden. Deshalb können wir unsere Wünsche nur nach und nach, im Laufe der Zeit erfüllen. Mancher bleibt sogar ein Leben lang ein Wunschtraum, der aus den verschiedensten Gründen nie in Erfüllung geht.

1 Ordne die in der Abbildung aufgezählten Voraussetzungen den Bedürfnissen zu.

2 Herr Seufert, Kevin, Susanne und Julia haben Bedürfnisse, die nicht ohne Schwierigkeiten befriedigt werden können. Nenne Gründe dafür.

3 In welchen Fällen ist es dir schon einmal ähnlich ergangen? Wie hast du später darüber gedacht?

Bedürfnisse

- ein großes Auto fahren
- eine neue Wohnung bewohnen
- eine Weltreise machen
- ein Popstar werden
- 20 Meter tief tauchen
- im Lotto gewinnen
- einen interessanten Beruf ausüben

Voraussetzungen

- Talent
- Glück
- genügend Wohnraum
- Können
- Gesundheit
- Geld

Bedürfnisse und Wirtschaft

> Herr Binder ist seit 12 Jahren Schreibwarengroßhändler. Er beliefert Geschäfte in ganz Westfalen. Vom Radiergummi bis zum Füller mit Goldfeder reicht sein Sortiment, das er immer auf dem neuesten Stand hält.

„Das beste Geschäft machen wir jedoch mit den Saisonartikeln. Hier müssen wir genau beobachten, was gerade Mode ist.
Die Einzelhändler erwarten von uns eine blitzschnelle Lieferung, denn die Kunden wollen natürlich nicht zwei oder drei Wochen auf solch einen Saisonartikel warten!"

> Die Firma Comtext hat vor 7 Monaten damit begonnen, ein „ganz neues Produkt" auf den Markt zu bringen: eine Computerzeitschrift mit Comicfiguren.
Man war sich sicher, dass hauptsächlich die ganz jungen Computer-Anwender die Zeitschrift kaufen würden.
Die beiden ersten Ausgaben verkauften sich nicht schlecht, doch dann wurden es von Monat zu Monat immer weniger Leser. Mit Ausgabe Nr. 7 hat der Verlag das Erscheinen von CompuComic eingestellt, denn viel zu wenig Käufer verlangten diese Zeitschrift.

> In Leuzenweiler, einer kleinen Gemeinde mit rund 400 Einwohnern, hat ein Feinkostgeschäft eröffnet. Hummer, Kaviar, Champagner usw. werden hier täglich in großer Auswahl angeboten. Alles sieht fantastisch aus, aber ...

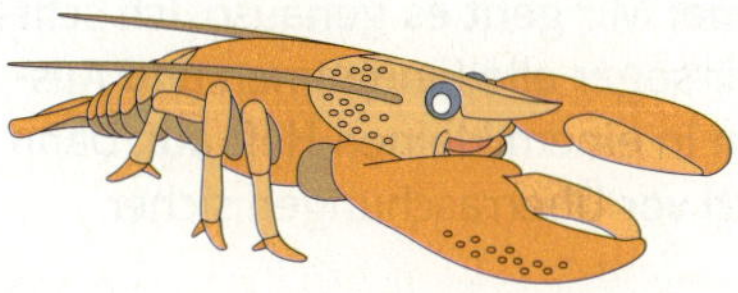

> Die Laura-AG hat das Produkt des Jahres auf den Markt gebracht: einen Staubsauger, der sprechen kann. Er teilt mit, wenn der Staubbeutel voll ist. Kostenpunkt: 659,– €
Eine tolle Idee, aber ...

Unsere vielfältigen Bedürfnisse können wir nur dann befriedigen, wenn die gewünschten Güter und Dienstleistungen auch angeboten werden. Heute ist niemand mehr in der Lage, sich alleine mit allen lebensnotwendigen Dingen zu versorgen. Wir kaufen fast alles, was wir für unser Leben benötigen.
Auf der anderen Seite bieten Hersteller nur solche Güter zum Kauf an, von denen sie hoffen, dass diese von möglichst vielen Menschen gewünscht werden.

1 **Warum ist Herr Binder ein erfolgreicher Geschäftsmann? Woran liegt der Misserfolg der Firma Comtext?**
2 **Zeige Ursachen auf für das Scheitern der Laura-AG und des Feinkostgeschäfts.**

Taschengeld – ein heißes Thema

Donnerstag, 5. Stunde: Diskussionsstunde der Klasse 7b an der Uhlandschule. Wie fast jeden Donnerstag haben auch heute zwei Schüler der 7b ein Thema vorbereitet, das alle angeht: Warum brauchen Schüler ein eigenes Taschengeld? Die Vorbereitungsgruppe, Renate und Johannes, leitet die Diskussion.

Renate: Ist es wirklich notwendig, dass wir als Jugendliche ein eigenes Taschengeld erhalten?
Corinna: Also, ich finde, dass man unbedingt sein eigenes Geld braucht. Ich möchte doch nicht wegen jeder Kleinigkeit zu meinen Eltern gehen müssen.
Sandra: Also, das stört mich überhaupt nicht. Meine Eltern geben mir das, was ich brauche. Ich muss sie aber darüber informieren, was ich mit dem Geld vorhabe. Schließlich ist es ja auch ihr sauer verdientes Geld.
Paul: Sauer verdientes Geld! Ich weiß, was es heißt, sein Geld selbst zu verdienen. Schließlich schleppe ich bei Wind und Wetter jeden Freitag das Anzeigenblatt in 230 Häuser!
Johannes: Es heißt ja immer, wir sollen den Umgang mit dem Geld erlernen, und dafür sei es notwendig, dass auch Kinder schon ihr eigenes Taschengeld bekommen. Was meint ihr dazu?
Ruth: Genau so ist es. Wir müssen jetzt lernen, mit unserem Geld sinnvoll umzugehen. Nur so können wir später dann mit unserem selbst verdienten Geld zurechtkommen.
Maren: Du tust gerade so, als müsste man Geldausgeben lernen. Das ist doch total blöd.
Kurt: Natürlich muss man das lernen. Was glaubst du denn, wo du hinkommst, wenn du dein Geld später genauso verplemperst, wie du es jetzt mit deinem Taschengeld tust?!

Wo bleibt das Taschengeld?

Renate: Jetzt beruhigt euch mal! Taschengeld ist also so eine Art Einkommen von Kindern und Jugendlichen.
Ernst: Und wir sollen lernen, vernünftig damit umzugehen. Immer das alte Lied: Wir sollen etwas lernen. Maren hat schon recht. Das bisschen Taschengeld, und dann auch noch lernen, wie man damit richtig umgeht! Wozu denn? Wenn's weg ist, gehe ich zu meiner Oma, die rückt immer noch was raus.
Sarah: So gut möchte ich es auch haben! Eine Oma fast wie ein Goldesel. Ich muss mir mein Taschengeld in der Woche gut einteilen, sonst kann ich am Wochenende nichts unternehmen. Und wer sitzt schon gerne allein daheim und schaut bloß noch in die Röhre?!
Simone: Mir geht es genauso. Ich schreibe mir sogar alle Einnahmen und Ausgaben in einem kleinen Heft auf. Dann bin ich vor Überraschungen sicher.

Süßigkeiten	Spielzeug	Kino 𝍸 I
Zeitschriften III	Hobby	Schulsachen III
Sparen 𝍸	Getränke	Geschenke

1 **Was ist in der Aussage von Simone mit „Überraschungen" gemeint?**

2 **Wofür gebt ihr euer Taschengeld aus? Befragt Mitschülerinnen und Mitschüler eurer Klasse und tragt die Ergebnisse in eine Tabelle ein.**

Einnahmen im August	Euro	Ausgaben im August	Euro
1. Taschengeld	6,–	neues Stirnband	4,80
2. „Spende" von Opa und Oma	15,–	Schulparty	6,50
3. Taschengeld	6,–	Kino mit Kati und Gert	
4. Papa im Garten geholfen	3,–	(danach noch in Eisdiele)	11,50
5. Taschengeld	6,–	neue CD	12,99
6. alte CD an Moni verkauft	5,–	Süßigkeiten und Getränke	ca. 10,00
7. Taschengeld	6,–		
macht zusammen	47,–		45,79

Das ist ein Ausschnitt aus den Aufzeichnungen von Simone. Alle Einnahmen und Ausgaben listet sie möglichst genau auf, damit sie einen Überblick über ihr Bares hat.

> **Oliver hat gegen Ende eines Monats immer öfter ein kleines Problem: Sein Taschengeld ist verbraucht! Er kann sich das Geld einteilen wie er will, immer kommt etwas dazwischen. Am 21. oder am 26. des Monats ist Ebbe in seiner Kasse. Das eine oder andere Mal helfen ihm seine Eltern aus dieser Notlage. Manchmal leiht er sich kleinere Geldbeträge bei Freunden.**
> **Doch damit soll jetzt Schluss sein: Er las nämlich in einer Jugendzeitschrift eine Anzeige: Bei Geldnöten sind die Banken die richtigen Partner. Also geht Oliver zur Zweigstelle der Bank, bei der er mit seinen Eltern schon einige Male war. Etwas aufgeregt ist er schon, als er dem Mann am Schalter seinen Wunsch nach einem Kredit vorträgt.**
> **Wie groß ist erst seine Enttäuschung, als der Bankangestellte ihm klarmacht: „Ich darf einem 13-Jährigen keinen Kredit gewähren."**

Banken dürfen Kindern und Jugendlichen keinen Kredit gewähren!

Kinder und Jugendliche haben in aller Regel schon ein eigenes Einkommen: nämlich das Taschengeld.
Meist erhalten sie diese regelmäßige Geldzahlung von ihren Eltern. Aber auch Großeltern zeigen sich oft großzügig und geben etwas dazu.

Ein Teil der Jugendlichen bessert dieses Einkommen durch kleinere Gelegenheitsjobs oder sogar durch regelmäßige Arbeit noch etwas auf.

Eine kleine Buchführung kann helfen, die Übersicht über Einnahmen und Ausgaben nicht so schnell zu verlieren.

3 **Wozu ermuntert die Illustrierten-Anzeige?**

4 **Überlegt euch Pro- und Kontra-Argumente für eine Taschengelderhöhung und begründet eure Aussagen.**

Mit Arbeit zum Erfolg

> Seit 9 Jahren bin ich nun schon in der gleichen Firma. Die Arbeit hier hat mir sofort gefallen. Am Anfang war ich noch in einer anderen Abteilung, doch vor einem Jahr habe ich einen Kurs für unsere neue CNC-Maschine besucht.
Zehn Tage war ich auf Betriebskosten in einem hervorragenden Schulungszentrum.
Es macht einfach mehr Spaß, wenn man auf dem neuesten Stand ist und bei den Kollegen mitreden kann.
Finanziell zahlt es sich natürlich auch aus, wenn man sich darum bemüht, beruflich weiterzukommen.

Herr Markert arbeitet als Industriemechaniker. Er ist ein abhängig beschäftigter Arbeitnehmer. Er geht wie Millionen andere Arbeitnehmer einer regelmäßigen Arbeit nach und erhält dafür ein Einkommen. Je nachdem, in welchem Berufszweig jemand arbeitet, hat dieses Einkommen verschiedene Namen: Lohn, Gehalt, Bezüge, Gage, Honorar usw.

Herr Markert erhält neben seinem eigentlichen Lohn auch noch betriebliche Zulagen: das Urlaubsgeld und das Weihnachtsgeld.

Hier siehst du eine Monatslohnabrechnung von Herrn Markert. Urlaubs- und Weihnachtsgeld sind Sonderzahlungen, die hier nicht einbezogen sind. Der Lohn wird monatlich auf das Girokonto von Herrn Markert überwiesen.

Sozialversicherungsbeiträge und Steuern wurden vom Arbeitgeber bereits abgezogen und den zuständigen Stellen zugeleitet. Herr Markert muss keine Kirchensteuer und keinen Solidaritätszuschlag zahlen, weil Kinderfreibeträge berücksichtigt wurden.

Verdienstabrechnung August 2008 Kurt Markert — Pers.Nr. 562/85 Hauptstr. 12 — Abt. 5c 25413 Marktflug		verheiratet Steuerklasse: 3 Kinder: 2
		Konfession: ev.
Stundenlohn in Euro		15,00
Monatslohn	**168 Stunden**	
Bruttoverdienst		**2520,00**
Abzüge	Lohnsteuer	144,60
	Kirchensteuer	0,00
	Solidaritätszuschlag	0,00
	Krankenversicherung	197,82
	Rentenversicherung	250,74
	Arbeitslosenversicherung	41,58
	Pflegeversicherung	24,57
Gesamtabzüge		655,37
Nettoverdienst		**1864,63**

> Frau Markert arbeitet seit einem halben Jahr stundenweise in einem Supermarkt. Sie möchte damit, wie sie selbst sagt, „die Familienkasse ein bisschen aufbessern". Frau Markert kann sich die Arbeitszeit bei diesem Job weitgehend selbst einteilen. „Außerdem", klagt sie, „ist mir daheim manchmal langweilig, seitdem die Kinder zur Schule gehen."
Später möchte sie dann als Kauffrau im Einzelhandel wieder ganztägig ins Berufsleben einsteigen.

Viele Frauen sind durch Beruf und Haushalt doppelt belastet. Häufig werden sie für die gleiche Tätigkeit immer noch schlechter bezahlt als Männer.

Bei der Betrachtung des Einkommens muss man die Größe des Haushalts berücksichtigen. Es ist nämlich ein Unterschied, ob zwei, drei oder sogar fünf Personen von einem Einkommen leben müssen.

Ebenso spielt die Anzahl der Familienmitglieder bei der Höhe des Familieneinkommens eine große Rolle: Verheiratete zahlen bei gleichem Einkommen weniger Steuern als Ledige.

Familien mit Kindern bekommen Kindergeld und steuerliche Vergünstigungen vom Staat. Damit sollen die finanziellen Mehrbelastungen von Familien gemildert werden.

Kindergeld im Jahr 2008
1. bis 3. Kind: 154 Euro
Jedes weitere Kind: 179 Euro

Einmalige Zahlungen wie Urlaubs- und Weihnachtsgeld erhöhen das Familieneinkommen zusätzlich. Man muss diese Zahlungen in die zwölf Monatslöhne des Jahres einrechnen, wenn man das gesamte Monatseinkommen erfassen will.

Nettolohn Herr Markert	1864,63
Urlaubs- und Weihnachtsgeld, aufgeteilt auf die 12 Monate	233,00
Nettolohn Frau Markert	322,11
Kindergeld	308,00
Gesamteinkommen pro Monat	2727,74

1 **Wovon hängt die Höhe des Familieneinkommens ab? Stelle alle Punkte zusammen.**

2 **Frau Markert arbeitet als Hausfrau. Dafür erhält sie kein Einkommen. Sprecht darüber.**

3 **Ledige zahlen höhere Steuern als Verheiratete oder Familien mit Kindern. Erkläre diesen Sachverhalt.**

Auf eigenes Risiko

> Renate Schmidt ist seit 4 Jahren selbstständig. Sie betreibt ein kleines Modegeschäft in der Nähe von Heilbronn.

„Oft bin ich 10 Stunden in meinem Geschäft. Denn auch nach Ladenschluss gibt es noch eine Menge zu tun."

„Sicherlich kann ich vieles selbst entscheiden. Manchmal ist das aber auch schwer."

„In den ersten zwei Jahren hatte ich hohe Schulden bei Banken und Lieferanten. Erst jetzt verdiene ich gut."

„Mir macht es Spaß, selbst etwas auf die Beine zu stellen."

> Monika Heinold ist seit 3 Jahren Friseurgesellin. Sie überlegt oft, ob sie sich ebenfalls selbstständig machen soll.

„Man kann als Chefin andere für sich arbeiten lassen. Das finde ich toll."

„Wenn man selbstständig ist, braucht man sich nichts von anderen sagen lassen."

„Als Selbstständige verdient man viel und kann sich alles leisten."

„Man wird ganz anders angesehen, wenn man selbstständig ist."

Handwerker, Ärzte, Geschäftsleute, Anwälte, Künstler, Unternehmer usw. sind in der Regel Selbstständige. Selbstständig werden kann jeder, der bereit ist, ein gewisses Risiko einzugehen.
Vor der Ausübung vieler Berufe braucht man eine fachliche Ausbildung. Eine Rechtsanwältin muss z. B. mindestens 6 Jahre an einer Universität studieren.

Auch geht es nicht ohne ein Startkapital. Ohne dieses Kapital könnten eine Geschäftsfrau oder ein Kfz-Meister gar nicht ihre Arbeitsräume einrichten, die sie für die Berufsausübung benötigen. Die wöchentliche Arbeitszeit von Selbstständigen liegt durchschnittlich um mehr als zehn Stunden über der von Arbeitnehmern. Das Einkommen von Selbstständigen ist deshalb meist höher.

Einkommens-Unterschiede

Durchschnittliches Netto-Monatseinkommen der privaten Haushalte in Deutschland 2005

Selbstständige	8908 €
Beamte	3566 €
Angestellte	3183 €
Arbeiter	2516 €
Nichterwerbstätige	1766 €

1 **Was versteht man unter Startkapital?**
2 **Stelle Vor- und Nachteile beruflicher Selbstständigkeit gegenüber.**

Einkommen ... auch ohne Arbeit

Herr Ludwig ist bei einem Baumarkt angestellt und Frau Ludwig arbeitet halbtags in einer Arztpraxis. Das Familieneinkommen besteht also aus den beiden Gehältern und wird ergänzt um das Kindergeld für die drei Töchter.
Leider wird die Arztpraxis im nächsten Monat geschlossen. Frau Ludwig hat sich bereits arbeitslos gemeldet, damit sie Arbeitslosengeld erhält. Denn ohne ihr Gehalt wird es sehr knapp in der Haushaltskasse!

Herr Leinfeld ist Steuerberater. Er betreibt ein großes Büro mit sechs Mitarbeiterinnen und Mitarbeitern. Das Einkommen von Herrn Leinfeld ist überdurchschnittlich hoch. So hoch, dass die Familie Leinfeld das Monatseinkommen gar nicht verbrauchen kann. Als Steuerberater weiß er natürlich selbst sehr gut, was man mit solchem überschüssigen Geld anfangen kann.
In regelmäßigen Abständen legt Herr Leinfeld Geld in Wertpapieren an. Dafür bekommt er jährlich ein zusätzliches Einkommen, das man als Zinsen bezeichnet.

Die meisten Menschen beziehen den Hauptteil ihres Einkommens aus Arbeit. Es kann aber passieren, dass durch Krankheit, Unfall, Arbeitslosigkeit oder sonstige Schicksalsschläge diese Einkommensquelle ganz oder teilweise wegfällt.
In solchen Fällen gibt es finanzielle Unterstützung, die von den Sozialversicherungen oder auch vom Staat aus Steuergeldern gezahlt wird.
Diese Art von Einkommen nennt man auch Transfereinkommen.

Dazu gehören z. B.
- Arbeitslosengeld
- Krankengeld
- Frührente bei Arbeitsunfähigkeit
- Kindergeld
- Sozialgeld

Selbstverständlich ist auch, dass ältere Menschen, nachdem sie ein Leben lang gearbeitet haben, mit Rente bzw. Pension versorgt werden. Für ihre Rente haben Arbeitnehmer in der Regel jahrzehntelang Beiträge in die Rentenversicherung gezahlt.
Daneben gibt es aber noch eine ganze Reihe anderer Einkommensquellen:

- Wer eine Wohnung, eine Garage oder auch einen Schuppen vermietet, erhält dafür Miete.
- Man kann sein erspartes Geld für eine bestimmte Zeit einer Bank zur Verfügung stellen und erhält dafür Zinsen.
- Auch Gewinne aus Glücksspielen gelten als Einkommen.
- Viele ältere Menschen überlassen ihr Vermögen schon zu Lebzeiten als Geschenk ihren Angehörigen. Oder die Erben erhalten den Nachlass der Verstorbenen als Erbschaft.

Ab einer bestimmten Höhe müssen auch solche Zusatzeinkommen versteuert werden.

3 Vergleiche die möglichen Einkommen eines 25-jährigen Arbeitnehmers mit denen eines Rentners.

Ohne Plan geht manches schief

> Familie Markert hat es gerne gemütlich. Nach dem Abendessen sitzt sie oft noch eine ganze Weile zusammen und spricht über die Ereignisse des Tages. Das ist für Steffen und Sandra eine gute Gelegenheit, ihre Wünsche nach neuen Kleidungsstücken oder Spielsachen loszuwerden.
„Du weißt doch, Papa, dass die alte Stereoanlage schon seit langem nicht mehr richtig funktioniert. Und jetzt geht sie überhaupt nicht mehr. In meinem Zimmer ist mir aber nachmittags ohne Musik total langweilig!"
„Als ob das schlimm wäre! Du Paps, alle Mädchen in meiner Klasse haben so eine moderne Jeansjacke. Die sind echt stark und wirklich nicht teuer! Bitte, sag' Mutti, dass sie diese Woche noch mit mir zum Einkaufen gehen soll!"
„Aha, Mutti soll und Paps muss! Wie stellt ihr euch das vor? Ich warte täglich auf die Rechnung für die Autoreparatur. Das wird ganz schön teuer werden. Eure Mutter und ich würden sich auch ganz gerne eine neue Musikanlage kaufen. Ich kann mir nicht vorstellen, dass das alles zusammen im Moment zu machen ist. Aber ich werde nachher mit Mutter noch einmal über alles reden. Ihr wisst ja, sie führt das Haushaltsbuch und weiß genau Bescheid, was wir uns noch leisten können und was im Moment nicht mehr geht."

Frau Markert führt schon seit Jahren ein Haushaltsbuch. Alle Ausgaben eines Monats schreibt sie auf. So weiß sie immer genau, wie viel Geld sich noch in der Haushaltskasse befindet, ob eine ungeplante Ausgabe noch möglich ist oder ob damit gewartet werden muss. Nach kurzer Überprüfung macht sie ihrem Mann einen Vorschlag.

Fotoarbeiten Term.		5.27 A
2377010000000		5,27
ZWS		5,27
TOTAL		MWST
	NETTO	
A 19,00%	4,43	0,84
BAR		20,30 EUR
ZURÜCK		15,03

16.06.08 17:01	0070/2	
Pastete Olive 125 g	1.45	2
Pumpernickel 250g	0.95	2
Sanft&Sicher Recyc.	1.85	1
Zwischensumme	4.25	
Bar EUR	5.00	
Rückgeld	0,75	
Nettobetrag	3,79	
1 = MWST 19,00%	0,30	
2 = MWST 7,00%	0,16	

Markt: 1 Kasse: 3		26.04.2008	
2 x		1.99	
Blumen/Pflanzen		3.98 A	
Total		3.98	
Bar		5.00	
Rückgeld		1.02	
MWST	UMSATZ	MWST	NETTO
A 7.00%	3.98	0.26	3.72

In jedem Haushalt gibt es feste Ausgaben die regelmäßig (monatlich, vierteljährlich) anfallen. Je nach Größe des Haushalts und Höhe des Einkommens sind diese Ausgaben natürlich verschieden. Meist werden diese Beträge automatisch vom Konto abgebucht, wenn sie fällig werden.

Neben den regelmäßigen oder festen gibt es auch veränderliche Ausgaben. Hierbei kann jede Familie immer wieder neu planen und entscheiden, welche Ausgaben jetzt oder erst später gemacht werden.
Veränderliche Ausgaben betreffen z. B. Haushaltsgeld, Reparaturen, Friseur, Kleidung, Schuhe, kleinere Anschaffungen, Geschenke, Hobbys usw.

1 **Spielt das Gespräch der Kinder mit Herrn Markert nach. Welche Argumente fallen euch noch ein? Versetzt euch dann in die Rolle von Frau Markert.**
2 **Welche Vorschläge könnt ihr der Familie machen?**

> Herr Stroh ist entsetzt! Gerade hat er einen Brief von seiner Bank erhalten. Darin wird ihm mitgeteilt, dass
- sein Konto überzogen ist,
- der Kredit gekündigt wird,
- die Kreditkarte gesperrt wird.

Was soll er nur machen?
Denn neben diesen Schwierigkeiten mit der Bank hat er noch weitere:
Seinem Sohn hat er erst vor wenigen Tagen einen neuen Computer gekauft, auf Raten, „ganz bequem", wie ihm der Verkäufer versicherte.
Er selbst braucht dringend ein neues Auto, denn mit dem alten kann er nicht mehr lange fahren.
Und dann ist da noch die Bestellung der Videokamera beim Versandhaus.

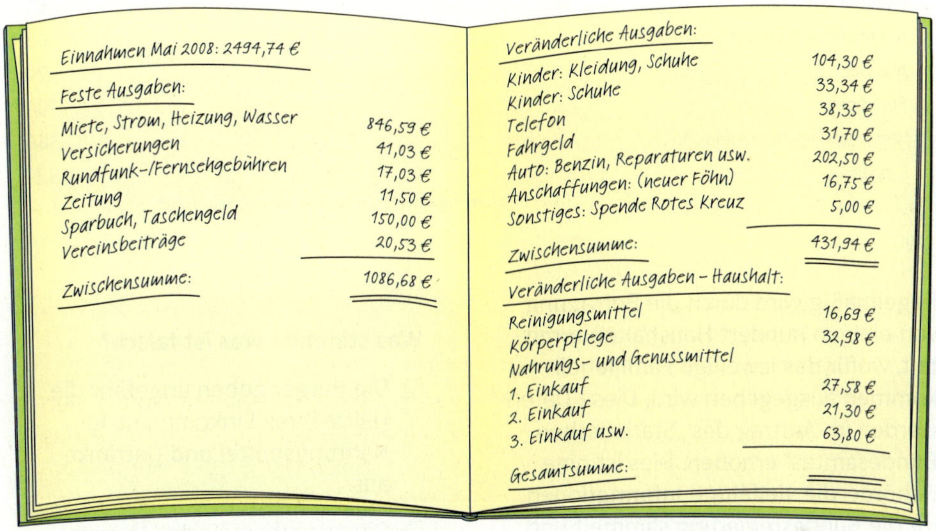

Einnahmen Mai 2008: 2494,74 €	
Feste Ausgaben:	
Miete, Strom, Heizung, Wasser	846,59 €
Versicherungen	41,03 €
Rundfunk-/Fernsehgebühren	17,03 €
Zeitung	11,50 €
Sparbuch, Taschengeld	150,00 €
Vereinsbeiträge	20,53 €
Zwischensumme:	1086,68 €

Veränderliche Ausgaben:	
Kinder: Kleidung, Schuhe	104,30 €
Kinder: Schuhe	33,34 €
Telefon	38,35 €
Fahrgeld	31,70 €
Auto: Benzin, Reparaturen usw.	202,50 €
Anschaffungen: (neuer Föhn)	16,75 €
Sonstiges: Spende Rotes Kreuz	5,00 €
Zwischensumme:	431,94 €
Veränderliche Ausgaben – Haushalt:	
Reinigungsmittel	16,69 €
Körperpflege	32,98 €
Nahrungs- und Genussmittel	
1. Einkauf	27,58 €
2. Einkauf	21,30 €
3. Einkauf usw.	63,80 €
Gesamtsumme:	

So sieht Frau Markerts persönliches Haushaltsbuch aus.

Seit Anfang der 80er Jahre arbeiten in Deutschland Schuldnerberater. Rund 1000 Beratungsstellen gibt es bei der Arbeiterwohlfahrt, der Caritas, den Landratsämtern usw., siehe auch Seite 60

So wie der Familie Stroh geht es leider einer ganzen Reihe von Familien und auch Einzelpersonen: Über 3 Millionen Haushalte in Deutschland galten im Jahr 2007 als überschuldet. Das heißt, sie hatten so hohe Schulden, dass es praktisch unmöglich war, die Schulden und anfallenden Zinsen zurückzuzahlen. Schuldnerberater können in solchen Fällen helfen, einen Ausweg aus der oft verzweifelten Lage zu finden.
An erster Stelle bei der Beratung solcher überschuldeten Haushalte steht der dringende Ratschlag, ein Haushaltsbuch zu führen:
„Nur so können Sie einen Überblick über Ihre persönliche finanzielle Situation behalten. Auch sind Sie dann sicher, nicht plötzlich vor einem neuen großen Schuldenberg zu sitzen."

Viele Ausgaben wiederholen sich Monat für Monat. An ihnen lässt sich in der Regel nur wenig sparen. Bei den Ausgaben für Kleidung oder für Genussmittel kann jedoch durch überlegtes und preisbewusstes Einkaufen gespart werden. Anschaffungen sollten auf keinen Fall im Vorbeigehen, sondern planvoll vorgenommen werden.

3 **Was hätte Herr Stroh anders machen müssen?**

4 **Erkläre, warum es sinnvoll ist, die festen und veränderlichen Ausgaben genau zu kennen.**

5 **Zeige Möglichkeiten auf, wie bei sinkendem Einkommen die Gesamtausgaben verringert werden können.**

Wofür wird Einkommen verwendet?

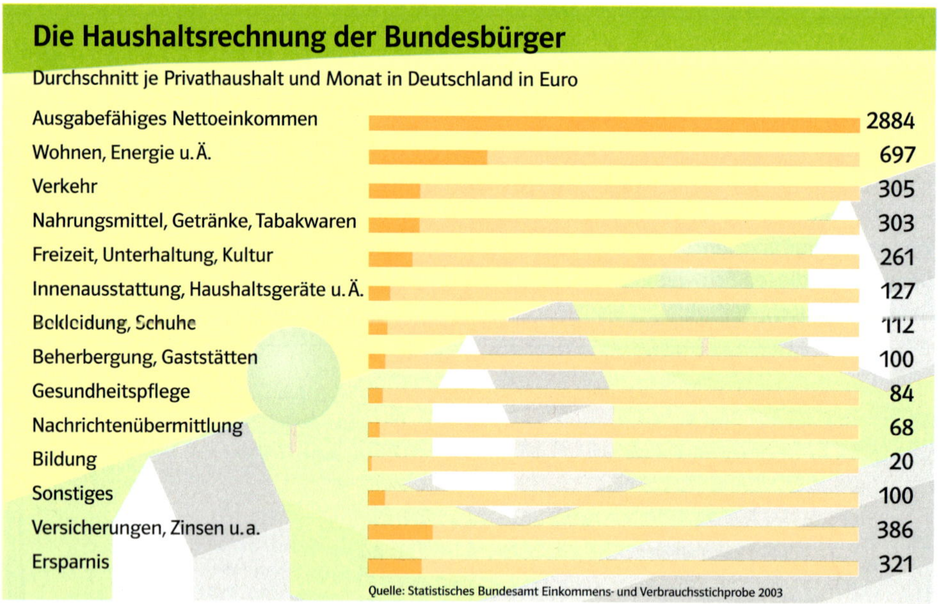

Statistik: Erfassung und Darstellung bestimmter Themen oder Probleme in Zahlenform

Regelmäßig wird durch die Befragung von einigen hundert Haushalten ermittelt, wofür das jeweilige Familieneinkommen ausgegeben wird. Diese Daten werden im Auftrag des „Statistischen Bundesamtes" erhoben. Dies ist eine Behörde, die vielfältige Informationen für die Bundesregierung sammelt und auswertet. Aber auch Parteien, Politiker, Verbände, die Industrie und Gewerkschaften benötigen solche Zahlen für ihre Arbeit.
Einige dieser Umfrageergebnisse werden im Internet, in Tageszeitungen oder Zeitschriften veröffentlicht.

Viele Menschen können sich heute vieles leisten. Wir haben in Deutschland einen hohen Lebensstandard. Mit Arbeit wird die Grundlage für einen allgemeinen Wohlstand gelegt. Doch sollten wir dabei nicht vergessen,

- dass es bei uns auch Menschen gibt, die an Wohlstand und Luxus kaum beteiligt sind;
- dass industrieller Wohlstand oftmals auch von verschiedensten Umweltbelastungen begleitet wird.

Was stimmt – was ist falsch?

> Die Bürger geben ungefähr die Hälfte ihres Einkommens für Nahrungsmittel und Getränke aus.

> Die Ausgaben für den Verkehr sind fast genauso hoch wie für Nahrungsmittel und Getränke.

> Die Bürger geben mehr als 10 % des Einkommens für Freizeit, Unterhaltung und Kultur aus.

> Für Bildung wird am wenigsten ausgegeben.

> Das Wohnen und Heizen ist sehr kostspielig.

> Für Gesundheit und Körperpflege wird mehr ausgegeben als für Bekleidung und Schuhe.

1 **Vergleiche die Grafik mit den Aussagen im Kasten. Welche Aussagen sind richtig?**

Sparen heißt für die meisten Menschen heute, dass sie einen bestimmten Geldbetrag bei einer Bank gewinnbringend anlegen. Sie benötigen dieses Geld im Moment nicht und stellen es der Bank oder Sparkasse zur Verfügung. Dafür erhalten sie **Zinsen**.

Sparen heißt aber auch, mit Wenigem vernünftig oder behutsam, eben sparsam umgehen. Eine Familie, die von Sozialleistungen leben muss, wird sich dieses Geld genau einteilen. Ebenso müssen viele ältere Menschen sehr sparsam mit ihrer Rente umgehen.

Nach einer Umfrage äußerten ungefähr 8 % der Bevölkerung, dass Sparen für sie kein Thema sei. Sie wollen oder müssen ihr Einkommen vollständig ausgeben.

Doch dies ist eine eindeutige Minderheit. Die Mehrheit der Bevölkerung entscheidet sich immer wieder aufs Neue für das Sparen: 2006 erreichten die Spareinlagen bei den Banken und Sparkassen die astronomische Höhe von rund 1541 Milliarden Euro.

Das ist aber noch längst nicht alles! Ersparnisse wurden nämlich auch bei Versicherungen und Bausparkassen angelegt. Goldmünzen, Wertpapiere usw. sind ebenfalls beliebte Anlageobjekte.

Zur Geburt Ihres Sohnes Tobias erhalten Sie von uns einen ***Gutschein über Euro 10.–,*** *den Sie auf ein Sparbuch für Tobias einlösen können!*

2 **Welche Sparziele haben Erwachsene? Worauf sparen Kinder und Jugendliche am häufigsten?**

3 **Warum sind Banken und Sparkassen so großzügig und schenken zu einer Geburt Geldgutscheine?**

4 **Manchmal spricht man davon, dass man sich nicht kaputtsparen soll. Was ist damit gemeint?**

5 **Erkundigt euch bei Banken oder Sparkassen über die Zinssätze bei verschiedenen Sparformen.**

6 **Finde Beispiele, wann und womit Menschen außerdem sparsam umgehen müssen.**

Wenn's alleine nicht mehr weitergeht

> Petra hat große Sorgen, über die sie nur ungern mit ihrem Klassenlehrer spricht. Aber es muss sein, denn in 14 Tagen beginnt die fünftägige Klassenfahrt.
Und sie ist die einzige, die die Reisekosten noch nicht bezahlt hat. Es ist ihr sehr peinlich. Sie kann an der Fahrt nicht teilnehmen, weil ihre Mutter das Geld einfach nicht aufbringen kann.
Petra lebt mit ihrer Mutter alleine. Ihre Mutter ist seit zwei Jahren arbeitslos und bezieht Arbeitslosengeld II. Das Geld reicht gerade so für die täglichen Ausgaben.
Herr Volkerts, der Klassenlehrer, ist zunächst betroffen, dass Petra ihm so lange nichts von ihren Sorgen erzählt hat. Dann aber weiß er einen Ausweg:
„Wenn deine Mutter Arbeitslosengeld II bekommt, dann kann sie einen Antrag auf Kostenübernahme für die Klassenfahrt stellen. Ich werde mit deiner Mutter darüber reden. Bestimmt wirst du an der Fahrt teilnehmen!"

Sozialleistungen werden bei verschiedensten Notsituationen gewährt: Wohngeld, wenn jemand die Miete nicht alleine bezahlen kann; außerdem gibt es Heizkostenbeihilfen und Zuschüsse für Kleidung, Haushaltsgegenstände und sonstige notwendige Anschaffungen bzw. Ausgaben.

Viele Menschen kennen ihren Anspruch auf Sozialleistungen gar nicht, andere wollen ihn nicht wahrnehmen. Sie möchten „nichts geschenkt haben", wie sie es ausdrücken.

Auch Petras Mutter hat lange gezögert, aber das Gespräch mit dem Klassenlehrer hat sie dann doch ermutigt. Außerdem war ihr Petras Teilnahme an der Klassenfahrt so wichtig, dass sie den Zuschuss zu den Kosten der Fahrt beantragte.

Sie war froh, als auch der zuständige Sachbearbeiter ihr noch einmal ganz deutlich sagte:
„Sie erhalten kein Almosen von uns, sondern sie haben einen gesetzlichen Anspruch auf dieses Geld!"

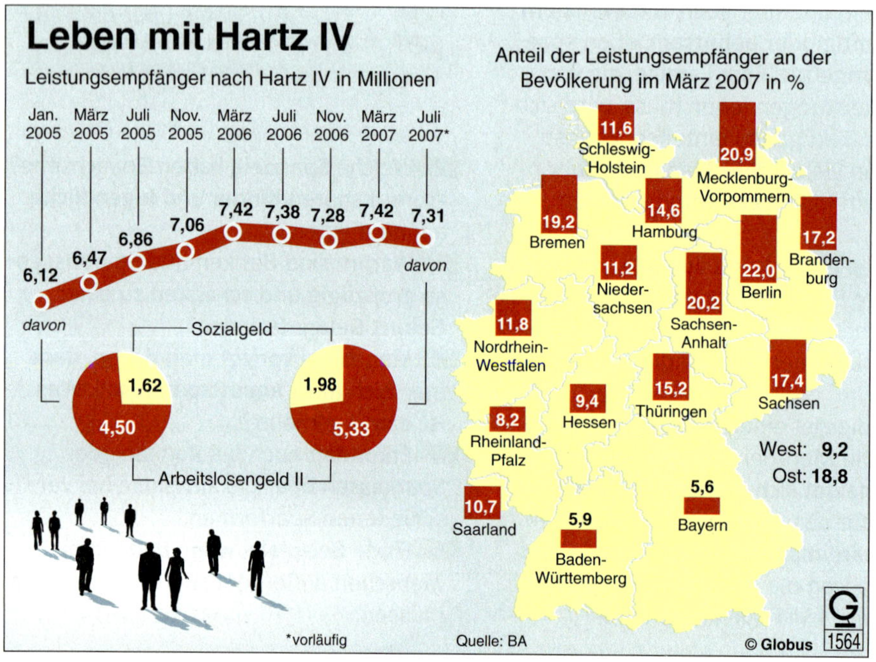

Methode: Diagramme lesen

Mit einem Diagramm kannst du gesammelte Daten (Zahlen) zeichnerisch darstellen. Auf einen Blick sind die Zusammenhänge deutlicher zu erkennen als in einer Tabelle mit vielen Zahlen.

Es gibt sehr unterschiedliche Diagrammtypen. Als Beispiele siehst du rechts ein Kreis-, ein Linien- und ein Säulendiagramm.
Ein Kreisdiagramm eignet sich besonders gut, wenn du eine Aufteilung zeigen willst, z. B. in Prozenten.
Mit einem Liniendiagramm kannst du einen Verlauf zeigen – also, wie sich etwas entwickelt hat.
Bei einem Säulendiagramm sieht man gut die Unterschiede zwischen den einzelnen Werten.

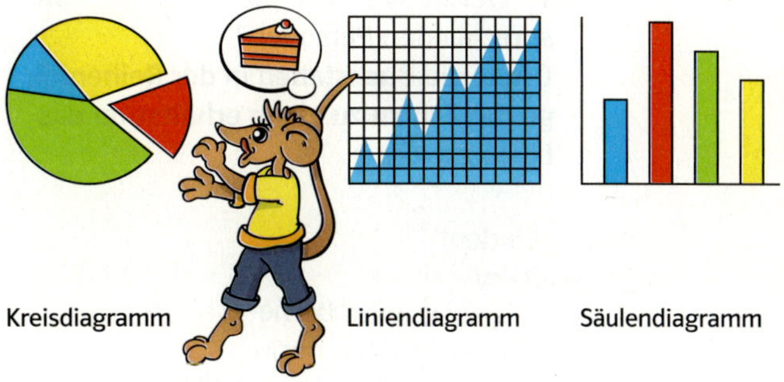

1. Schritt: Diagrammaufbau erkennen
Als Beispiel das Liniendiagramm:
- aussagekräftiger Titel (A)
- beschriftete Achsen mit der Angabe von Einheiten und Maßstäben (B)
- eine Linie zeigt den Verlauf (C)

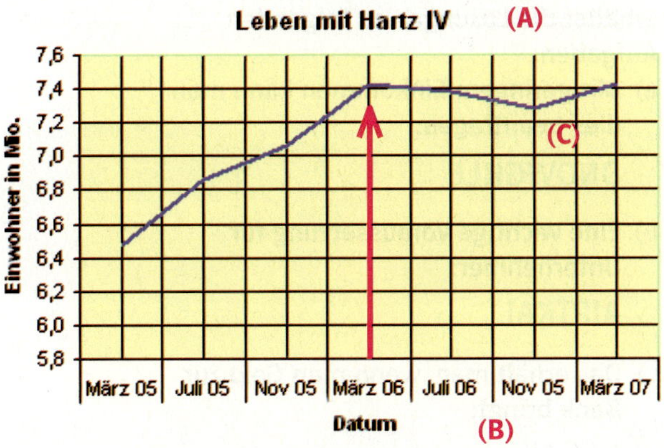

2. Schritt: Daten ablesen
In diesem Liniendiagramm siehst du, wie viele Einwohner in der Bundesrepublik Deutschland von März 2005 bis März 2007 Bezüge nach Hartz IV erhielten (Arbeitslosengeld II oder Sozialgeld). Wählst du den Monat März 2006, dann kannst du ablesen, dass es in diesem Monat 7,4 Millionen Einwohner waren.

3. Schritt: Diagrammtypen wählen
Ein Säulendiagramm mit denselben Zahlen sieht auf den ersten Blick sicherlich eindrucksvoller aus als das Liniendiagramm. Durch die grobe Einteilung der Einwohnerzahl und die räumliche Gestalt der Säulen lassen sich aber nicht so exakt Zahlenwerte zuordnen.
Achte beim Erstellen eines Diagramms auf die Aufgabenstellung. Willst du exakte Werte ablesen, ist sicher das Liniendiagramm eine gute Wahl.
Reicht dir eine Übersicht aus, ist das Säulendiagramm eine gute Alternative.

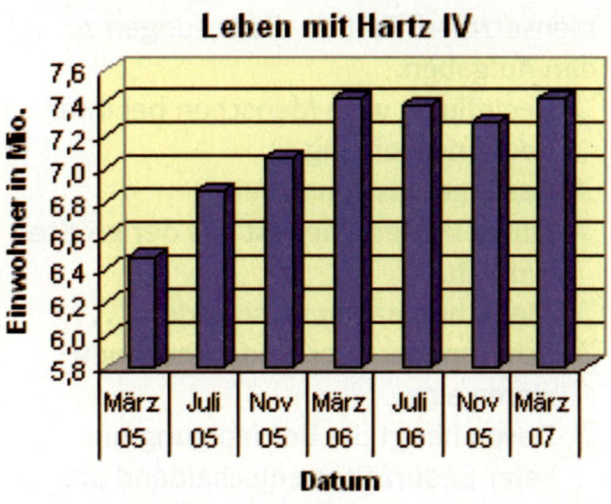

Tipps
> Schlägst du den Wirtschaftsteil einer Zeitung auf, bekommst du eine Vorstellung von der Vielfältigkeit von Diagrammen.
> In einem Tabellenkalkulationsprogramm kannst du weitere Darstellungsarten für Diagramme mit einer Tabelle ausprobieren.

Alles klar

1 Welche Wünsche passen zu den entsprechenden Personen?
Ordne die Buchstaben in der Reihenfolge der Zahlen zu, dann erhältst du das Lösungswort.

1 ein Student
2 ein Baby
3 eine wohlhabende Dame
4 eine 78-jährige Rentnerin
5 ein Kind aus der „Dritten Welt"
6 eine Familie mit 3 Kindern
7 ein Junge oder ein Mädchen
8 eine Schülerin, ein Schüler

T ein neuer Schulranzen
H ein günstiges Zimmer
L ein ferngesteuertes Auto
H satt ins Bett gehen
A ein eigenes Haus besitzen
U ein wertvoller Brillantring
A ein Fläschchen Milch trinken
S ein Platz in einem Altenheim

3 In diesem Buchstabenwirrwarr sind waagrecht und senkrecht neun Einkommensarten versteckt.

T	O	S	T	A	G	H	S	L	N	I	T	E
W	G	T	R	N	O	O	M	B	R	S	S	A
T	A	S	C	H	E	N	G	E	L	D	A	M
I	G	O	I	O	L	O	H	N	F	S	A	I
E	E	L	F	G	E	R	B	E	E	J	A	E
U	E	D	A	L	S	A	T	N	C	X	O	T
T	D	H	E	U	E	R	P	E	K	O	E	E
K	P	T	R	I	N	K	G	E	L	D	S	A

2 Wenn du die Silben richtig zusammensetzt, erhältst du die Lösungen zu den Aufgaben.

- Beeinflusst viele Menschen bei ihrer Kaufentscheidung
- Das Ergebnis von Arbeit
- Für viele Menschen ist das der größte Wunsch.
- Menschen haben verschiedene ...
- Schauspieler oder Lokführer produzieren eine ...
- Davon hängt die Befriedigung unserer Bedürfnisse entscheidend ab.
- Verband zum Schutz bestimmter Interessen
- Darauf müssen alle noch viel mehr Rücksicht nehmen.

band – Be – brau – bung – cher – Dienst – dürf – dukt – Ein – Ge – heit – kom – leis – men – nis – Pro – se – sund – tung – Um – ver – Ver – welt – Wer

4 Ordne die Buchstaben und du erhältst die Lösungen zu folgenden Aufgaben:

a) Mit geringem Einkommen kann man dies beantragen:
DNOWGHLE

b) Eine wichtige Voraussetzung für Unternehmer:
AIPTKAL

c) Das erhält man, wenn man Geld zur Bank bringt:
NIZENS

d) Man sollte sie nie unüberlegt tätigen:
ENABUSAG

e) Wenn man es bekommt, ist es meistens doch zu wenig:
ERDLGIKNED

Produkte kommen auf den Markt

- Märkte und Interessen
- Produkte entstehen
- Anbieten und Einkaufen

Der Markt – ein großes Angebot

Auf dem Markt wird eine große Zahl von Waren und Dienstleistungen angeboten, ob in Einzelhandelsgeschäften, Fachmärkten, Supermärkten oder großen Einkaufspassagen.

Waren vor wenigen Jahren noch die Kaufhäuser die Einkaufsmagneten mit vielen Kunden, so vollzieht sich jetzt ein Wandel hin zu großen Einkaufspassagen. Dort sind viele Einzelhandels- und Dienstleistungsunternehmen unterschiedlicher Branchen untergebracht.

Branche: Wirtschaftszweig, Geschäftszweig

Man findet alles unter einem Dach: Bekleidung, Schuhe, Lebensmittel, Arzneimittel, Sportartikel, Schuhreparaturen, Schnellrestaurants, . . .

Neben dem vielfältigen Angebot unterschiedlicher Waren und Dienstleistungen werden diese Einkaufspassagen auch zu einer Freizeit- und Erlebniswelt durch Konzerte, Ausstellungen und sonstige Veranstaltungen.
Durch tageslichtdurchflutete Lichthöfe, Springbrunnen, Grünpflanzen soll ein Wohlgefühl beim Konsum entstehen.

Diese Einkaufspassagen findet man häufig dort, wo verkehrs- und passantenreiche Straßen aufeinandertreffen. Eine Tiefgarage löst die Parkprobleme der anreisenden Kunden.

Der Verdrängungswettbewerb zwischen den Einzelhändlern und diesen Passagen wird immer härter. Viele Einzelhändler können dem Preisdruck und der Angebotsvielfalt nicht standhalten und geben ihre Geschäfte auf. Das führt dazu, dass viele Geschäfte in zentrumsnahen Bereichen leer stehen.
Ein weiterer Nachteil ist, dass auch in den anderen Stadtteilen die Angebote an Waren und Dienstleistungen durch die große Konkurrenz immer geringer werden.

1 **Untersucht, wie das Angebot an eurem Schulort oder Wohnort ist.**
- **Welche Waren und Dienstleistungen werden angeboten?**
- **Welche Art von Geschäften und Märkten gibt es?**

Stellt das Ergebnis in einer Tabelle oder einer Wandzeitung dar.

2 **Welche Angebote fehlen dir persönlich?**

Was bietet der Markt an?

> Sabrina möchte schon seit langem eine neue Jeans. Sie hat einen Prospekt der Trend-Boutique, eine Zeitungsanzeige vom Jeansladen und einen Versandhauskatalog vor sich:
„Meine neue Jeans soll gut sitzen, schick, ordentlich verarbeitet und nicht zu teuer sein. Schließlich will ich ja nach dem Kauf mit meinem Entschluss zufrieden sein. Wenn ich da an meine letzte Jeanshose denke, die schon nach einer Woche eine gerissene Naht hatte! So etwas darf mir nicht noch einmal passieren."

Zuerst sollte man einmal wissen, wer das Produkt anbietet, das man haben will. Durch Prospekte, Kataloge, Zeitungsanzeigen oder bei einem Schaufensterbummel kann man sich einen Überblick verschaffen. Die vielen Käufer haben verschiedene Vorstellungen, wo sie einkaufen wollen. Für den einen Kunden steht die persönliche Beratung oder ein außergewöhnliches Angebot im Vordergrund; er wird in kleineren Fachgeschäften und Boutiquen kaufen. Legt der Käufer großen Wert auf umweltfreundliche Produkte, kommen in erster Linie Ökoläden infrage. Wer wenig Zeit oder keine Gelegenheit zum Einkaufen hat, bestellt per Katalog.

Wer wenig Geld ausgeben kann oder will, kauft spezielle Sonderangebote oder schaut in Secondhandshops, im Internet und auf Flohmärkten nach.

1 **Worauf würdest du besonders achten, wenn du eine neue Jeans kaufst?**
2 **Wie kann man sich Informationen über Produkte verschaffen?**
3 **Sucht euch ein Produkt aus, das ihr erkunden wollt. Untersucht das Angebot nach Preis, Qualität, Umweltfreundlichkeit usw. Entwerft dazu einen Erkundungsbogen, der auf euer gewähltes Produkt abgestimmt ist.**

Neue Produkte auf dem Markt

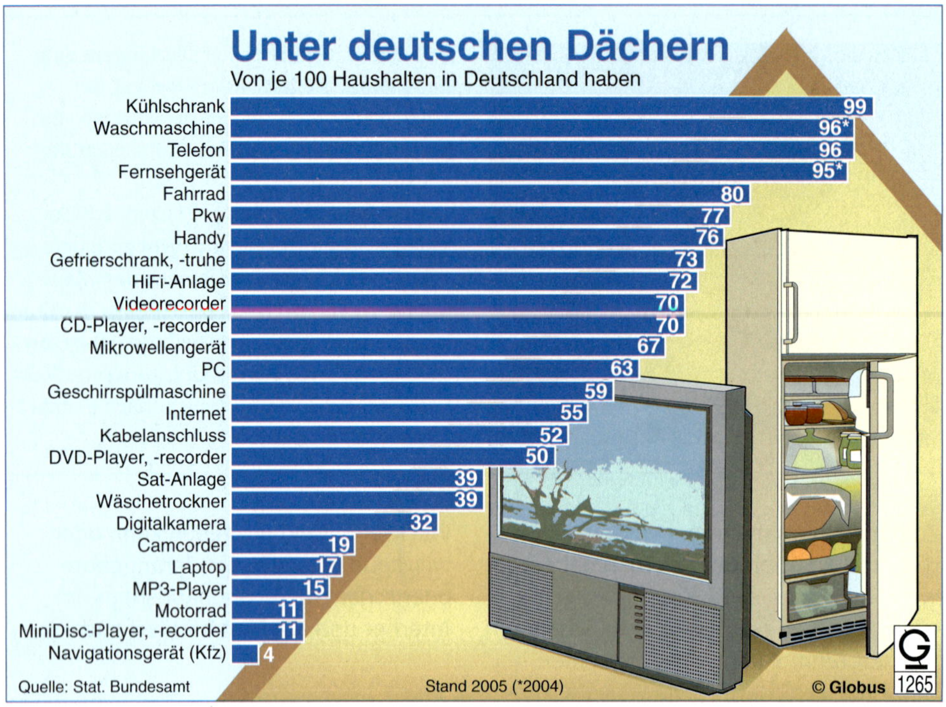

Ständig werden neue Produkte angeboten. Hersteller und Handel wollen verkaufen und sind daher daran interessiert, den Käufern immer etwas Neues zu bieten. Nicht nur die Kleidermode ändert sich. Auch Autos, Fotoapparate, Spielwaren, Fernsehgeräte usw. werden in neuen Ausführungen und Modellen zum Kauf angeboten.

Auf Ausstellungen und Messen können Händler und Käufer sich über die neuesten Entwicklungen informieren. Häufig werden nur das Aussehen, das „Design", oder Kleinigkeiten geändert. Auf diese Weise sollen neue Kunden gefunden werden, die die Produkte kaufen.

Ganz besonders wichtig ist die Zielgruppe, für die ein Produkt hergestellt wird. In Single-Haushalten und Haushalten, in denen beide Partner berufstätig sind, werden zunehmend portionsweise abgepackte Waren gekauft. Es werden auch vermehrt Tiefkühlprodukte und Fertiggerichte angeboten.

Eine andere Zielgruppe sind die sportlichen Jugendlichen und jungen Erwachsenen. Für sie kommen „Light"-Getränke und „Aktiv"-Produkte auf den Markt.

1 **Was kann man aus der Grafik „Unter deutschen Dächern" herauslesen?**
2 **Erstellt eine Liste mit neuen Produkten, die es in eurem Haushalt gibt.**
3 **Findet in der Werbung Produkte, die bestimmten Zielgruppen zugeordnet werden können.**

Viele Bundesbürger lassen sich ihre Freizeitaktivitäten überdurchschnittlich viel kosten.
Ob Sport oder Disco, Freizeitkleidung oder Unterhaltungselektronik, viel Geld wird hier schnell ausgegeben.

Anbieter, die Produkte für Kinder und Jugendliche verkaufen wollen, wissen sehr genau, was diese Käufer wollen. Jugendliche richten sich mehr als andere Käufer danach, was Gleichaltrige kaufen. Es werden dann die Jeans gekauft, die „man" gerade trägt, das Getränk, das zurzeit „in" ist oder der MP3-Player, der „cool aussieht".

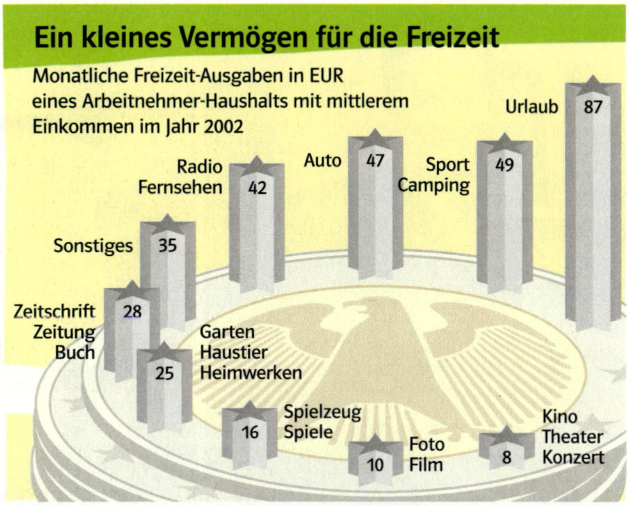

4 **Nehmt Stellung zu den folgenden Aussagen:**
- **„Es genügt eine tolle Idee, dann verkauft sich ein Produkt ganz von selbst."**
- **„Der Hinweis auf die Umweltverträglichkeit eines Produkts steigert den Umsatz."**

5 **Befragt in einem Kaufhaus Verkäuferinnen und Verkäufer zu Neuheiten auf dem Markt.**
Was ist daran wirklich neu und wer sind die Käufer dieser Waren?

6 **Überlegt, aus welchen Gründen Hersteller neue Produkte auf den Markt bringen.**

7 **Fragt Freunde und Bekannte, die sich vor kurzem ein Fahrrad, einen Computer, einen Fernseher oder ein Auto gekauft haben, warum sie sich gerade für dieses Produkt entschieden haben.**
Schreibt die jeweils genannten Gründe auf.

8 **Notiert Gründe, warum der Verbraucher gerne neue Produkte kauft, auch wenn die alten noch brauchbar sind.**

Verschiedene Interessen treffen aufeinander

Hersteller/Erzeuger

Handel/Verkäufer

Kunde/Käufer

Wenn der Käufer ein Produkt kaufen will, hat er eigene Interessen, stößt aber auch auf die Interessen des Herstellers und des Verkäufers. Diese können sehr unterschiedlich sein.
In manchen Fällen stehen sie sogar im Gegensatz zu denen des Käufers. So ist es für einen Hersteller oder Anbieter sehr wichtig, dass er mit seinem Produkt gegen andere Anbieter (Konkurrenten) mit ähnlichen oder gleichen Produkten bestehen kann. Dies nennt man Wettbewerbsfähigkeit. Wird sein Produkt oft gekauft, so sichert er sich Marktanteile.

Verschiedene Interessen

- Haltbarkeit
- preiswert
- Service
- Gewinn
- Marktanteile
- Beratung
- Standort
- geringe Herstellungskosten
- Wettbewerbsfähigkeit
- umweltschonend
- viele Kunden
- Qualität
- geringe Lohnkosten

1 **Ordnet die Interessen den drei Gruppen zu. Wo sind sie gleich und wo nicht? Erstellt dazu eine Tabelle.**

2 **Besucht Unternehmen, Warenhäuser und Einzelhandelsgeschäfte. Befragt Hersteller, Verkäufer und Käufer nach ihren Interessen beim Kauf bzw. Verkauf von Produkten.**

3 **Ergänzt die Tabelle durch eure Erkundungsergebnisse.**

Hersteller/Erzeuger	Handel/Verkäufer	Kunde/Käufer
Wettbewerbsfähigkeit	Marktanteile	…
Marktanteile	Wettbewerbsfähigkeit	…
…	…	

Methode: Rollenspiel

Bei Rollenspielen werden die beteiligten Personen kurzzeitig gedanklich aus ihrer aktuellen Lebenssituation herausgelöst. Sie werden einer neuen Situation ausgesetzt, die sie meistern sollen. Wie in einem Schauspiel nehmen sie vorher festgelegte Rollen ein.

Am Beispiel eines Verkaufsgesprächs sollen Argumente erarbeitet und formuliert werden.
Das Produkt, um das es geht, könnte z. B. ein Handy sein: Handys mit vielen technischen Extras, in unterschiedlicher Bauform und neuem Design sind auf dem Markt zu haben – aber welches ist das Richtige? Außerdem sollen Marktneuheiten und der Preis berücksichtigt werden.

1. Schritt: Rollen festlegen und verteilen
Ihr legt fest, welche Rollen zu besetzen sind:
- ein/e Spielleiter/in
- Gruppe der Käufer/innen
- Gruppe der Verkäufer/innen
- Schülerinnen und Schüler ohne Rollenzuordnung sind die Beobachter.

Jede Gruppe legt die Reihenfolge ihrer Sprecher/innen fest. Die Beobachter sollten gruppenweise ihre Beobachtungsaufträge wahrnehmen. Das Rollenspiel kann mit einer geänderten Rollenverteilung auch mehrmals durchgeführt werden.

2. Schritt: Rollenspiel vorbereiten
- Gemeinsam vereinbart ihr, wie lange die Vorbereitungszeit sein soll und wie viel Zeit für das Rollenspiel selbst zur Verfügung steht.
- Soll es Spielregeln geben (z. B. den anderen ausreden lassen oder darauf achten, dass beide im Wechsel ihre Argumente vortragen und nicht nur einer die ganze Zeit spricht, ...)?
- Welche Aufgaben soll der Spielleiter bekommen?

Jede Gruppe bereitet ihre Argumente vor. Als Informationsquellen können z. B. genutzt werden: Sachkundige, die bereits ein Handy besitzen, Tageszeitungen mit Werbung, Zeitschrift „test" von der Stiftung Warentest.
Alle Teilnehmer bereiten sich auf ihre Rolle vor, damit eine „Spiellaune" entstehen kann.

3. Schritt: Rollenspiel durchführen
- Der Spielleiter eröffnet das Rollenspiel und erinnert an die Zeitvorgabe.
- Ein Käufer und ein Verkäufer spielen in ihren Rollen die Verkaufssituation.
- Die Beobachter machen Notizen über den Spielablauf und die ausgetauschten Argumente.
- Treten Konflikte zwischen den Teilnehmern auf, muss der Spielleiter versuchen, die Konflikte zwischen beiden Parteien zu entschärfen und zu lösen.

4. Schritt: Rollenspiel auswerten
Alle Schülerinnen und Schüler erhalten genügend Zeit, aus ihrer Spielrolle herauszukommen. Aufgetretene Konflikte werden beigelegt.

Die Spieler berichten, wie sie sich in der Spielsituation gefühlt haben.
Die Beobachter teilen die Ergebnisse mithilfe ihrer Notizen mit.
Gemeinsam werden die Argumente aus der Spielphase diskutiert und ausgewertet.

Von der Idee zur Entscheidung

Es ist Freitag, 10.30 Uhr. Die Abteilungsleiter und Abteilungsleiterinnen einer Sportartikelfirma haben sich getroffen, um über ein wichtiges Vorhaben zu sprechen: Soll der Betrieb eine Serie neuartiger Kunststoffbälle auf den Markt bringen?

Herr Giebel von der Entwicklung ist ganz begeistert. „Der neue Kunststoff ist weich, trotzdem sehr formbeständig und wetterfest."
„Wir bekommen das Material recht preiswert von unserem Lieferanten", steuert Herr Mergel vom Einkauf bei.
„Seit gestern steht übrigens genau fest, dass der Kunststoff tatsächlich keine giftigen Stoffe enthält", ergänzt Frau Stein, die Chefin des Labors.
„Auf alle Fälle muss die Produktion möglichst bald beginnen, denn die Konkurrenz schläft nicht. Wir müssen zuerst auf dem Markt sein", mahnt Herr Weiß vom Verkauf.
„Wir wissen vom Handel, dass speziell die Jugendlichen zwischen 10 und 16 an neuen Spiel- und Sportbällen interessiert sind", berichtet Frau Biener von der Marketing-Abteilung.
Nach einer knappen Stunde ist die Entscheidung gefallen: Die neuen Bälle werden produziert. Jetzt muss alles Nötige veranlasst werden, damit die Produktion der Bälle möglichst schnell beginnen kann.

- Wer sind die **Käufer** des neuen Produkts?
- Wie hoch darf der **Preis** sein, damit ein guter Gewinn erzielt werden kann und das Produkt trotzdem viele Käufer findet?
- Gibt es **Konkurrenten** am Markt, die das gleiche Produkt anbieten?
- Bereitet die Beschaffung des **Materials** Schwierigkeiten?
- Ist der Betrieb auf die **Herstellung** des neuen Produkts technisch vorbereitet?
- Sind die **Mitarbeiter** für die neue Aufgabe genügend geschult?

Neue Produkte kommen auf den Markt, weil bestimmte Erzeugnisse nicht mehr genügend gekauft werden. Läuft der Verkauf einer Ware nicht mehr so gut, bestellt sie der Handel nicht mehr.

Dann muss der Hersteller reagieren und davon weniger produzieren oder die Produktion dieser Ware ganz einstellen. Gleichzeitig macht er sich Gedanken, welches neue Produkt das alte ersetzen kann.

Die Herstellung eines neuen Produkts wird in einem Betrieb von vielen Abteilungen genau geplant. Neue Produkte werden nicht aus heiterem Himmel auf den Markt gebracht. Viele Fragen entstehen und müssen gründlich geklärt werden, bevor der Startschuss zur Produktion gegeben werden kann.

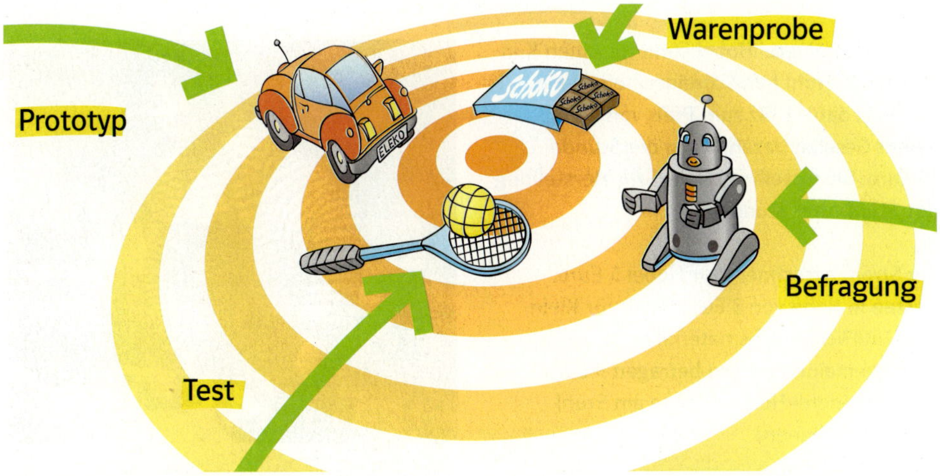

Die Entwicklung und die Produktion eines neuen Produkts sind meist sehr teuer. Firmen, die ein neues Produkt auf den Markt bringen wollen, sammeln deshalb vorher Informationen über Absatzchancen. Bei Produktionsbeginn sollte sicher sein, dass der Verkauf des neuen Produkts erfolgversprechend verlaufen wird.

Schließlich will eine Firma mit dem Verkauf ihrer Produkte Geld verdienen und nicht auf den Neuheiten sitzen bleiben. Eine solche Untersuchung der Absatzmöglichkeiten umfasst verschiedene Bereiche:

- Wer sind die zukünftigen Käufer?
- Mit wie vielen Käufern kann gerechnet werden?
- Was erwarten die möglichen Käufer von dem Produkt?
- Wie hoch darf der Preis sein?
- Welche Ausstattung wünschen die Kunden?

Es gibt für Hersteller mehrere Möglichkeiten, die Verkaufschancen eines neuen Produkts zu testen. Sehr oft werden zukünftige Käufer befragt, ob sie ein bestimmtes neues Auto, neue Süßigkeiten usw. kaufen würden. Firmen lassen solche Befragungen von Fachleuten (Marktforschungsinstitute) durchführen.

Bei kleineren und nicht so teuren Produkten werden oft Warenproben in Supermärkten oder einfach auf der Straße an Vorübergehende verschenkt. Manchmal stellt man Neuheiten auch Fachleuten für einen gründlichen Test zur Verfügung.

Bei bestimmten Neuheiten aus dem technischen Bereich ist es unerlässlich, den interessierten Kunden einen Prototyp vorzustellen. Dabei handelt es sich um ein oder mehrere Einzelstücke des neuen Produkts.

1 Nenne Produkte, bei denen Ausstattung und Zubehör besonders wichtig sind.

2 Wie können bei den Produkten in der Tabelle die Absatzchancen am besten untersucht werden?

PRODUKT	Prototyp	Test	Befragung	Warenprobe
Waschmittel				
Snowboard				
3-Liter-Auto				
Fertig-Müsli				

Preiskalkulation

> Die Schreinerei Hobel stellt für einen Kunden einen Stuhl her. Schreinermeister Hobel benötigt dafür Holz zum Preis von 30 Euro. Seiner Gesellin bezahlt er in der Stunde 15 Euro. Die Gesellin benötigt zur Herstellung des Stuhls drei Stunden.
>
> Für Strom berechnet Herr Hobel 5 Euro. Kosten in Höhe von 8 Euro fallen für Kleinteile und Verbrauchsmaterial an. Die allgemeinen Kosten betragen 9 Euro. Die Schreinerei Hobel möchte am Stuhl 40 Euro verdienen.

Wenn ein Unternehmen seine Produkte verkauft, nimmt es Geld ein. Diese Einnahmen nennt man auch **Erlös**.

Sind die **Kosten** höher als die **Einnahmen**, dann hat man einen **Verlust**.

Sind die Kosten niedriger als die Einnahmen, entsteht ein **Gewinn**.

1 **Berechnet den Bruttoverkaufspreis des Stuhls der Schreinerei Hobel.**

Datei Bearbeiten Ansicht Einfügen Format Extras Daten Fenster ?

D14

	A	B	C	D	E
1					
2		**Preisberechnung (Kalkulation)**			
3					
4		Material (Holz, Sonstiges)		30,00 €	
5		Löhne (Arbeitszeit * € / Stunde)			
6		Energiekosten (Strom, Gas, Wasser)			
7		Kleinteile und Verbrauchsmaterial (Leim, Lack, Schrauben)			
8		allgemeine Kosten (Versicherung, Büro, Werbung, Transport, Verpackung, Abfallbeseitigung)			
9					
10		Summe	Selbstkostenpreis		
11		Gewinn			
12		Summe	Nettoverkaufspreis		
13		19 % Mehrwertsteuer			
14		Summe	Bruttoverkaufspreis		
15					
16					
17					
18					

Gewinn oder Verlust?

Die Verkaufszahlen zeigen dem Hersteller, ob das richtige Produkt zum richtigen Zeitpunkt angeboten wurde. War der Werbeeinsatz wirkungsvoll, stimmten Preis und Qualität gegenüber der Konkurrenz? Jeder Hersteller muss die Absatzchancen für sein Produkt immer wieder überprüfen.

Hohe Verkaufszahlen lassen einen hohen Gewinn erwarten. Doch das stimmt nicht immer.

Erst eine Gewinn- und Verlustrechnung zeigt, ob die Erlöse höher waren als die Kosten und somit ein Gewinn erwirtschaftet wurde.

Holzmaschinenbauer rechnet mit Rekordergebnis

Umwelttechnik hat Nase vorn
Deutschland Nummer eins vor USA – Bald schon 1,5 Mio. Arbeitsplätze

Mehr Pleiten auch am Bau
Pleiterisiko erhöht sich durch die Billigkonkurrenz

Umsatzeinbruch im Einzelhandel

Verbraucher kaufen viel weniger Fleisch

Höchste Technik zum höchsten Preis lässt sich heute nicht mehr verkaufen

Mehr Umsatz, mehr Gewinn, mehr Shops

Steigerung von Ergebnis und Umsatz

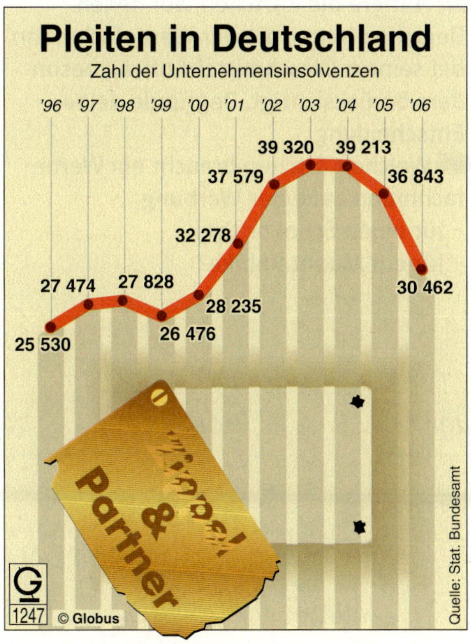

Will ein Hersteller ein neues Produkt erfolgreich verkaufen, dann muss er auf die Interessen der künftigen Käufer achten. Tut er dies nicht, so wird er sehr wahrscheinlich keine großen Verkaufserfolge erzielen: Fachleute sprechen dann von einem „Flop".

Wenn ein Produzent – mag er auch noch so bekannt sein – die Wünsche und Ansprüche seiner Kunden nicht genügend beachtet, wird er Absatzschwierigkeiten mit seinen Produkten bekommen. Die Konkurrenz macht dann das Geschäft. In einer solchen Situation kommt es immer wieder vor, dass Hersteller mit ihren Produkten vom Markt verschwinden. Sie haben es versäumt, ihre Produkte rechtzeitig den Bedürfnissen der Käufer anzupassen.

Die Werbung macht's!

> Ein Werbefachmann berichtet aus seiner Agentur:

„Seit drei Wochen sitze ich an diesem Auftrag. Ein Name für ein neues Waschmittel muss gefunden werden. Mein Auftraggeber will mit dem Namen für sein Produkt auch die Fähigkeiten dieses neuartigen Waschmittels deutlich machen. Es kann in kürzerer Zeit mit einer geringeren Menge Waschmittel und gutem Ergebnis waschen. Also spart es Energie und ist daher umweltfreundlich. Außerdem will die Firma einen Vorschlag für eine passende Verpackung und einen zündenden Werbespot für die Fernsehwerbung."

Um neue Produkte bekannt zu machen, brauchen Handel und Industrie die Werbung. Werbung hat das Ziel, den Kunden bei seiner Kaufentscheidung so zu beeinflussen, dass er das kauft, was ihm die Werbung schmackhaft macht.

Hersteller beauftragen Werbeagenturen mit der Herstellung von Werbespots und Werbeanzeigen. Diese Werbefachleute müssen genau darauf achten, an wen sich die Werbung richten soll. Außerdem müssen sie Veränderungen im Käuferverhalten berücksichtigen.

Werbung begegnet uns auf die vielfältigste Art und Weise. Das Radio berieselt uns mit Werbespots, im Fernsehen flimmert sie über den Bildschirm, auf Plakaten kann man Neuheiten bestaunen. Auch Anzeigen, Prospekte und Tragetaschen sind Beispiele für Werbemittel.

Werbung wird nicht nur für neue, sondern auch für bereits eingeführte Produkte gemacht. Sie soll die unterschiedlichsten Käufergruppen ansprechen.

Werbung will
- ein Produkt bekannt machen,
- das Interesse für ein Produkt wecken,
- den Käufer dazu bringen, ein bestimmtes Produkt besitzen zu wollen.

1 Notiere die Kärtchen, auf denen Begriffe stehen, die der Werbefachmann bei seinem Waschmittel-Auftrag besonders berücksichtigt. Begründe deine Entscheidung.

2 Welche Kärtchen braucht ein Werbefachmann bei einer Werbung
- für einen Schokoriegel
- für ein Mountainbike?

Freizeit | Mode | Nachfrage | Preis | Umwelt

Senioren | Jugend | Trends | Haltbarkeit | Gesundheit

Frauen | Männer | Qualität | Single-Haushalte | Hygiene

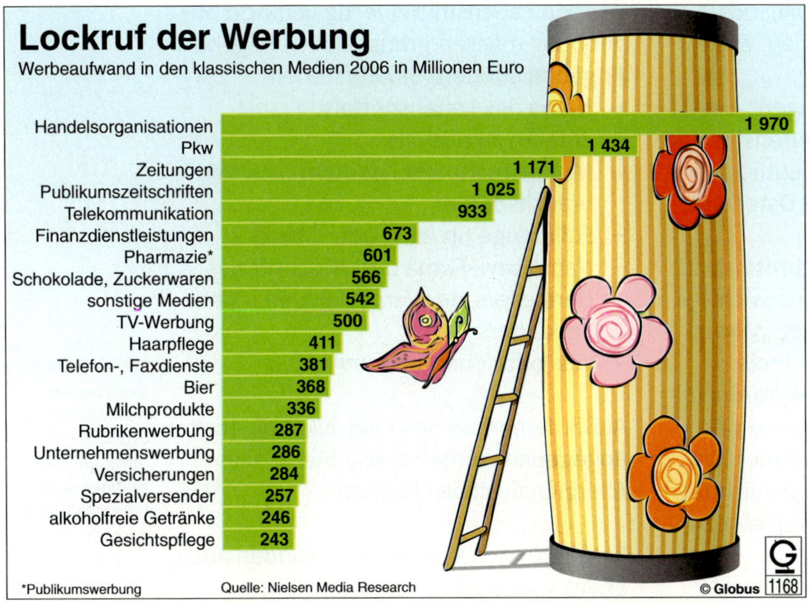

Werbung ist nur etwas für Unentschlossene

Werbung ist Antriebskraft für die Wirtschaft

Werbung verführt zum Kauf

Werbung macht Produkte erst bekannt

Werbung zeigt nur die guten Seiten des Produkts

Werbung macht Produkte teurer

Medien leben von der Werbung

Werbung schafft Arbeitsplätze

Werbung ermöglicht Vergleiche

Werbung weckt Bedürfnisse

Werbung nutzt Unkenntnis des Verbrauchers aus

Werbung verhindert kritisches Abwägen

Werbung verbilligt die Ware

Werbung informiert

Bilder, Musik, Schriften und einfallsreiche Grafiken sind beliebte Mittel, um auf ein Produkt aufmerksam zu machen. Werbung will die Gefühle des Verbrauchers ansprechen. Daher werden in der Werbung häufig schöne Landschaftsaufnahmen, fröhliche Kinder, junge Familien und erfolgreiche Männer und Frauen gezeigt.

Werbung soll auch soziale Bedürfnisse wecken. Vor allem Jugendliche lassen sich durch dieses „Wir-Gefühl" stark beeinflussen. Durch Wortschöpfungen wie „naturrein", „biologisch" oder „der Umwelt zuliebe" greift die Werbung die Sorge um die Umwelt auf.

Zeitungen und das Fernsehen leben von der Werbung. Ungefähr ein Drittel der Rundfunk- und Fernseheinnahmen kommen durch Werbung herein, bei den Tageszeitungen sind es zwei Drittel der Herstellungskosten.

3 **Sammelt verschiedene Werbemittel. Untersucht sie nach Textformulierungen und Bildern.**

4 **Schreibe die Kärtchen ab und ordne sie in einer Tabelle nach „pro" und „kontra" Werbung.**

Waren anbieten – aber wie?

Wer ein Produkt verkaufen will, muss sich Gedanken darüber machen, wie er die Ware anbietet.
Der Kunde kauft „mit den Augen". Deshalb gestalten Händler Schaufenster und Verkaufsräume. Besonders deutlich wird dies in der Weihnachts- oder Osterzeit.

Beim Angebot müssen Vorschriften und Gesetze beachtet werden. Eine wichtige Vorschrift ist die Auszeichnungspflicht. Für den Käufer muss z. B. der Preis eindeutig erkennbar sein. Bei Waren, die stückweise verkauft werden, wird der Stückpreis angegeben. Bei offenen Waren muss ein Grundpreis ausgezeichnet werden, damit man besser vergleichen kann: bei Obst z. B. 2,99 €/kg.
In jedem Geschäft findet ihr Hinweisschilder auf Sonderangebote oder Dauertiefstpreise. Gezielte Preisangaben – z. B. 9,99 € – erwecken beim Käufer den Eindruck, günstig einzukaufen.

Werden Lebensmittel fertig verpackt angeboten, müssen grundsätzlich folgende Angaben auf dem Etikett stehen:
- Name des Lebensmittels
- Zutatenverzeichnis
- Mindesthaltbarkeitsdatum oder Verbrauchsdatum
- Füllmenge (in ml, g oder Stück)
- Name bzw. Firma und Anschrift des Herstellers, des Verpackers oder des Verkäufers
- Los- oder Chargennummer

Los- und Chargennummer: Nummer für Produkte, die unter gleichen Bedingungen hergestellt und verpackt wurden

Außerdem muss noch der Alkoholgehalt angegeben werden sowie Stoffe, die Allergien auslösen können.

Verpackungen können dem Kunden auch etwas vortäuschen. Sie sind manchmal viel größer als es für deren Inhalt notwendig wäre. Solche Verpackungen nennt man Mogelpackungen.

Mogelpackung des Monats

Verbot von Mogelpackungen gemäß § 7 Abs. 2 Eichgesetz: Fertigpackungen müssen so gestaltet und befüllt sein, dass sie keine größere Füllmenge vortäuschen, als in ihnen enthalten ist.

Ob Cherry Menthol oder Menthol & Eukalyptus – beide Airways-Dosen von Wrigley's sind zu groß. Man erwartet sie voll befüllt, doch ein Drittel enthält gar keine Kaugummi-Dragees. Auch die Füllmengenangabe von 55 Dragees ändert nichts daran, dass es sich hier um eine Mogelpackung handelt.

(Stiftung Warentest, 6.2.2008)

Man findet kaum noch Produkte ohne Verpackung. Sie schützt die Ware auf dem Transport und hält Lebensmittel hygienisch. Außerdem soll die Gestaltung der Verpackung die Aufmerksamkeit der Käufer auf sich ziehen.
Doch Verpackungen haben auch Nachteile. Sie bestehen oft aus wertvollen Rohstoffen, die teuer sind.

1 **Überlegt, warum die Warenpreise meistens nicht auf volle Euro gerundet sind.**

2 **Sucht weitere Gründe für und gegen Verpackungen.**

3 **Vergleicht die Verpackungsgröße verschiedener Produkte mit ihrem tatsächlichen Inhalt. Stellt eure Ergebnisse aus.**

Supermärkte, Baumärkte und andere Selbstbedienungsläden hat man oft als Verführungsmaschinen bezeichnet. Man kommt heraus und hat mehr gekauft als man wollte. Die Märkte sind genau geplant. Deshalb sind sie in ihrem Aufbau einander so ähnlich. Damit der Kunde nicht zu schnell an den Regalreihen vorbeiläuft, bremsen Dosenpyramiden, Gondeln oder Regalstopper seinen Gang.

Teure Markenartikel werden in den Regalen griffbereit in Augenhöhe angeboten. Sie sollen Kunden zu unüberlegten Käufen, sogenannten Impulskäufen, verführen. Günstigere Angebote kann der Kunde unten in den Regalen finden.

Waren, deren Haltbarkeitsdatum bald abläuft, müssen rasch verkauft werden. Sie stehen daher immer vorne, die frischen dahinter.

Weg mit den „Kinderfängern" aus der Kassenzone

Nahezu jeder, der mit Kindern einkaufen geht, kennt die Fallen im Supermarkt. Vor der Kasse, eingesperrt in der Warteschlange, gibt es kein Entrinnen. In Griffhöhe der Kleinen türmt sich, was das Herz begehrt: Schleckereien und Spielzeug.

Da wird rasch zugelangt und gar noch die Verpackung aufgerissen. Der dann folgende Streit endet um des lieben Friedens Willen oft im Nachgeben der Eltern. Wer hat so starke Nerven, das Gebrüll des Kindes und die guten Ratschläge der anderen Wartenden zu ignorieren?

Es gehört auch Mut dazu, das Produkt nicht zu kaufen, zumal es noch keine eindeutige Rechtslage gibt. Der Handel bietet ganz bewusst Impulsartikel, die Kinder ansprechen, in dieser Zone an. Die Kassenzone gilt somit nicht ohne Grund als lohnendste Verkaufsfläche.

Um den Elternstress zu beenden, fordert die Verbraucherzentrale „Weg mit den Kinderprodukten aus der Kassenzone!". Zur Unterstützung der Forderung wurden in 10 Städten Baden-Württembergs die Kassenzonen von 158 Geschäften überprüft. In 25 Geschäften gab es wenigstens eine „freie" Kasse, die war jedoch leider selten besetzt.

(Heidi Schworm)

4 **Erkundet einen Supermarkt. Bei welchen Produkten findet ihr Hinweise auf Sonderangebote oder Dauertiefstpreise?**

5 **Stellt die Standorte für Milch / Käse, Wurst / Fleisch, Gemüse und Brot fest. Warum befinden sie sich gerade da?**

6 **Fertige eine Skizze an, die die Anordnung der Produkte in einem Supermarkt zeigt.**

7 **Beschreibe das Warenangebot in einer Kassenzone. Welches Interesse verfolgt der Händler mit dem Platzieren dieser Ware?**

Einkaufen will gelernt sein

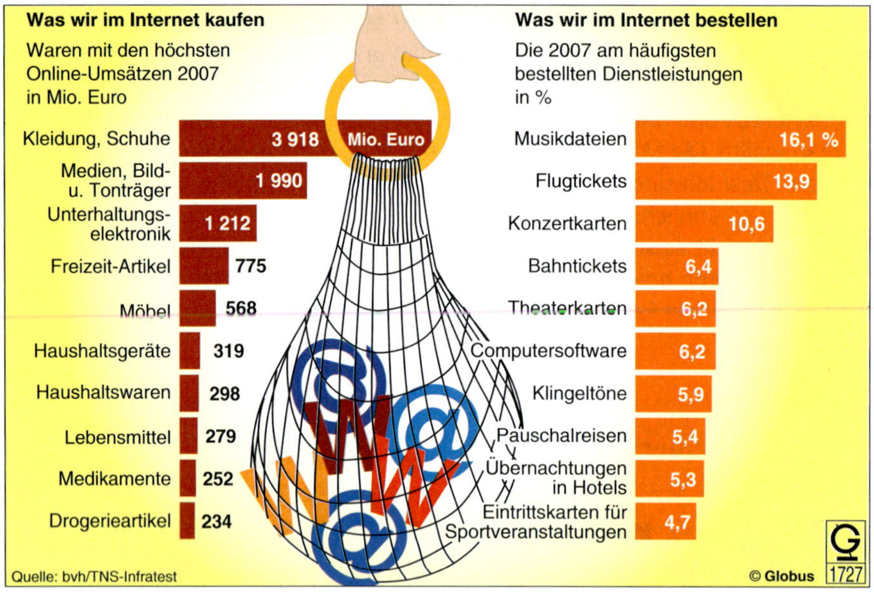

Verbraucher haben die Wahl: sie können Waren persönlich in unterschiedlichen Arten von Geschäften, beim Versandhandel oder im Internet einkaufen.

Sortiment: Warenauswahl

Fachgeschäfte haben sich spezialisiert auf ein ganz bestimmtes Sortiment von Waren, z. B. auf Spielwaren oder Unterhaltungselektronik. Der Vorteil beim Einkauf in Fachgeschäften ist, dass die Kunden beim Kauf durch geschultes Verkaufspersonal beraten werden.

In den Fachmärkten, z. B. einem Baumarkt oder Elektronikmarkt, gibt es einen großen Anteil an Selbstbedienungssortimenten. Hier muss man sich zu Beginn des Einkaufs erst einmal eine Übersicht über das Warenangebot verschaffen. Vorteilhaft ist, dass die Standorte solcher Fachmärkte meistens ausreichende Parkmöglichkeiten haben.

In großen Supermärkten und Einkaufszentren gibt es neue technische Lösungen, die das Einkaufen leichter und schneller machen:
- Intelligente Waagen, die mit einer Digitalkamera die Waren erkennen, wiegen und mit Etiketten versehen
- Informationsterminals zu Produkten und ihren Eigenschaften oder
- Selbstzahlerkassen, an denen der Kunde die Waren selbst einscannt, ohne lange warten zu müssen.

Viele Warenhäuser präsentieren Waren nach dem Shop-in-Shop-Konzept. Bekannte Markenhersteller bieten auf einer separaten Verkaufsfläche ihre Produkte in diesem Warenhaus an.

Beim Versandhandel werden die Waren über Kataloge, Anzeigen, Prospekte oder elektronische Informationsquellen ausgewählt und bestellt. Per Telefon, Fax, Bestellkarte oder Internet gibt man die Bestellung auf (Mindestalter 18 Jahre).

Das Internet bietet eine Riesenauswahl an Produkten. Diese Einkaufsform hat den Vorteil, von zu Hause aus 24 Stunden täglich shoppen zu können.

1 Jugendliche kaufen gern im Internet. Sammelt Begründungen für das Kaufverhalten verschiedener Altersgruppen.
2 Diskutiert in der Klasse, wie das Einkaufen in 10 Jahren sein könnte.

Methode: Einen Kauf vorbereiten

Eine größere Anschaffung, z. B. ein Fahrrad oder einen Computer, macht man ja nicht jeden Tag. Eine gute Vorbereitung hilft dir, das Produkt auszuwählen, das für deine Bedürfnisse das richtige ist.

Internet, Fernsehen, Radio, Zeitungen oder Werbebeilagen versuchen dich auf die unterschiedlichste Art über neue Produkte zu informieren. Damit du die Informationsfülle besser überblicken kannst, musst du Informationen gezielt sammeln und das Wesentliche zusammenfassen.

Recherche: Suche nach Informationen

Wie sollte man die Recherche betreiben, um möglichst genaue und vergleichbare Informationen zu erhalten? Am Beispiel eines Computers werden die verschiedenen Arbeitsschritte aufgezeigt.

1. Schritt: Fragestellungen klären
Zuerst musst du dir überlegen, welche Ausstattung der neue PC haben soll. Sammle Prospekte und markiere Ausstattungsmerkmale, die dir interessant erscheinen.
Welche Fragen könntest du Freunden stellen, die sich vor kurzem einen PC gekauft haben und dir ein paar Tipps für die Vorauswahl geben könnten?
Stelle eine Checkliste zusammen, in die du deine ersten Überlegungen zur Ausstattung einträgst und ergänze sie mit den offenen Fragen, die du klären willst.

	mein Wunsch	Tipps von …	Händler X	Händler Y
Prozessor				
Arbeitsspeicher				
Grafikkarte				
Festplatte				
…				
Preis				

Fragen:
Welche Software wird mitgeliefert?
Welcher Service wird angeboten?
Welche Garantiedauer räumt der Hersteller ein?
Preisvergleich Komplettpaket / einzelner PC?

2. Schritt: Informationen beschaffen
Deine Checkliste wird jetzt mit konkreten Angeboten ergänzt, sodass du immer einen Überblick über die verschiedenen Möglichkeiten behältst.

In den Werbebeilagen gibt es oft Computerangebote der großen Elektronikmärkte. Leider sind die Details und Ausstattungsmerkmale nicht ausreichend erklärt.
Die Fachhändler helfen dir schon eher. Sie können dir die Handhabung des PCs sowie mögliche Ausstattungsalternativen zu deinem Wunschcomputer aufzeigen.
Manchmal gibt es auch das „Schnäppchen" im Warenhaus, aber willst du nur einen neuen PC oder das Komplettpaket mit Drucker und Flachbildschirm?
Im Internet könntest du nach interessanten Angeboten suchen. Nur solltest du dich nicht ausschließlich auf diese Informationsquelle stützen.

3. Schritt: Auswahlkriterien einschränken
Welche finanziellen Möglichkeiten hast du zum Kauf des PCs? Vergleiche deine Preisgrenze mit den Angeboten. Musst du Einschränkungen machen, überlege:
- Welche Mindestanforderungen sollte der neue PC auf jeden Fall erfüllen?
- Auf welche Hard- oder Softwarekomponenten könntest du verzichten?

4. Schritt: Ergebnisse zusammenfassen
Die Checkliste und das gesammelte Material solltest du vor deiner Kaufentscheidung noch einmal in Ruhe anschauen. Sorgsam musst du die technischen Daten vergleichen und das Preis-Leistungs-Verhältnis durchdenken. Erst das Abwägen der Vor- und Nachteile hilft dir die richtige Entscheidung zu treffen.
Kannst du dich schwer entscheiden, versieh in der Checkliste alle Ausstattungsmerkmale mit einem Plus oder Minus – das Angebot mit den meisten Pluszeichen könnte dein neuer PC sein.

Alles klar

1 Senkrecht gelesen ergeben die Buchstaben in den Kästchen das Lösungswort.

a) etwas herstellen ☐ _ _ _ _ _ _ _ _ _ _

b) Kosten höher als Einnahmen _ _ ☐ _ _ _ _

c) englisches Wort für Laden _ _ ☐ _

d) 365 Tage sind ein ☐ _ _ _

e) eine Ware bekannt machen _ _ _ _ ☐ _

f) Kostenberechnung _ _ _ ☐ _ _ _ _ _ _ _

g) Moderichtung ☐ _ _ _ _

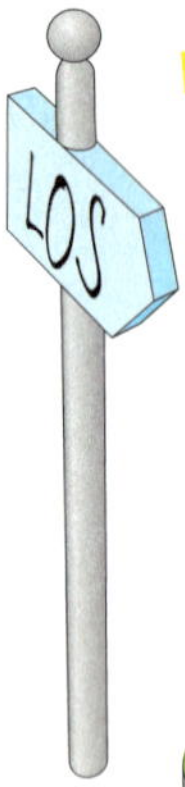

2 Fertigt selbst ein Spiel an, das auch die nachfolgenden Klassen spielen können.
Stellt zunächst Ereigniskärtchen her, auf denen Begriffe stehen, die zu beschreiben sind. Die Beschreibungen müsst ihr selber herausfinden und auf einem Kontrollblatt aufschreiben.

Beispiele für Ereigniskärtchen:
Mogelpackung, Werbung, Verkauf, Produktion, Regalstopper, Einkauf, Gewinn, Verlust, Trend, Zielgruppe, Etikett, Produktentscheidung, Haltbarkeitsdatum, Qualität, Verbraucher, Impulskauf

Vielleicht fallen euch noch weitere Begriffe ein.

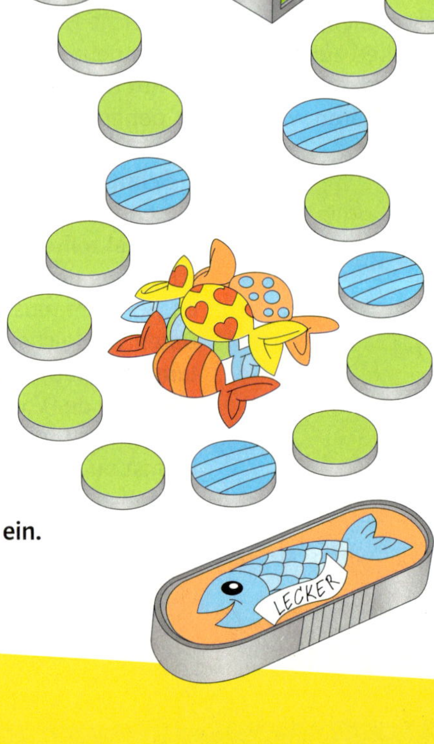

Spielregeln:
Es müssen mindestens drei Spieler / Spielerinnen sein. Alle erhalten eine Spielfigur und einen Würfel. Gewürfelt wird reihum. Bei einer Sechs darf nicht noch einmal gewürfelt werden.
Wer auf ein schraffiertes Feld kommt, muss eine Ereigniskarte ziehen und den Begriff beschreiben. Wenn die Mehrheit mit der Beschreibung einverstanden ist, darf derjenige noch einmal würfeln. Ist die Mehrheit nicht einverstanden, so muss der betreffende Spieler vier Felder zurück.
Wer kommt zuerst ins Ziel?

Verbraucher im Marktgeschehen

+ Rechte und Pflichten
+ Zahlungsformen
+ Kredite und Schulden

Angebot ist nicht gleich Angebot

Ob man ein Fernsehgerät, eine Tüte Milch, ein Paar Schuhe, eine Flasche Orangensaft oder ein Mofa kauft – in jedem Fall schließt man mit dem Händler einen Kaufvertrag ab. Natürlich spielt sich ein Einkauf im Supermarkt anders ab als der Kauf eines Mofas – rechtlich gesehen spielt das jedoch keine Rolle. In beiden Fällen wird ein Kaufvertrag geschlossen und der beginnt schon bei Angebot und Bestellung.

Ein Angebot, das an die Allgemeinheit gerichtet ist, z. B. in Zeitungen, Prospekten, Katalogen, auf Plakaten, in Schaufenstern, im Fernsehen oder im Internet hat noch keine rechtliche Wirkung.
Erst wenn der Anbieter einer bestimmten Person ein Angebot mit genauen Bedingungen macht, ist er an dieses Angebot gebunden.
Die folgenden Bilder zeigen solch unterschiedliche Angebotssituationen.

1 Sicherlich erkennst du, welche Angebote an die Allgemeinheit gerichtet sind und welche rechtlich verbindlich sind. Welche Bedingungen könnten in den rechtsverbindlichen Angeboten vereinbart werden?

Die Verbraucherzentralen, Hefte der Stiftung Warentest und das Presse- und Informationsamt der Bundesregierung geben Tipps und Ratschläge für Verbraucher.

Geschäftliche Partner

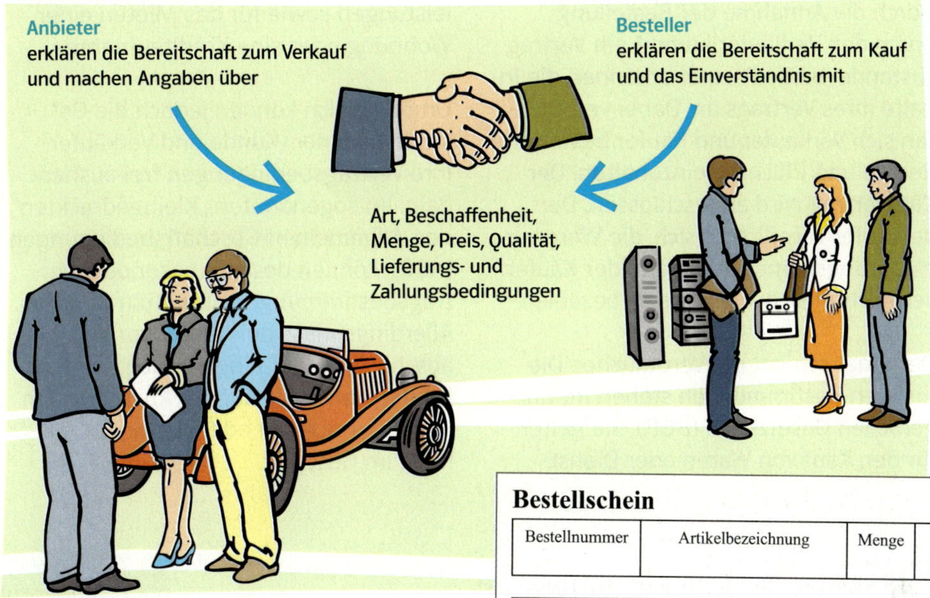

Bestellschein

Bestellnummer	Artikelbezeichnung	Menge	Einzelpreis (€)	Gesamtpreis (€)

Lieferung gegen offene Rechnung
Die Lieferung erfolgt in der Regel gegen offene Rechnung. Rechnungen sind innerhalb von 30 Tagen nach Rechnungsdatum ohne Abzug zur Zahlung fällig. Alle Waren bleiben bis zur vollständigen Bezahlung unser Eigentum.

Porto- und frachtfreie Lieferung
Im Bundesgebiet ab einem Auftragswert von 60 € zuzüglich Mehrwertsteuer. Alle Sendungen werden schnell und zuverlässig erledigt.

Versandkosten
Für Aufträge unter 60 € netto berechnen wir eine geringe Frachtkostenpauschale von 3 €.

Gültigkeit
Für alle Leistungen gelten diese Liefer- und Zahlungsbedingungen. Mit diesem Katalog verlieren alle vorhergehenden Kataloge ihre Gültigkeit.

Gerichtsstand
Gerichtsstand ist München.

Wie der Anbietende an sein Angebot, so ist der Besteller an seine Bestellung gebunden. In den folgenden Beispielen zeichnen sich mögliche Vertragsabschlüsse ab.

A 19.47 Uhr, Werbung im Fernsehen: Münzen werden angeboten, so lange der Vorrat reicht.

B Herr Fenrich möchte einen Computer kaufen. Im Geschäft nimmt der Verkäufer seine Wünsche auf und bestellt den Computer.

C Ein Zimmer soll neu gestrichen werden. Der Maler macht einen Kostenvoranschlag für die 14. Kalenderwoche.

D Familie Hollank entscheidet sich für einen 3-wöchigen Aufenthalt auf der Insel Santorin.

E Bei Ulrikes Fotoapparat funktioniert der Zoom nicht mehr. Der Händler macht einen Kostenvoranschlag. 69 € soll die Reparatur kosten, der Apparat wird in zwei Wochen fertig sein.

F Herr Weber legt seine Ware auf das Förderband an der Kasse im Supermarkt.

Auftrag

Anruf

Bestellschein

Buchung

Barzahlung

Auftragsbestätigung

1 **Ordne die Begriffe auf den Kärtchen den Situationen A bis F zu.**

2 **Versetzt euch in Situationen und beschreibt, worauf geachtet werden muss und wer an welche Bedingungen gebunden ist.**

3 **Erstelle selbst eine Grafik, in der die Zusammenhänge zwischen Anbieter und Besteller deutlich werden.**

Verbraucherrechte und Verbraucherpflichten

Durch die Annahme der Bestellung durch den Verkäufer kommt ein Vertrag zustande. Beide Partner erkennen die Inhalte ihres Vertrags an. Dabei verpflichten sich Verkäufer und Käufer bestimmte Rechte und Pflichten einzuhalten. Der Kaufvertrag wird abgeschlossen. Der Verkäufer verpflichtet sich, die Ware vereinbarungsgemäß zu liefern, der Käufer verpflichtet sich, die Ware zu bezahlen.

Der Staat schützt die Verbraucher. Die meisten Bestimmungen stehen im Bürgerlichen Gesetzbuch (BGB). Sie gelten für den Kauf von Waren oder Dienstleistungen sowie für das Mieten einer Wohnung oder eine Kreditaufnahme.

Grundsätzlich können jedoch die Geschäftspartner (Kunde und Verkäufer) ihre Vertragsbedingungen frei aushandeln. Im sogenannten „Kleingedruckten", den Allgemeinen Geschäftsbedingungen (AGB), können deshalb besondere Vertragsbestimmungen aufgeführt werden. Allerdings muss der Käufer vor Vertragsabschluss darauf hingewiesen werden. Häufig stehen sie auf der Rückseite von Bestellformularen oder auf einem Aushang im Geschäft.

Umtausch
Ein freiwilliger Umtausch durch den Händler ist meist innerhalb einer Woche möglich. Dann erhält der Käufer entweder das Geld zurück, eine andere Ware oder einen Warengutschein.

Lieferbedingungen
sind Vereinbarungen in Kaufverträgen
- zur Verpackungs- und Versandart
- zur Übernahme der Verpackungs- und Transportkosten durch einen Vertragspartner
- zum Lieferort und Liefertermin
- zum Gerichtsstand

Zahlungsbedingungen
innerhalb eines Zeitraums, Skonto, Zahlungsart

Widerruf des Kaufvertrags
Innerhalb von 14 Tagen nur unter besonderen Bedingungen möglich
- bei falschen Informationen
- bei Haustürgeschäften
- bei Fernabsatzgeschäften

Gebrauchte Waren
Auch für gebrauchte Waren muss ein gewerblicher Verkäufer grundsätzlich zwei Jahre Gewährleistung übernehmen. Er kann sie jedoch auf ein Jahr verkürzen, muss dies allerdings ausdrücklich in den Allgemeinen Geschäftsbedingungen vereinbaren.

Garantie
Im Gegensatz zur Gewährleistung, zu der ein Verkäufer verpflichtet ist, stellt eine Garantie eine freiwillige Leistung dar, die zumeist vom Hersteller übernommen wird.

Genaue Bezeichnung
Auch Einzelteile müssen aufgeführt werden.

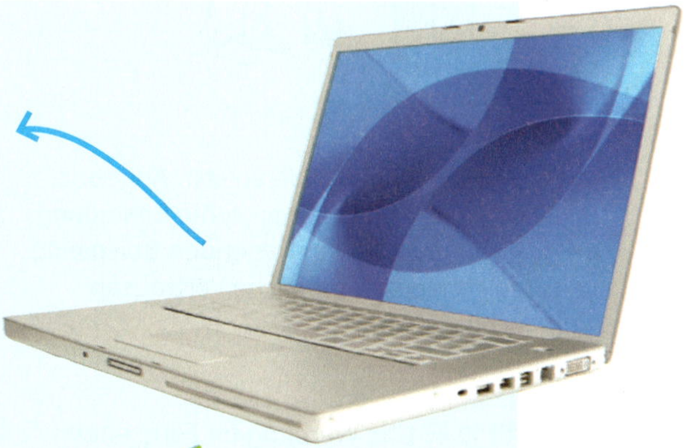

Gewährleistung
Recht des Käufers bei Mängeln

Nacherfüllung
Reparatur oder die Lieferung einer mangelfreien Ersatzware

Rücktritt vom Vertrag
Die mangelhafte Ware gegen Erstattung des Kaufpreises zurückgeben

Minderung
Das fehlerhafte Produkt behalten, aber einen angemessenen Preisnachlass verlangen

Klaus hat sich eine nicht gerade billige Uhr gekauft. Nach drei Monaten geht sie nicht mehr.

Irenes Jacke wurde per Katalog bestellt. Die Jacke passt nicht und gefällt ihr außerdem nicht sonderlich.

Herr Kuhn freute sich auf die Lexikonreihe, die er kürzlich bei einem Vertreter bestellt hatte. Statt 10 Bänden sind es jedoch nur 8.

Simone kommt vom Einkaufen zurück. Erst jetzt stellt sie fest, dass das Haltbarkeitsdatum des Jogurts abgelaufen ist.

Nach sechs Wochen hat Frau Baum die gelieferte Bohrmaschine immer noch nicht bezahlt.

Garantieschein

Lieferschein

Rechnung

Belege unbedingt aufheben

Wer als Käufer seine Rechte geltend machen will, muss seine Belege aufheben. Denn ohne die nötigen Unterlagen wie Garantieschein, Lieferschein, Rechnung oder Quittung kann man weder umtauschen noch zurückgeben.
Garantiescheine werden beim Kauf ausgestellt und müssen das Kaufdatum und den Namen der Firma enthalten.

Kommt es zu bei der Erfüllung des Kaufvertrags zu Störungen, werden sowohl Rechte des Käufers als auch des Verkäufers wirksam.
Zahlt der Käufer die erbrachte Leistung oder Ware nicht innerhalb von 30 Tagen, werden automatisch sehr hohe Verzugszinsen fällig. Die Ware bleibt bis zur Zahlung Eigentum des Verkäufers.

Entspricht die erbrachte Leistung nicht den Vereinbarungen, kann der Käufer zunächst eine Reparatur oder eine Ersatzlieferung verlangen. Der Verkäufer muss die Kosten dafür tragen. Wenn die Reparatur zweimal nicht gelingt bzw. die Ersatzlieferung nicht klappt, kann der Käufer vom Vertrag zurücktreten oder den Kaufpreis mindern.

Versandhandel / elektronischer Geschäftsverkehr

Für den Fernabsatz, z. B. für den Versandhandel oder den Internetkauf, existieren einige spezielle gesetzliche Regelungen. So hat man z. B. eine zweiwöchige Widerrufsfrist, d. h. innerhalb von zwei Wochen kann man – unter Berücksichtigung bestimmter Einschränkungen und Voraussetzungen – Ware zurückgeben.

1 **Stelle stichwortartig die Vertragsbedingungen und die Rechte des Kunden beim Kauf im Versandhandel zusammen.**
2 **Wähle für die oben beschriebenen Situationen die rechtlichen Bestimmungen aus.**
3 **Stelle dir eine eigene Checkliste zusammen, die du vor und nach dem Kauf einer Ware benutzen kannst.**

Einkauf – ein Kauf – ein Geschäft

Früh schon lernen Kinder ein Kaufgeschäft zu tätigen – sie sind Geschäftspartner in kleinem Rahmen.

Zum Schutz der Kinder und Jugendlichen hat der Gesetzgeber rechtliche Bestimmungen eingeführt, die festlegen, ab welchem Alter sie im angemessenen Rahmen rechtliche Geschäftspartner, also geschäftsfähig, sind.
Dabei geht es nicht um den kleinen persönlichen Einkauf, vielmehr um die eventuelle rechtliche Bindung, die bei einem Kaufgeschäft eingegangen wird.

> Patrick ist 16 Jahre alt und Schüler. Zwei Jahre hat er gespart und die Geldgeschenke zu den Festen auf sein Taschengeldkonto überwiesen. Jetzt kann er sich endlich das Mofa für 770 € kaufen. Sein Freund behauptet, dass er es noch nicht ohne seine Eltern erwerben kann.

> Die 17-jährige Angela steht in der Ausbildung zur Kauffrau im Groß- und Einzelhandel. Eines Tages bestellt sie bei einem Vertreter ein Nachschlagewerk für 1000 €. Angela kann nicht bezahlen und verweist die Firma an ihre Eltern.

> Simone, 6 Jahre alt, hat ihr Kinderfahrrad der besten Freundin geschenkt.

> Der 15-jährige Daniel hat per Telefon zwei DVDs bestellt und die Kontonummer seiner Eltern angegeben.

> Jörg ist Student der Medizin, 21 Jahre alt, und wird mit 350 Euro monatlich von seinen Eltern unterstützt. Er bestellt sich einen Computer für 1500 €. Seine Eltern erhalten die Rechnung, die sie jedoch nicht bezahlen wollen.

Geschäftsfähig – ab wann?

Geschäftsunfähig sind Kinder bis zum vollendeten 7. Lebensjahr.

Beschränkt geschäftsfähig sind Personen vom vollendeten 7. Lebensjahr bis zum vollendeten 18. Lebensjahr. Verträge bedürfen der Einwilligung des gesetzlichen Vertreters.

Taschengeldparagraph: Beschränkt Geschäftsfähige können Verträge abschließen, die mit Mitteln erfüllt werden, welche ihnen vom gesetzlichen Vertreter zu diesem Zweck oder zur freien Verfügung überlassen werden.

Unbeschränkt geschäftsfähig sind Personen, die das 18. Lebensjahr vollendet haben.

1 **Bewerte die rechtliche Situation in den Fallbeispielen und begründe sie.**
2 **Betrachte deine rechtliche Lage und erläutere sie an einigen Beispielen.**

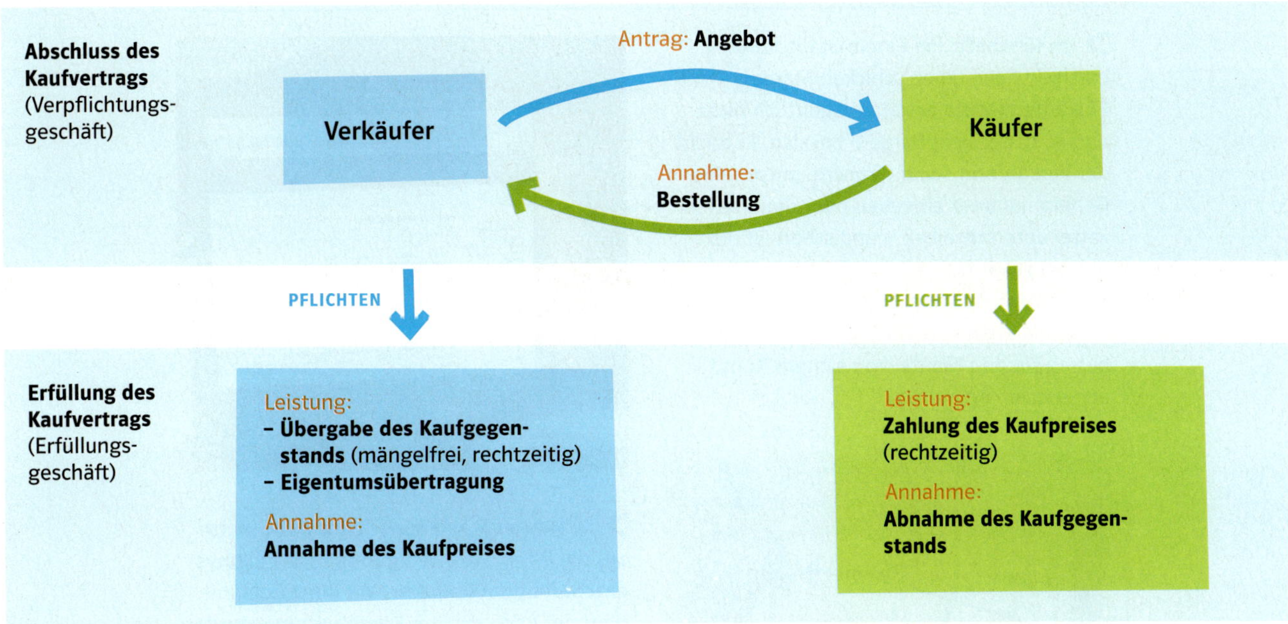

> Herr Zehner hat per Annonce in der Tageszeitung sein Auto angeboten.

Frau Dreher interessiert sich dafür und ruft an. Die beiden treffen sich und verhandeln den Verkauf. Um sicherzugehen, möchte Frau Dreher einen Kaufvertrag aufsetzen, in dem alle Angaben und Vereinbarungen festgehalten sind. Sie hat sich zum Gespräch eine Liste der Punkte aufgestellt, die sie im Vertrag berücksichtigt haben möchte.

Mini One, Bj: 2002, 66.600 km, 66 kW (90 PS), grün metallic, 9.600 €

- Baujahr des Fahrzeugs
- genaue Typenbezeichnung
- gefahrene Kilometer
- Unfallschaden?
- Erstbesitzer?
- Zubehör
- Katalysator
- Benzinverbrauch
- TÜV-Abnahme
- Fahrzeugschein und -brief
- Preis
- Lieferbedingungen
- Zahlungsbedingungen

Nicht nur in Geschäften werden Kaufverträge abgeschlossen. Auch Privatleute untereinander verkaufen und kaufen und schließen damit einen Kaufvertrag.

3 **Gestalte mit einer Mitschülerin oder einem Mitschüler zusammen einen Kaufvertrag, in dem die vereinbarten Bedingungen und rechtlichen Bestimmungen enthalten sind.**

4 **Beschreibe anhand der Grafik oben mit eigenen Worten die rechtlichen Zusammenhänge eines Kaufvertrags.**

> Im Geschäft: Bei einem Stadtbummel entdeckt Sven einen schicken Mantel. Einkaufen wollte er heute eigentlich nicht und so hat er kein Bargeld bei sich. Er reicht der Verkäuferin seine Girocard, muss seine Geheimnummer eingeben oder den Kassenzettel unterschreiben – und schon ist der Mantel gekauft.
Erst Tage später holt Sven seine Kontoauszüge und stellt fest, dass der Rechnungsbetrag für den Mantel von seinem Konto abgebucht ist.

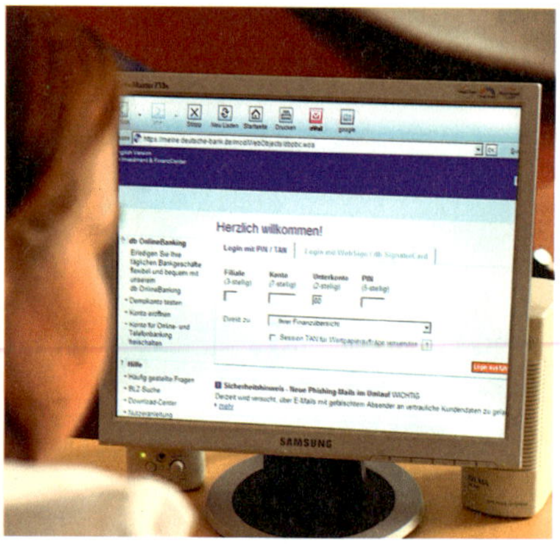

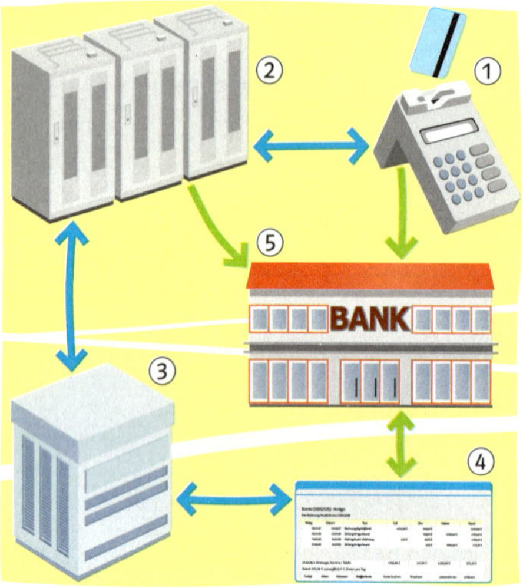

> Zu Hause: Frau Weiner geht nicht mehr auf die Bank. Sie erledigt nun ihre Zahlungsgeschäfte per Computer. Mit ihrer Geheimnummer kann sie ihre Kontoauszüge abrufen oder Überweisungen tätigen.

> „Goldene Kreditkarte“: Frau Kaiser hat in einem großen Kaufhaus das Angebot einer persönlichen Kreditkarte erhalten.
Sie füllt einen Fragebogen über ihre Person mit Geburtstag, Familienstand und Verdienst aus. Danach bekommt sie eine Kreditkarte, mit der sie in allen Abteilungen bargeldlos einkaufen kann.

1 Kennst du weitere Möglichkeiten, mit einer Karte einzukaufen?

2 „Plastikgeld“ hat viele Vorteile, auch auf Reisen. Es schützt jedoch nicht vor Missbrauch und hat seine heimlichen Gefahren. Kennst du Beispiele?

3 Beschreibe den Weg der bargeldlosen Bezahlung, wie er im Schema oben dargestellt ist, indem du folgende Begriffe verwendest:
Girocard – (1) Kartenleser – Geheimzahl – Magnetstreifen – Datenfernübertragung – (2) Netzbetreiber – (3) Autorisierungszentrale des Kreditgewerbes – (4) Kundenkonto – Speichern des Zahlungsvorgangs – Daten an (5) Bank des Händlers – Einzug des Betrags vom (4) Kundenkonto

Die Geldkarte

Die Geldkarte ist eine „Geldbörse“ in Chipform. Es handelt sich dabei um eine Girocard der Bank oder Sparkasse, auf der zusätzlich ein Chip mit der Geldkarte-Funktion aufgeprägt ist. Der Chip kann am Geldautomaten, an speziellen Ladeterminals oder über das Internet mit bis zu 200 Euro aufgeladen werden. Die Geldkarte dient hauptsächlich als Kleingeldersatz.
Besonders häufig kommt die Geldkarte an Automaten aller Art zum Einsatz, z. B. Automaten für Straßenbahnfahrscheine, Parkscheine, Getränke oder Briefmarken.

Das kleine ABC der Zahlungsformen in der Sprache der Banken

Abbuchung: Man gibt der eigenen Bank den Auftrag, Lastschriften eines Zahlungsempfängers einzulösen und das eigene Konto zu belasten.

Girocard: Dies sind Karten, mit denen man in vielen Ländern Bargeld aus dem Geldautomaten abheben kann. In größeren Geschäften ist es möglich, mit diesen Karten bargeldlos zu bezahlen → electronic cash.

Bankleitzahl: Das ist eine 8-stellige Zahl, die jedem Geldinstitut zugeteilt wurde. In ihrer Funktion entspricht sie einer Postleitzahl und ist Voraussetzung für den reibungslosen Ablauf von Zahlungsvorgängen.

Dauerauftrag: Mit ihm weist der Auftraggeber seine Bank an, zu wiederkehrenden bestimmten Terminen einen gleichbleibenden Betrag an denselben Empfänger zu überweisen.

Einzugsermächtigung: Mit ihr ermächtigt der Zahlungspflichtige den Zahlungsempfänger, die jeweils geschuldeten Beträge vom eigenen Konto einzuziehen. Sie ist die Voraussetzung für eine → Lastschrift.

electronic cash: Elektronisches, bargeldloses Zahlungssystem. Der Kunde zahlt, indem er an der Kasse seine → Girocard in ein Kartenlesegerät steckt und mit dem Eintippen seiner Geheimzahl oder mit seiner Unterschrift den Rechnungsbetrag bezahlt.

Homebanking (Onlinebanking): Möglichkeit auch außerhalb der üblichen Banköffnungszeiten über das Internet Bankgeschäfte zu erledigen.

Kreditkarte: Sie wird von Banken oder Kreditkarteninstituten ausgegeben. Über 10 Millionen Vertragsunternehmen in zahlreichen Ländern aller Kontinente akzeptieren die Kreditkarte als bargeldloses Zahlungsmittel.

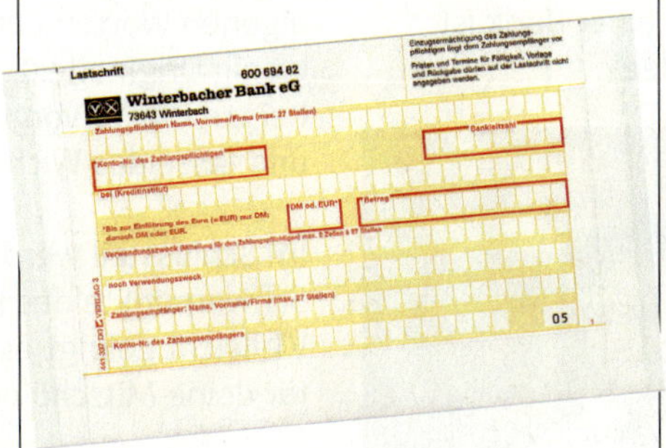

Lastschrift: Regelmäßige Zahlungen, die immer an denselben Zahlungsempfänger gehen, aber in der Höhe variieren. Die Initiative geht vom Zahlungspflichtigen aus, der dem Zahlungsempfänger eine → Einzugsermächtigung erteilt.

PIN (Persönliche Identifikationsnummer): In Verbindung mit der → Girocard ist sie zur Eingabe an den Geldautomaten notwendig, um Bargeld abheben zu können.

SEPA (Single Euro Payments Area): SEPA wurde Anfang 2008 gestartet. Das bargeldlose Bezahlen in Europa (und einigen anderen Teilnehmerländern) soll über die Landesgrenzen hinweg einfacher, schneller und billiger werden, als es vor der Einführung von SEPA war.
Für einen Zahlungsvorgang benötigt man eine internationale Kontonummer (IBAN) und eine internationale Bankleitzahl (BIC).

TAN (Transaktionsnummer): Beim Onlinebanking wird die TAN als Passwort vergeben. Der Kunde muss für jeden Buchungsvorgang eine neue TAN verwenden.

Überweisung: Weisung eines Kontoinhabers an seine Bank, einen bestimmten Betrag vom eigenen Konto abzubuchen und auf das Konto des Zahlungsempfängers zu übertragen.

Verrechnungsscheck: Bargeldloses Zahlungsmittel, durch das der Inhaber eines Kontos seine Bank anweisen kann, den eingesetzten Betrag dem Zahlungsempfänger auf dessen Konto gutschreiben zu lassen.

Methode: Referat

Die verständliche Darstellung und Zusammenfassung von wirtschaftlichen Vorgängen ist eine wichtige Voraussetzung beim Lernen. Ein Referat bietet dir die Möglichkeit, wesentliche Schwerpunkte hervorzuheben und sie deinen Mitschülern vorzutragen.
Am Beispiel Onlinebanking sollst du ein Referat halten.

1. Schritt: Informationen suchen
Bevor du die Erarbeitung deines Vortrags beginnst, solltest du dir möglichst viele Informationen über das Thema deines Referats einholen. Nutze dabei unterschiedliche Quellen. Denke auch an das Sammeln von Anschauungsmaterial, denn Bilder oder Gegenstände sagen manchmal mehr als viele Worte.

Einen ersten Ansatzpunkt soll dir die Übersicht auf der nächsten Seite geben. Die aktuellsten Hinweise können dir sicher die Menschen geben, die täglich mit der Thematik zu tun haben. Eine Expertenbefragung in einer Bank ist bestimmt eine gute Idee!

2. Schritt: Informationen ordnen und vereinfachen
Nachdem du nun eine Fülle von Informationen zusammengetragen hast, ist es notwendig, alle Texte zu ordnen und Überflüssiges auszusortieren.

Damit dein Vortrag von allen Zuhörern verstanden werden kann, müssen alle Fremdwörter oder Fachbegriffe, die du nicht kennst, erklärt werden.
Lies dir deshalb alles noch einmal aufmerksam durch. Triffst du dabei auf unbekannte Wörter, schlage sie im Lexikon oder Internet nach und mache Notizen dazu.
Ordne nun deine Informationssammlung so, dass der Inhalt folgerichtig erklärt wird. Lege dein Anschauungsmaterial dazu, das du verwenden möchtest.

3. Schritt: Informationen gliedern und zusammenfassen
Ein Referat besteht immer aus drei Teilen, der Einleitung, dem Hauptteil und dem Schluss (Zusammenfassung).
In der Einleitung nennst du das Thema deines Vortrags und erklärst, was du damit erreichen willst.

Der Hauptteil ist zur Wiedergabe deiner gesammelten Informationen gedacht. Versuche so viel wie möglich mit deinen eigenen Worten aufzuschreiben und nur wenig Originaltext zu nutzen. Achte dabei auf die dir vorgegebene Vortragszeit und fasse das Wichtigste zusammen.

Im Schlussteil werden noch einmal die Schwerpunkte des Hauptteils genannt. Vielleicht gelingt es dir, einen Merksatz für deine Mitschüler zu formulieren.

4. Schritt: Informationen wiedergeben
Lege dir dein Anschauungsmaterial bereit und überdenke, wie du es deinen Mitschülern am besten präsentierst (mit Magneten an der Tafel befestigen, hochhalten oder Ähnliches).
Wer sein Referat nur vom Blatt abliest, wird nur wenige aufmerksame Zuhörer finden!
Fertige dir vorher einen Stichwortzettel an und versuche, mit dessen Hilfe frei zu sprechen. Stelle dich dazu gerade hin und rede laut und deutlich und vor allem nicht zu schnell.

Onlinebanking

Um den Missbrauch des Onlinekontos zu verhindern, sollten PIN und TAN niemals im Rechner gespeichert werden. PIN, TAN und HBCI-Karte müssen immer unzugänglich gegenüber unbefugten Personen aufbewahrt werden.

Girokonto bei der Bank zur Onlinenutzung freischalten lassen

Internetfähiger PC

PIN-iTAN-Verfahren / **mTAN-Verfahren**

- Aufrufen der Webseite der Bank
- Einwählen auf das freigeschaltete Onlinekonto
- Kontonummer und PIN eingeben
- Aktion wählen z. B. Überweisung
- Überweisungsformular ausfüllen

PIN-iTAN-Verfahren:

- TAN eingeben (erhält man von der Bank per Brief im Voraus)
- Senden

mTAN-Verfahren:

- Bank erstellt eine TAN und sendet sie ans Handy
- TAN eingeben
- Senden

HBCI-Verfahren (Sofware + Kartenleser)

- HBCI-Software aufrufen
- Aktion wählen z. B. Überweisung
- Überweisungsformulare ausfüllen
- HBCI-Karte in das Lesegerät einführen
- Geheimzahl eingeben
- Senden

Wünsche durch einen Kredit erfüllen

Es ist jedem von uns schon einmal so ergangen: Ein spannender Film wird für sieben Minuten unterbrochen. In der Sprache der Werbung erscheinen die Traumtypen von Florida, ein Auto fährt auf „Samtpfoten" in alle Welt – du kennst das.

Auf dem Weg zur Schule locken die Auslagen der Schaufenster mit den Computern und Spielkonsolen mit neuester Technik.

In den Beilagen der Tageszeitung flattern Vorschläge für perfekte Wohnungseinrichtungen mit Ratenkreditangeboten der Möbelhäuser ins Haus – und alles ist so „billig".

Und um die Ecke ist die Bank. Die verleiht doch Geld, da könnte man doch heute schon genießen, was man sich morgen erst hätte leisten können. Wenn du erst einmal verdienst, ist das alles möglich. Alles?

Die Bedeutung der Kredite – Frag mal die Bank

Kredite spielen nicht nur in den Unternehmen, sondern auch im privaten Haushalt eine Rolle. Für viele Produkte werden Kredite schon beim Händler und in den Versandhäusern angeboten.
Viele Leute nehmen bei Banken und Sparkassen für private Zwecke Privat- oder Konsumentenkredite auf.

Ist die Entscheidung gefallen einen Kredit aufzunehmen, kann nur gezieltes Informieren und Vergleichen der verschiedenen Angebote vor Überraschungen bewahren.

Um umfassend fragen zu können, sollte man einige Fachbegriffe kennen.

A. Kreditnehmer (persönliche Angaben der Verpflichteten) – nachstehend der Kreditnehmer genannt –

Name, Vorname, Geburtsname/früherer Name, Straße, PLZ, Ort – Geburtstag/Geburtsort, Legitimation

Muster, Anna
Neue Straße 1, 12345 Altstadt geb. 09.09.1970 Neustadt

Beruf		Familienstand	Güterstand	Geburtsjahr der Kinder unter 18 Jahre
	LEHRERIN	ledig		

B. Kredithöhe, Kosten, Zahlungsplan Betragsangaben in

Netto-kreditbetrag	12 000,00	1. Rate fällig am 30.01.01	1. Rate 484,03	Gutschrift des Nettokreditbetrags auf Konto Nr. bei KONTO-NR 123 456 789 BLZ 900 800 70
Zinssatz pro Monat 0,420 %	1 209,60	Anzahl mtl. Folgeraten 23	Folgeraten 561,00	
Anlaufzinsen für 19 Tage	-62,57	Letzte Rate fällig am 30.12.02	letzte Rate 561,00	Ratenzahlung; Abbuchung zu Lasten Konto Nr./sonst. Zahlungsart 123 456 789
Bearbeitungs-provision 2,00 %	240,00	Folgeraten fällig am 30.monatl	Anzahl Raten insgesamt	Effektiver Jahreszins 11,90 %; ohne Bearb.Prov. 9,88 %
Sonstige Kosten insgesamt	0,00	Art, Betrag und Fälligkeit der Kosten (z. B. Besicherungskosten)		
Gesamtbetrag ohne die o. g. nicht bezifferbaren Kosten	13 387,03	Autokredit: Der Kreditnehmer muß das Fahrzeug vollkaskoversichern. Die Versicherungsprämien sind von ihm entsprechend den Tarifen der von ihm gewählten Versicherungsgesellschaft an diese zu zahlen.		

Die zwei gebräuchlichsten Arten der Privatkredite im Vergleich:

Merkmale	Zweck	Kreditaufnahme	Laufzeit	Tilgung (Rückzahlung)	Zinsen	Bearbeitungsgebühr
Ratenkredit	mittelfristiger Geldbedarf zur Finanzierung größerer Anschaffungen	Abschluss eines Kreditvertrags und Einrichtung eines besonderen Darlehenskontos	vertraglich geregelt	feste monatliche Raten	prozentualer Monatszins vom gesamten Darlehensbetrag	meist 2 % vom Kreditbetrag
Dispositionskredit	kurzfristiger Geldbedarf zur Abdeckung von Kontoüberziehungen	Überziehung des Girokontos	unbefristet	durch Ausgleich des Girokontos, in der Regel durch Lohnzahlungen	prozentualer Jahreszins vom beanspruchten Kreditbetrag	keine

1 **Erkläre mit den Angaben im Formular und mithilfe des Lexikons folgende Begriffe: Laufzeit, effektiver Jahreszins, Darlehensbetrag, Gesamtbetrag, persönliche Angaben, Raten, Tilgung, verfügbares Einkommen.**

2 **Erstelle mit diesen Fachbegriffen einen Fragebogen für eine Bankerkundung.**

Termin bei der Bank – Rede und Antwort

> Klaus Z. geht gut vorbereitet zu seiner Bank, um sich über eine Kreditaufnahme zu erkundigen. Er ist völlig überrascht, als die Bankangestellte nun ihrerseits einige Fragen an ihn stellt, die im Fall einer Kreditaufnahme von ihm beantwortet oder bedacht werden müssen.

Herr Z. stellt eine Checkliste zusammen, um vergleichbare Angebote von weiteren Geldinstituten einholen zu können.

Laufzeit/Raten:
Frist für Rückzahlungen, Festlegung der Zins- und Tilgungsraten

Kosten des Darlehens:
Vereinbarung über Zinsen und Gebühren

Darlehensbetrag:
Höhe des Betrages, der von der Bank geliehen wird

Persönliche Verhältnisse des Antragstellers:
Alter, regelmäßiges Einkommen, Rückzahlungsmöglichkeit, Vermögensverhältnisse, finanzielle Verpflichtungen

Verwendungszweck:
Was geschieht mit dem Geld? Möglichkeiten der Sicherungsübereignung

Was die Bank wissen möchte:

- Die Kreditfähigkeit wird überprüft. Persönliche Daten und Volljährigkeit werden festgehalten.
- Die Kreditwürdigkeit muss belegt werden. Regelmäßiges Einkommen muss gewährleistet sein.
- Es müssen Sicherheiten geboten werden:
  1. Übereignung von Gegenständen wie z. B. von Kraftfahrzeugen. Dabei geht das Eigentum auf den Kreditgeber über, der Kreditnehmer bleibt jedoch im Besitz der Sache und nutzt sie weiter.
  2. Hinterlegung des Sparkassenbuchs
  3. Lohn- und Gehaltsabtretung im Fall der Zahlungsunfähigkeit
  4. Bürgschaft z. B. der Eltern

1 **Erkläre, welche Möglichkeiten und Bedingungen es gibt, einen Kredit zu erhalten.**

2 **Erläutere, worin sich die Kreditangebote der Geldinstitute unterscheiden können.**

Erst prüfen, dann entscheiden

> Sabine S., ledig und 22 Jahre alt, hat einen Nettoverdienst von 1200 € im Monat. Auf ihrem Sparkonto hat sie 2500 € angespart.
Gleichzeitig spart sie in einem Sparvertrag 40 € monatlich.
Sie hat sich auch einen Monat lang aufgeschrieben, was sie so für sich braucht:

Lebensmittel	250,– Euro
Kaltmiete	200,– Euro
Heiz- und Stromkosten	35,– Euro
Telefon/Internet	20,– Euro
Fahrkarte	25,– Euro
Kleidung	100,– Euro
Körperpflege und Friseur	35,– Euro
Disco/Kino/Zeitungen	35,– Euro

Da sie sehr schlechte Zugverbindungen von ihrem Dorf aus hat, möchte sie sich ein Auto kaufen.
Bei einem Autohändler findet sie ein Auto für 5000 €.
Sie muss es finanzieren und will natürlich ein günstiges Kreditangebot nutzen.

Auf der Bank, bei der sie ihr Konto hat, erhält sie folgende Auskunft:
- Darlehensbetrag: 2500 €
- Bearbeitungsgebühr: 2 %
- 0,40 % Zinsen vom Darlehensbetrag pro Monat für 36 Monate Laufzeit
- 1. Rate: 75 €
- Folgeraten: 81 €
  (Die Raten beinhalten Zins und Tilgung.)

Einnahmen	
Monatliche Ausgaben (Geld für Fahrkarte entfällt)	
Folgekosten für das Auto:	
Kfz-Steuer	
Kfz-Versicherung	
Benzinkosten	
Tilgung (Folgeraten)	
Verkehrsrechtsschutz	
Summe Ausgaben	
Einnahmen	
– Ausgaben	
verbleibendes Einkommen	

1 Erkundige dich nach der Höhe der Kfz-Steuer sowie der Versicherungen für einen Kleinwagen und wonach sie berechnet wird.

2 Erstelle nach nebenstehendem Schema eine Bilanz mit Einnahmen und Ausgaben. Benutze dazu den Computer. Überprüfe, ob Sabine die Kreditbelastung der Bank verantworten kann. Bedenke dabei, dass sie für eventuelle Reparaturen noch einen Betrag in Rücklage haben sollte.

3 Autohäuser bieten ihren Kunden ebenfalls Kredite beim Kauf eines Wagens an.
Suche Angebote von verschiedenen Händlern, erkundige dich nach den Bedingungen und berechne einige Modellbeispiele. Du kannst solche Beispiele auch in Zeitungen finden.

z. B. Golf Limousine, 59 kW (80 PS), mit Doppelairbag, Servolenkung, elektronische Wegfahrsperre, CO_2-Emission 164 g/km
nur € 17.410,-
Finanzierung ab 3,9 % p.a. möglich

Schulden – was nun?

Eine Verschuldung stellt eine außerordentliche Belastung für die ganze Familie dar, die sich nicht nur im finanziellen Bereich auswirkt, sondern durch die große seelische Belastung weitere familiäre Probleme nach sich ziehen kann.

Neben Krediten bei Sparkassen, Banken und dem Handel gibt es weitere Möglichkeiten Schulden zu machen. Nachfolgend sind Schuldenarten, die in einem Haushalt auftreten können, aufgezeigt:

- Mietschulden
- Energieschulden (Gas, Strom, Wasser)
- Schulden bei Versandhäusern
- Schulden bei Freunden, Verwandten und Bekannten
- Schulden aus Unterhaltszahlungen

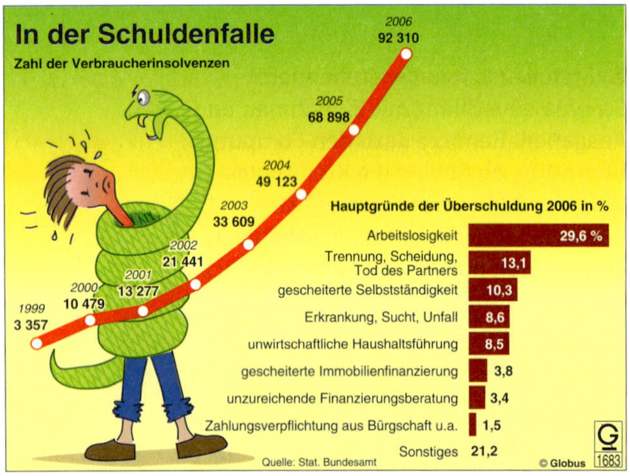

Die Schuldenfalle schnappt immer häufiger zu. In immer mehr Fällen können die Haushalte ihre Schulden nicht mehr zurückzahlen, z. B. bei Einkommensminderung durch Trennung der Partner, Krankheit oder Arbeitslosigkeit.

Von einer Überschuldung spricht man, wenn Personen ihre Schulden nicht mehr in einem überschaubaren Zeitraum unter Einsatz ihres Einkommens bezahlen können.

Auswege

Bei Überschuldung bieten Schuldnerberatungsstellen deutschlandweit ihre Hilfen und Möglichkeiten der Schuldenregulierung an. Man kann sie bei den Verbraucherzentralen, bei Wohlfahrtsverbänden oder bei den Kommunen aufsuchen. Dort ist die Schuldnerberatung kostenlos.
Gemeinsam mit den Schuldnerberatern werden Wege entwickelt, die Überschuldung zu überwinden.

Die Schuldnerberatung nimmt Kontakt zu den Gläubigern auf und verhandelt einen Schuldenabbauplan.
Bei finanziellen Verbindlichkeiten gegenüber Banken und Sparkassen sollte man versuchen

- eine Stundung der Zahlungen (Aussetzen der Zahlungen) oder
- eine Verringerung der monatlichen Ratenzahlungen bei Verlängerung der Laufzeit zu verhandeln.

Gläubiger: bei ihnen steht man finanziell in der Schuld

Sind alle außergerichtlichen Versuche zur Überwindung der Überschuldung gescheitert, ist beim Gericht die Verbraucherinsolvenz zu beantragen.

Insolvenz: Zahlungsunfähgkeit

Das Gericht bemüht sich nochmals um einen Kompromiss zwischen Schuldnern und Gläubigern. Gelingt dies nicht, wird das Verbraucherinsolvenzverfahren durchgeführt.

Der Schuldner muss 6 Jahre lang alle Einkommen abzüglich des Einkommens zur Sicherung seines Existenzminimums an die Gläubiger abgeben.

Werden diese Verpflichtungen erfüllt, kann das Gericht die restlichen Schulden erlassen und der Schuldner ist im 7. Jahr schuldenfrei.
Der Neuabschluss von Krediten bleibt jedoch meistens verwehrt.

Vorsicht ist bei Anzeigen in der Zeitung oder im Internet notwendig, wenn „Kredithaie" die angeblich schnelle Hilfe bei Überschuldung versprechen.
Die Scham und Not der Schuldner werden ausgenutzt, um noch teurere Kredite und andere zweifelhafte Angebote zu vermitteln.

Sonderkredite
schnell & diskret
vermittelt erfolgreich
> bei täglicher Auszahlung
> zur freien Verfügung
> zinsgünstig + fair
> in schwierigen Fällen
> auch bei Altschulden und wenn Kreditraten zu hoch!
Finanzvermittlung

KREDITE
2.000 bis 2 Mio. Euro zinsgünstig und schnell, auch bei schlechter Auskunft, für Arbeiter, Angestellte, Beamte, Selbstständige. Tilgung durch neu abzuschl. Lebensvers. mögl. **Grundschulddarlehen**, auch nachrangig, sehr günstig.

++++ SCHWEIZ ++++
Kredite ab 4000,- ohne Ausk. über **Finanz-Finanz** möglich.
++++ SCHWEIZ ++++

„Die einschlägigen Zeitungen sind voll von den Anzeigen … Und verlockend sind die Anzeigen.
Keine Bank (Heilige Hallen) braucht man zu betreten, sich persönlich nicht den bohrenden Blicken und Fragen auszusetzen. Nein, bequem geht's von zu Hause (anonym) per Telefon.
Versprochen wird auch viel. Man darf sogar arbeitslos sein, erhält Geld …
Wenn die Bank kein Geld mehr gibt, dann springt er ein, der im Volksmund auch Kredithai genannt wird."
Kreditvermittler geben kein eigenes Geld, sie vermitteln Kredite und bekommen dafür natürlich Provision vom Kunden wie vom Geldgeber.

(aus einem Informationsblatt der Beratungsstelle für Überschuldete DILAB e.V.)

„Den mickrigen Typ dahinten, genauestens unter die Lupe nehmen!"

Teufelskreis der Überschuldung

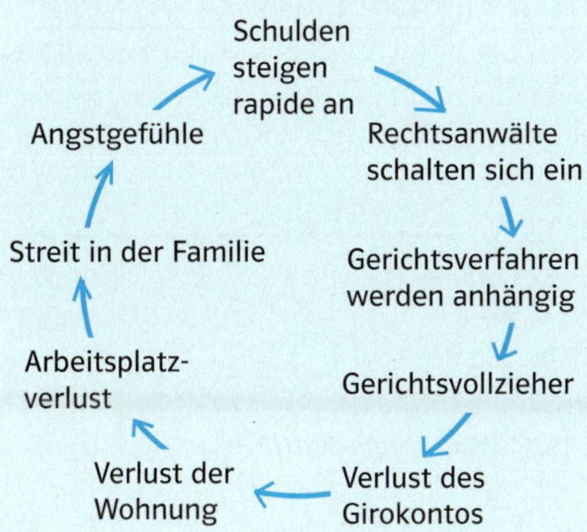

1 **Die „Schuldenfalle" und ihre Ursachen werden im Bild aufgezeigt und im Text erläutert. Beschreibe sie mit eigenen Worten.**

2 **Untersucht, was die Anzeigen versprechen. Gleichzeitig könnt ihr feststellen, welche wichtigen Angaben fehlen.**

3 **Die Karikatur warnt vor möglichen Gefahren des „Schnellen Geldes". Versucht gemeinsam die dargestellte Problematik zu beschreiben.**

Alles klar

1 a) Du hast dich über das „Kleingedruckte" bei einem Kauf informiert. Beschreibe deine Pflichten und Rechte. Verwende dabei die folgenden Begriffe.

Nacherfüllung – Rücktritt – Zahlungsbedingungen – Widerruf – Minderung – Lieferbedingungen

b) Kennst du weitere rechtlich verbindliche Vereinbarungen beim Kaufgeschäft?

2 Was ist damit gemeint?

3 Senkrecht gelesen ergeben die Buchstaben in den Kästchen ein Lösungswort

Ich zahle mit Scheinen und Münzen an der Kaufhauskasse. ☐ _ _ _ _ _ _ _ _ _

Ich gebe der Bank den Auftrag, meine Miete am jeweils 1. des Monats an meinen Vermieter zu zahlen. _ _ _ ☐ _ _ _ _ _ _ _ _

Meine Telefonrechnung hat jeden Monat einen anderen Betrag. Wodurch kann der Telefonanbieter meine Rechnung regelmäßig abbuchen? _ _ _ ☐ _ _ _ _ _ _ _

Ich habe beim Versandhaus eine Jeans bestellt. Wie heißt das Formular, mit dem ich die Rechnung bezahle? Das Wort fängt mit Ü an. _ _ _ ☐ _ _ _ _ _ _ _

Ich stehe vor dem Bankautomaten. Was muss ich haben, um Geld von meinem Konto abheben zu können? _ _ _ _ _ ☐ _ _

Was muss ich zusätzlich noch wissen, auch wenn ich mit meinem „Plastikgeld" an einem Kartenlesegerät in einem Geschäft zahlen will? ☐ _ _ _ _ _ _ _ _ _ _ _

4 Vergleichen ist notwendig.

a) Erläutere unterschiedliche Kreditformen.

b) Welche der Angaben werden benötigt, um die monatliche Belastung zu berechnen?

Kreditvergleich

Bank	Betrag	Laufzeit	effektiver Jahreszins
easy-Credit	10 000 €	5 Jahre	9,79 %
	5 000 €	5 Jahre	9,59 %
Sparkasse	10 000 €	5 Jahre	6,45 %
	5 000 €	5 Jahre	7,95 %
C + A Money	10 000 €	5 Jahre	6,44 %
Norisbank	10 000 €	4 Jahre	7,90 %
	5 000 €	2 Jahre	6,90 %

Orientierung in Berufsfeldern

- Berufe entdecken
- Betriebe erkunden
- Bewerbungen schreiben
- Ausbildungsplatz finden

Du suchst einen Ausbildungsberuf?

Weißt du auch, dass es fast 350 Ausbildungsberufe gibt?

Da kann man leicht den Überblick verlieren. Warum so lange herumsuchen, wenn es auch einfacher geht!

Jeder kann teilnehmen am großen Ausbildungsberufe-Lotto. Mit einem bisschen Glück bekommst du sogar deinen Traum-Ausbildungsberuf.

Also: Mitmachen lohnt sich! Wer zuerst kommt, hat die größten Chancen!

Die Wahl des richtigen Ausbildungsberufes ist für viele nicht einfach. Das Angebot an Ausbildungsplätzen ist oft unterschiedlich und für viele verwirrend. Eine Lotterie jedoch, bei der die verfügbaren Plätze verlost werden, wäre vielleicht bequem, aber eine sehr schlechte Lösung.

Viele Schulen haben deshalb ein Konzept zur Berufsorientierung erarbeitet. Gemeinsam mit Lehrern, Berufsberatern und Eltern wirst du erfahren, wie du deine Berufswahl vernünftig und zielstrebig gestalten kannst.
Weitere Partner bei der Berufsorientierung sind Unternehmen und Institutionen, die dir helfen, eine Berufswahlentscheidung zu treffen.
Eine Menge Hefte, Zeitschriften und auch Software werden dir zu diesem Thema zur Verfügung gestellt. Hier musst du gezielt auswählen, denn nicht alle Angebote sind wirklich hilfreich bei der Orientierung in Berufsfeldern.

Arbeitsplatzerkundungen und Betriebspraktika bieten zudem Gelegenheit, die Arbeitswelt hautnah kennenzulernen.

Ganz wichtig ist es, dass du selbst Interesse daran bekommst, dich mit dem Thema Berufswahl ernsthaft auseinanderzusetzen. Schließlich handelt es sich hierbei nicht um ein beliebiges Unterrichtsthema, sondern du sollst eine wirkliche Hilfe bei der Planung deiner beruflichen Zukunft erhalten.

Manche werden vielleicht feste Vorstellungen über bestimmte Berufe korrigieren müssen. Eine solche Enttäuschung sollte nicht mutlos machen, sondern ein Ansporn sein, sich weiter zu informieren.

Berufswahlvorbereitung an allgemeinbildenden Schulen

Klasse	5/6	7	8	9	10
	Elternarbeit, z. B. thematische Elternabende, Eltern stellen ihre Berufe vor				
	Beiträge einzelner Unterrichtsfächer mit fachspezifischen Berufen				
			Verbindliches Thema: Betriebs- und Arbeitsplatzerkundung		
schulische Angebote	Lernortwechsel, z. B. Erkundungen, Museumsbesuche		Betriebserkundung	Lernortwechsel, z. B. Erkundungen, Museumsbesuche	
			Betriebspraktikum I	Betriebspraktikum II	
			Schwerpunktsetzungen im Fach Wirtschaft		
			Praxistage		
↕					
	Vertiefende Angebote: Schüler/innen besuchen Kammern, nehmen an Wettbewerben teil.				
außerschulische Angebote			Berufsberaterinnen und Berufsberater der Agentur für Arbeit in der Schule		
			Besuche im Berufsinformationszentrum (BIZ)		

Die Berufsberatung

Viele Schritte und Entscheidungen bestimmen deinen Weg bei der Berufswahl. Dieser Prozess heißt für dich
- sich einen Überblick verschaffen,
- Wünsche mit den realen Gegebenheiten vergleichen,
- eine Entscheidung für einen Ausbildungsberuf treffen und
- sich dann bewerben.

Damit du alle Aufgaben und Anforderungen termingerecht erfüllen kannst, bekommst du an deiner Schule Hilfe und Unterstützung.

Du kannst Angebote von Unternehmen zur Teilnahme an Betriebserkundungen und Schülerbetriebspraktika erhalten. Sie geben dir die Möglichkeit, ein umfassendes Bild über Ausbildungsberufe zu bekommen. In den Unternehmen kannst du Informationen zu den Anforderungen in der Berufsausbildung und den Auswahlkriterien für die Bewerber erhalten.

Durch den Vergleich der beruflichen Anforderungen mit deinen Kompetenzen kannst du bereits eine Auswahl möglicher Ausbildungsberufe treffen. Gespräche mit deinen Eltern können deine Entscheidungen zur Berufswahl wesentlich unterstützen und fördern, da sie über viele eigene Erfahrungen aus ihrem Berufsleben verfügen.

Vom zuständigen Berufsberater kannst du umfassend informiert werden zu Ausbildungsberufen und den Ausbildungsabläufen. Du kannst von ihm auch Informationsmaterialien zu den Berufen erhalten.
Recherchen im Internet können dir die notwendigen Informationen für die Berufswahl liefern.
Damit du keine Termine versäumst, gibt es an den Schulen einen exakten Zeitplan für den Berufswahlprozess.

Vorabgangsklassen

1. Halbjahr – Informieren
Du musst dir einen Überblick über mögliche Ausbildungsberufe verschaffen und deine Fähigkeiten analysieren.

2. Halbjahr – Entscheiden
Du holst dir weitere Informationen zu den Ausbildungsberufen deiner Wahl (Zugangsvoraussetzungen, Zukunftsaussichten der Wunschberufe, Verdienst). Entscheide dich für mindestens drei Wunschberufe.

Abgangsklasse

1. Halbjahr – Bewerben
Du suchst dir Unternehmen, die in deinen Wunschberufen ausbilden und stellst die erforderlichen Bewerbungsunterlagen zusammen. Bei Berücksichtigung deiner Bewerbung erhältst du Einladungen zu Vorstellungsgesprächen oder Auswahltests. Hat es bei mehreren Vorstellungsgesprächen oder Auswahltests nicht geklappt, musst du einen neuen Anlauf für einen anderen Beruf nehmen und die erforderlichen Bewerbungsunterlagen anfertigen.

Bewerbungsunterlagen:
Bewerbungsbrief
Lebenslauf
Zeugniskopien

2. Halbjahr – Entscheiden
Der Ausbildungsvertrag wird von dir, deinen Eltern und deinem Ausbildungsbetrieb unterschrieben. Mit deiner Unterschrift erkennst du die Rechte und Pflichten eines Auszubildenden an.

Berufsinformationen aus dem Internet

Aktuelle Informationen über alle Ausbildungsberufe kannst du auch mit dem Internet herausfinden.

Gib in den Browser deines Computers folgende Adresse ein:
http://www.arbeitsagentur.de

Du bist jetzt auf der Startseite der Bundesagentur für Arbeit. Im Abschnitt Berufs- und Bildungsinformationen findest du den Link zum Berufenet.

Ein Klick mit der linken Maustaste auf diesen Link führt dich zu einem neuen Fenster, in dem alle Berufe ausführlich beschrieben werden.

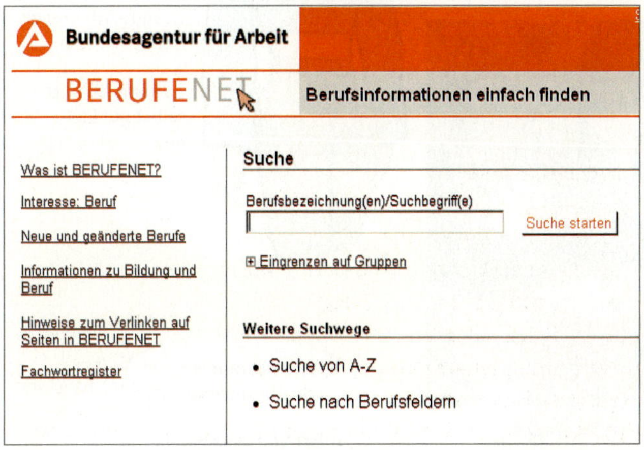

Diese Internetseite unterteilt sich in drei Spalten. Konzentriere deine Arbeit auf die mittlere Spalte mit der Überschrift „Suche". Es stehen drei Suchmöglichkeiten zur Verfügung:

1. Suche über Berufsbezeichnungen und Suchbegriffe
Gibst du in das Eingabefeld die genaue Berufsbezeichnung oder einen ähnlichen Begriff ein, wirst du auf die entsprechende Auswahlseite geleitet.

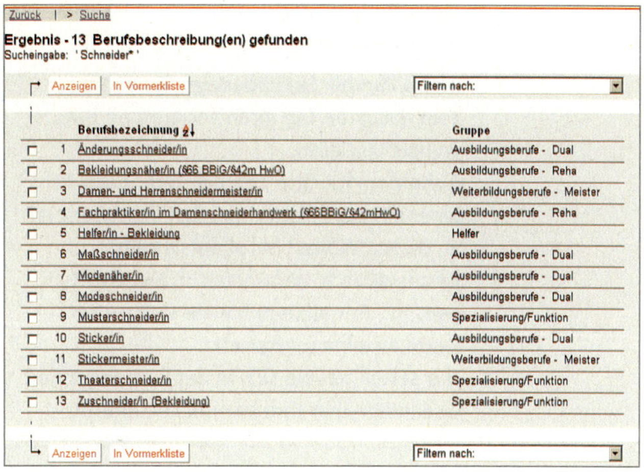

	Berufsbezeichnung	Gruppe
1	Änderungsschneider/in	Ausbildungsberufe - Dual
2	Bekleidungsnäher/in (§66 BBiG/§42m HwO)	Ausbildungsberufe - Reha
3	Damen- und Herrenschneidermeister/in	Weiterbildungsberufe - Meister
4	Fachpraktiker/in im Damenschneiderhandwerk (§66BBiG/§42mHwO)	Ausbildungsberufe - Reha
5	Helfer/in - Bekleidung	Helfer
6	Maßschneider/in	Ausbildungsberufe - Dual
7	Modenäher/in	Ausbildungsberufe - Dual
8	Modeschneider/in	Ausbildungsberufe - Dual
9	Musterschneider/in	Spezialisierung/Funktion
10	Sticker/in	Ausbildungsberufe - Dual
11	Stickermeister/in	Weiterbildungsberufe - Meister
12	Theaterschneider/in	Spezialisierung/Funktion
13	Zuschneider/in (Bekleidung)	Spezialisierung/Funktion

Klickst du nun auf die gesuchte Berufsbezeichnung, öffnet sich diese Seite und du bist am Ziel.

2. Suche von A–Z
Wenn du nicht genau weißt, wie der gesuchte Beruf geschrieben wird, bist du hier richtig! Klicke mit der Maus auf „Suche von A–Z" und dann auf den gewünschten Anfangsbuchstaben. Es öffnet sich eine Auswahlseite, in der dein gewünschter Beruf stehen sollte.

Tipp: Da hier die Auswahl sehr groß ist, solltest du oben rechts nach „Ausbildungsberufen" filtern.

3. Suche nach Berufsfeldern
Du kannst dich auch über Berufsfelder an mögliche Berufe herantasten. Auch hier solltest du dich auf die Auswahl von Ausbildungsberufen beschränken.

4. Ergebnisse festhalten
Deine Suche gibt dir Informationen zu einem Berufsbild. Notiere dir folgende Informationen in deine Unterlagen:
- Name des Ausbildungsberufs
- kurze Tätigkeitsbeschreibung
- Ausbildungsart
- Ausbildungsdauer
- Zugangsvoraussetzungen
- Interessen
- weitere Informationsquellen

Wünsche und Träume

Isabelle sitzt seit über einer Stunde in ihrem Zimmer und überlegt. Sie soll bis zum nächsten Tag ihren vorläufigen Berufswunsch notieren.
Außerdem möchte ihre Lehrerin, dass sich jeder ein paar Notizen zu den Erwartungen an diesen Wunschberuf aufschreibt.
Berufswunsch, Wunschberuf, Erwartungen, …, mit all dem hat sie sich bisher kaum auseinandergesetzt.
Nur selten hat sie sich in der Vergangenheit Gedanken über ihre berufliche Zukunft gemacht. Das hat doch noch Zeit, das dauert ja noch fast 2 Jahre!
Aber es hilft nichts, irgendetwas muss morgen auf dem Zettel stehen.
Da erinnert sich Isabelle an verschiedene Eindrücke, die sie in der letzten Zeit beim Einkaufen und beim Friseur hatte. In einer Druckerei hat sie vor wenigen Tagen Plakate für ihren Sportverein abgeholt und mit ihrem Vater konnte sie vor zwei Wochen außerdem in die Werkstatt eines Möbelschreiners schauen.

Interessen und Erwartungen

Schon seit vielen Jahren hat Simone nur einen Berufswunsch: Sie möchte Kinderkrankenschwester werden. Es macht ihr große Freude, mit kleinen Kindern umzugehen. Schon oft war sie in der Nachbarschaft als Babysitterin im Einsatz, gerne fährt sie auch Kleinkinder im Kinderwagen spazieren. „Das liegt mir einfach viel mehr als eine Arbeit im Büro oder gar in einer Fabrik. Ich bin richtig glücklich, wenn ich auf die Kleinen aufpassen kann, sie baden oder ins Bett bringen darf!"
Simone erhält für ihre Einsätze in der Nachbarschaft nur Lob. Alle schätzen ihre Freundlichkeit, die Zuverlässigkeit und besonders das hohe Maß an Verantwortungsbewusstsein im Umgang mit den Kindern.
Nur Simones Eltern sehen den Absichten ihrer Tochter mit Zweifeln entgegen. Denn Simone leidet seit früher Kindheit an einer Hautallergie, von der sie im Frühjahr regelmäßig über 3 bis 4 Monate geplagt wird. Ob sie damit ihren Wunschberuf erlernen und ausüben kann?

Bei der Berufswahl stehen die persönlichen **Interessen** meist im Mittelpunkt. Der eine will unbedingt „etwas mit Elektronik" machen, der andere interessiert sich für den sozialen Bereich. Eine dritte wiederum kann sich nur einen Beruf vorstellen, in dem etwas künstlerisch gestaltet wird.

Neben dem Interesse müssen jedoch auch gewisse **Fähigkeiten** vorhanden sein, ohne die eine berufliche Tätigkeit nicht ausgeübt werden kann. Hier spielen schulische Leistungen in bestimmten Fächern eine Rolle.

Nicht zuletzt sind in vielen Berufen auch eine Reihe von persönlichen **Eigenschaften** gefragt, wie z. B. Freundlichkeit, Pünktlichkeit, Verantwortungsbewusstsein, Zuverlässigkeit usw.

Niemand sollte vergessen, sich selbst ehrlich auf gewisse **gesundheitliche Merkmale** hin zu prüfen: Bin ich farbenblind, schwindelfrei? Wie ist es um meine körperliche Belastbarkeit bestellt? Besitze ich einen ausgeprägten Geruchs- und Geschmackssinn?

Auch bei großem Interesse für einen Beruf muss sich jeder rechtzeitig Gedanken über die anderen Berufsbereiche machen, damit es früher oder später nicht zu Enttäuschungen kommt.

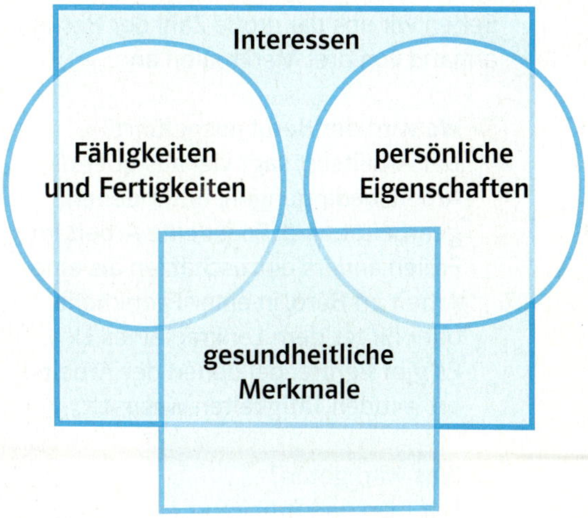

Hinschauen – Beobachten – Erkennen

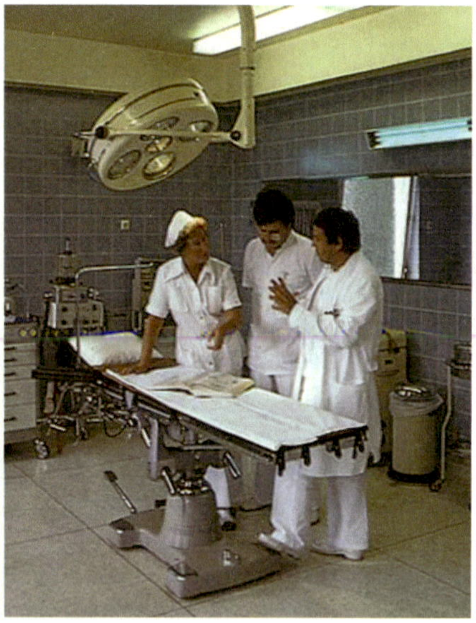

Menschen arbeiten an den unterschiedlichsten Arbeitsplätzen und erledigen dort die verschiedensten Tätigkeiten. Neben den fast 350 anerkannten Ausbildungsberufen gibt es noch eine große Zahl weiterer Berufe, die auf Spezialschulen oder in betrieblichen Lehrgängen erlernt werden können.

Wenn man diese Berufe näher betrachtet, dann können Gemeinsamkeiten, aber auch große Unterschiede festgestellt werden.
Sehen wir uns die große Zahl der Berufe anhand von drei Merkmalen an:

> **Wo** wird der Beruf ausgeführt?
Der Arbeitsort sagt viel aus über die Arbeitsbedingungen, unter denen gearbeitet wird. So ist eine Arbeit im Freien anders einzuschätzen als eine Arbeit im Büro, in einer Fabrikhalle oder hinter dem Lenkrad eines Lkw. Es gibt Berufe, bei denen der Arbeitsort mit den Tätigkeiten wechselt.

> **Was** wird getan?
Hat man den Arbeitsort erkannt, dann fällt es auch nicht mehr schwer, die Tätigkeiten und den Beruf selbst zu beschreiben. Im Krankenhaus werden Menschen versorgt; in einer Schreinerei wird Holz bearbeitet und im Lohnbüro werden z. B. Daten verarbeitet.

> **Womit** wird die Arbeit geleistet?
Es gibt keinen Beruf, bei dem nicht irgendwelche Arbeitsmittel eingesetzt werden.
In Fabriken finden wir große Maschinen, beim Handwerker für viele Handgriffe ein geeignetes Werkzeug und in Büros ist heute eine Arbeit ohne Computer kaum noch vorstellbar.
Jeder Beruf ist von einem typischen Arbeitsmaterial geprägt. Metall ist das Hauptmaterial des Zerspanungsmechanikers, mit Holz arbeitet der Tischler und ein Gärtner ist überwiegend mit Pflanzen beschäftigt.

1 **Beschreibe an zwei Ausbildungsberufen die Unterscheidungsmerkmale von Berufen. Verwende dazu die Materialien der Bundesagentur für Arbeit.**
2 **Überprüfe mithilfe von Berufsbildern weitere Unterscheidungsmöglichkeiten und stelle sie an Beispielen vor.**

Ein Betrieb – viele Arbeitsplätze

Wir stellen ein:
- Zerspanungsmechaniker/in
- Fahrzeugbauer/in
- Bürokauffrau/mann
- Fahrer/in

Viele Betriebe bieten eine große Anzahl von Arbeitsplätzen an. Je größer der Betrieb ist, umso größer ist meist auch das Angebot an verschiedenen Berufen. Ein solcher Großbetrieb wird in der Regel in mehrere Abteilungen gegliedert. Die jeweiligen Aufgaben sind zwischen diesen Abteilungen genau festgelegt. Alle Beschäftigten sind darauf angewiesen, dass die Arbeit der anderen zu bestimmten Terminen gewissenhaft ausgeführt wird.

Besuchern fällt es hier meist schwer, auf den ersten Blick zu erkennen, was in einer einzelnen Abteilung getan wird. Erst wenn man sich einen gesamten Überblick verschafft hat, weiß man, was an welchen Arbeitsplätzen gemacht wird.

In kleineren Firmen oder Handwerksbetrieben ist die Aufgliederung in Abteilungen nicht so stark. Hier ist es leichter, eine Übersicht über den Gesamtbetrieb zu erlangen.
Da die Zusammenarbeit auf kleinerem Raum erfolgt – teilweise sogar nur in einer Werkstatt – lässt sich in solchen Betrieben auch ganz anders zusammenarbeiten.
Doch auch hier fallen verschiedene Arbeiten an und es werden oft mehrere Tätigkeiten angeboten.
In Handwerks- und Familienbetrieben ist es üblich, dass Angehörige im Büro mitarbeiten. Sie schreiben Rechnungen, verbuchen Zahlungen und erledigen den sonstigen Schriftverkehr.

Methode: Erkundung

Betriebserkundungen und Arbeitsplatzerkundungen bieten die Möglichkeit, die betriebliche Wirklichkeit in Augenschein zu nehmen.
Mitarbeiterinnen und Mitarbeiter der Unternehmen stellen typische Arbeitsplätze vor und erklären konkrete Arbeitsaufgaben, die in diesem Unternehmen zu lösen sind.

Betriebserkundungen können nicht spontan gemacht werden.
Damit das ausgewählte Unternehmen nicht „überfallartig" belagert wird, muss der betreuende Lehrer frühzeitig Kontakt aufnehmen und um Unterstützung für die Durchführung eurer Betriebserkundung bitten.
Es werden Absprachen zum Ablauf der Erkundung, zum Zeitplan, zur Auswahl der Unternehmensbereiche und zur Betreuung getroffen.

1. Schritt: Erkundung vorbereiten
Gemeinsam legt ihr die Ziele der Erkundung fest und überlegt, ob in Einzel-, Partner- oder Gruppenarbeit gearbeitet werden soll.
Durch eine Internetrecherche sucht ihr Sachinformationen über das zu erkundende Unternehmen und seine Bedeutung im regionalen Wirtschaftsraum.

Die gesammelten Informationen (Unternehmensstruktur, Arbeitsplätze, Bedeutung für den regionalen Wirtschaftsraum) bilden dann die Grundlage, um die Schwerpunkte für eure Beobachtungen und Fragen festzulegen.
Diese Schwerpunkte nutzt ihr für das Entwickeln der Erkundungsunterlagen (Fragebogen, Erkundungsbogen).

Sprecht euch ab, wie ihr die Erkundung durchführen wollt. Wer interviewt, wer fotografiert, wer notiert oder protokolliert die gesammelten Informationen?
Bevor die Betriebserkundung beginnen kann, muss auch der zeitliche Rahmen der Erkundung einschließlich des Hin- und Rückwegs geklärt werden.
Informiert euch über die Unfallverhütungsvorschriften und die Sicherheitsmaßnahmen in dem Unternehmen, das ihr besuchen wollt.

2. Schritt: Erkundung durchführen
Alle Schüler kommen mit den vorbereiteten Unterlagen zum vereinbarten Treffpunkt.
Die Betriebsvertreter stehen während der Erkundung Rede und Antwort und erklären komplizierte betriebliche Vorgänge.

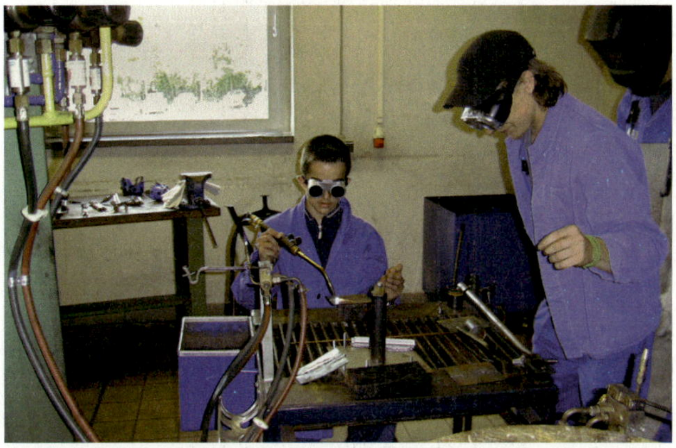

Vorschlag zu einer Arbeitsplatzerkundung
Schwerpunkte:
- Unternehmensname
- Erzeugnisse, Dienstleistungen, die hergestellt oder angeboten werden
- Einordnung des Unternehmens
- Berufe, die ausgeübt werden
- Arbeitsort
- Arbeitsmittel, mit denen gearbeitet wird
- Tätigkeiten, die ausgeübt werden
- Materialien, mit denen gearbeitet wird
- erforderliche soziale Kompetenzen
- erforderliche fachliche Kompetenzen
- erforderliche persönliche Kompetenzen
- Arbeitsplatzbedingungen
- ...

3. Schritt: Erkundung auswerten
Mit euren vielen Eindrücken, Beobachtungen und Notizen wertet ihr die Betriebserkundung aus.
Die vorliegenden Materialien bilden die Grundlage für das Erarbeiten von Erkundungs- und Erfahrungsberichten und Collagen.
Nach dem Fertigstellen der Unterlagen ladet ihr Unternehmensvertreter in die Schule ein und präsentiert ihnen eure Erkundungsergebnisse. Ausgewählte Berichte und Collagen stellt ihr den Unternehmen zur Verfügung.

Vorschlag zu einer Betriebserkundung
Schwerpunkte:
- Unternehmensname
- Einordnung des Unternehmens im regionalen Wirtschaftsraum und in der Welt
- Waren- und / oder Dienstleistungsanbieter
- Betriebliche Bereiche und Struktur des Unternehmens
- Beschäftigte und internationale / nationale Bedeutung
- Ausbildungsgänge, Berufs- und Aufstiegsmöglichkeiten
- Fertigungsverfahren und Einsatz von neuester Technik
- Formen der Arbeitsteilung
- ...

Weil es Mode ist ...

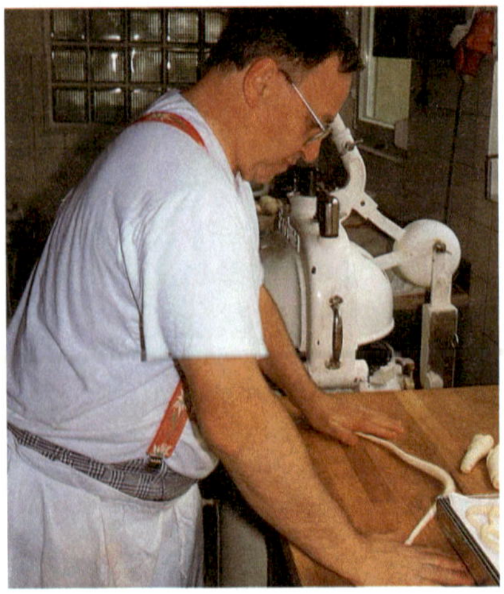

> Seit über 10 Jahren hat Herr Hauff immer wieder das gleiche Problem: Er findet nur unter größten Schwierigkeiten Auszubildende für das Bäckerhandwerk. „Früher konnte ich unter vielen Bewerbungen auswählen. Heute bin ich froh, wenn sich überhaupt jemand bei mir meldet." Der Betrieb ist modern eingerichtet, unser Betriebsklima ist gut, die Bezahlung überdurchschnittlich, trotzdem scheint der Beruf Bäcker bei den heutigen Schulabgängern „out" zu sein.

> „In den letzten Jahren hat es bei den Bewerbungen eine regelrechte Explosion gegeben. Freundinnen kommen gemeinsam und wollen am liebsten gleich als Arzthelferin beginnen." Frau Dr. Berg kann sich freuen über so viele Bewerberinnen, denn sie hat die Möglichkeit auszuwählen. „Es gab jedoch auch schon Zeiten, da haben wir händeringend nach Mitarbeiterinnen gesucht. Zurzeit ist der Beruf unter den weiblichen Schulabgängern allerdings ‚in'."

Zu allen Zeiten hat es „Renner" bei den Ausbildungsberufen gegeben. Manche Berufe sind in Mode, andere dagegen völlig aus der Mode.

Diese Entwicklung hängt einmal mit der Veränderung vieler Berufe selbst zusammen.
Ändern sich die Anforderungen an einen Beruf, dann wandelt sich im Laufe der Zeit auch das soziale Ansehen – das Image – dieses Berufes.

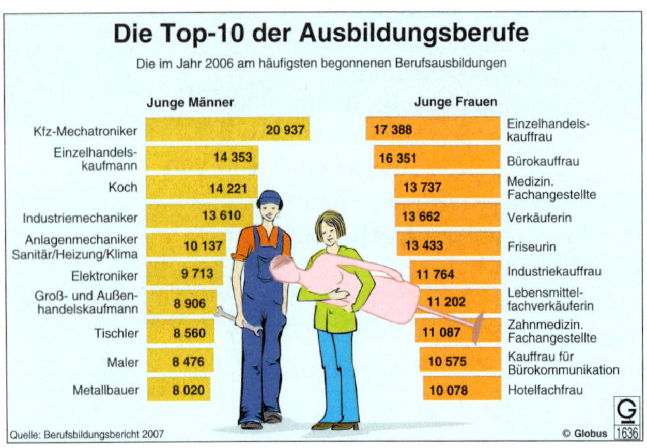

Zum anderen gibt es immer wieder ganz bestimmte Haltungen und Vorurteile zur Arbeitswelt.
Heute spielt z. B. das Thema Arbeitszeit eine große Rolle. Fast jeder erwartet ein langes arbeitsfreies Wochenende, um sich den verschiedensten Freizeitbeschäftigungen zu widmen. Und nicht zuletzt ist es auch der Reiz der Technik, der bestimmten Berufen ein hohes Ansehen verleiht.

Diese Einstellungen spielen häufig schon bei der Berufswahl eine entscheidende Rolle. Doch oft geschieht dies voreilig, denn auch andere Gesichtspunkte müssen berücksichtigt werden.

1 **Der frühe Arbeitsbeginn des Bäckers hat auch Vorteile. Welche?**
2 **Seit vielen Jahren ist Kfz-Mechatroniker der beliebteste Ausbildungsberuf für Jungen. Nenne die Gründe dafür.**
3 **Beschreibe das jeweilige Image von vier Berufen deiner Wahl.**

Typisch Frau – typisch Mann?

> Sabine und Jan unterhalten sich nach dem Betriebspraktikum.

Sabine: Das war vielleicht aufregend, als ich das erste Mal in die Kfz-Werkstatt kam. Da arbeiten bisher nur Männer und sie waren am Anfang schon ziemlich kritisch. Als sie aber merkten, dass ich zupacken kann und mir auch die Hände schmutzig mache, war alles in Ordnung.
Jan: Wie bist du denn auf die Idee gekommen? Willst du Kfz-Mechatronikerin werden?
Sabine: Ich habe doch schon immer an meinem Mofa rumgebastelt und fand alles, was mit Motoren zusammenhängt, ziemlich spannend. Die Arbeit in der Werkstatt hat mir auch richtig Spaß gemacht.
Was hast du eigentlich im Praktikum gemacht?
Jan: Ich war im Kindergarten und die Erzieherinnen fanden es gut, dass auch mehr Männer Kinder erziehen.
Sabine: Du interessierst dich für den Beruf des Erziehers?
Jan: Ich habe festgestellt, dass ich sehr gut mit kleinen Kindern umgehen kann und schnell Kontakt zu ihnen finde.
Sabine: Könntest du dir vorstellen, die Ausbildung zu machen?
Jan: Eigentlich schon, nur verdient man als Erzieher ziemlich wenig.
Sabine: Hast du darüber schon mit deinen Eltern gesprochen?
Jan: Ja. Natürlich haben sie ihre Bedenken, aber sie überlassen mir die Entscheidung. Ich meine, dass man auch einmal mutig sein muss und den Beruf wählt, der einem wirklich liegt.

Ausbildungsstellen werden heutzutage selbstverständlich für männliche und weibliche Bewerber ausgeschrieben. An den Ausbildungsstellen, die am häufigsten gewählt werden, sieht man jedoch, dass Mädchen meistens in klassischen Frauenberufen, Jungen in Männerberufen ausgebildet werden. Allerdings wagen immer mehr Jugendliche, die veralteten Rollenvorstellungen über Bord zu werfen.

Manche Firmen versuchen ganz gezielt, Mädchen für technische Berufe zu begeistern und ihr durchaus vorhandenes Interesse an Informatik und Technik zu stärken. Auch Jungen, die einen Beruf im sozialen Bereich ergreifen wollen, erfahren Zuspruch und Unterstützung.

Das liegt sicher daran, dass sich die Berufsbilder und auch die Geschlechterrollen gewandelt haben. Allerdings sind in den eher technisch orientierten „Männerberufen" die Verdienst- und Aufstiegsmöglichkeiten immer noch wesentlich besser als in den „Frauenberufen".

1 **Welche typischen Ansichten zur Rolle von Mann und Frau werden in der Karikatur auf den Kopf gestellt?**
2 **Erkundige dich nach den Ausbildungsvergütungen und den späteren Verdienstmöglichkeiten in den Berufen, die als typische Männer- oder Frauenberufe gelten.**

Die Alternative

> So lange Marcel sich erinnern kann, wollte er Elektroniker werden. Die Wirkung von Strom hat ihn schon früh fasziniert. Außerdem ist sein Vater im gleichen Beruf tätig, und die beiden haben schon für alle möglichen Zwecke elektrische Schaltungen entwickelt.
„Strom werden wir auch in Zukunft brauchen", hatte sein Vater immer gesagt. Dies leuchtete Marcel ein und so konnte er sich für seine Zukunft keinen besseren Beruf vorstellen.

Doch dann war da dieses Projekt in der Schule: „Wir bauen einen Geräteschuppen". Zusammen mit einer Techniklehrerin haben Marcel und acht Mitschüler einen Geräteschuppen für den Schulgarten geplant und gebaut.

„Seit wir diesen Schuppen gebaut haben, bin ich mir nicht mehr sicher, ob ich wirklich noch Elektroniker werden will. Die Arbeit mit Holz ist so abwechslungsreich, dass ich mir ernsthaft überlege ..."

Viele junge Menschen haben sehr früh einen festen Wunschberuf. Oftmals handelt es sich hierbei um einen Kindheitstraum, von dem manch einer einfach nicht loskommt. Doch oft gibt es für den erträumten Wunschberuf keinen freien Ausbildungsplatz.
Manchmal merken Auszubildende auch erst während des ersten Ausbildungsjahres, dass sie sich zu früh auf einen Berufswunsch versteift haben. Enttäuscht stellen sie fest, dass der gewählte Ausbildungsberuf nicht ihren Interessen und Fähigkeiten entspricht.
In einigen Fällen sind es gesundheitliche Gründe, die es unmöglich machen, einen bestimmten Beruf auszuüben bzw. zu erlernen.

Es ist deshalb ratsam, bei der Berufswahl immer auch eine zweite Möglichkeit, eine Alternative, zum vorläufigen Berufswunsch ins Auge zu fassen.

1 **Nenne Nachteile einer sehr frühen Festlegung bei der Berufswahl.**

Schwimmen lernt man im Wasser

Redakteure der Schülerzeitung „Durchblick" haben sich bei einer Gruppe Auszubildender und ihrem Ausbildungsleiter über Gruppenarbeit und berufliche Anforderungen informiert.

Heiko: Unsere Ausbildung läuft weitgehend im Team ab. Wir bekommen von unserem Ausbildungsleiter eine Aufgabe gestellt und müssen gemeinsam eine Lösung vorstellen.
Sabrina: Jeder ist aufgefordert, Lösungsvorschläge einzubringen. Alles wird diskutiert, und dabei sind wir zunächst einmal unter uns.
Melanie: Hierbei kommt es allein auf die Fachkenntnisse des Einzelnen an. Ganz klar, dass wir Mädchen dabei vollkommen gleichberechtigt sind.
Kai: Manchmal fällt es noch ganz schön schwer, wenn man zugeben muss, dass die Argumente und Vorschläge des anderen besser sind. Aber zum Schluss zählt das Ergebnis, das die Gruppe erzielt, das Gemeinschaftsprojekt.
Oliver: Ganz toll ist, dass wir weitgehend selbstständig planen und entscheiden können. Niemand schreibt uns vor: „Mach' dies so und mach' das anders". So macht Lernen Spaß!
Herr Meixner: Das ist eine ganz wichtige Feststellung, denn nur was Spaß macht, wird gerne und gut gemacht. Arbeit macht aber nur dann Spaß, wenn man sich in möglichst großem Umfang selbst dabei einbringen kann. Diesen Freiraum geben wir unseren Auszubildenden.
Sabrina: Manchmal haben wir natürlich auch Probleme, den richtigen Weg zu finden. In dieser Situation können wir jederzeit Herrn Meixner um Rat fragen. Aber er überredet uns dann nicht zu seinem Lösungsvorschlag, sondern er stellt uns eine Auswahl an Möglichkeiten zur Verfügung.
Friedrich: Dann geht die Diskussion erneut los. Jeder Vorschlag wird genau geprüft, von allen beurteilt und dann zur Abstimmung gestellt. Das Team entscheidet und das Team verantwortet auch das Ergebnis.
Herr Meixner: Nur so bekommen wir Mitarbeiter, die die Aufgaben der Zukunft meistern können. Das ist das Interesse des Betriebes an dieser neuen Form des Lernens und Arbeitens.

Berufliche Anforderungen
- Probleme erkennen
- Lösungsvorschläge unterbreiten
- Im Team arbeiten
- Verantwortung übernehmen
- Kritik ertragen
- Leistung in ein Gemeinschaftsprojekt einbringen
- Über den „Tellerrand" schauen
- Organisieren
- Andere überzeugen

1 **Erkläre den Ausdruck „über den Tellerrand schauen". Nenne Beispiele für diese Aussage.**
2 **Beschreibe die Rolle von Herrn Meixner.**
3 **Ordne die beruflichen Anforderungen jeweils der Person zu, die darüber berichtet hat.**

Ein Personalchef sortiert

Die Schüler einer 8. Klasse haben sich mit dem Thema Bewerbung ganz intensiv auseinandergesetzt. Ihr Motto war: „Nichts dem Zufall überlassen!“

Sandra: Schon im 1. Halbjahr haben wir uns in Deutsch mit dem Thema „Bewerbung“ beschäftigt. Uns allen war sehr schnell klar, dass die üblichen Musterbewerbungen nicht viel aussagen. Deshalb haben wir Punkte erarbeitet, wie man ein möglichst persönliches Bewerbungsschreiben verfassen kann.
Klaus: Ganz wichtig dabei ist, dass jeder etwas über seine besonderen Kenntnisse oder Fähigkeiten mitteilt. Wir haben hier doch alle etwas aufzuweisen; am besten geht dies an einem Beispiel.
Cornelia: Nicht vergessen dürfen wir dabei, dass natürlich auch die Gestaltung und das äußere Erscheinungsbild stimmen müssen. Ein Fetzen Papier, der zudem noch eine Menge Fehler enthält, beeindruckt keinen Personalchef!
Paul: Später haben wir dann noch Rollenspiele zur Vorstellung durchgeführt. Dabei hat uns die Berufsberaterin ganz entscheidende Tipps gegeben. Ich weiß jetzt ziemlich genau, worauf ich bei einem Vorstellungsgespräch achten muss.

Checkliste für die Bewerbungsunterlagen

Bewerbungsschreiben
- Rechtschreibung geprüft ✔
- Absender richtig
- Adresse richtig
- Ansprechpartner korrekt
- Ort und Datum
- Unterschrift
- Anlagen aufgezählt

Lebenslauf
- Rechtschreibung geprüft
- Passfoto aufgeklebt
- Ort und Datum
- Unterschrift

Zeugniskopie
- Abschlusszeugnis oder letztes Zwischenzeugnis
- gute Qualität der Kopie (Nie das Original beilegen!)

Bescheinigungen
Kopien beigelegt von
- Betriebspraktika?
- schulische Kurse?
- andere Kurse?
- Ferienjob?

1 **Notiere aus den Bemerkungen des Personalchefs, was du für deine Bewerbung auf alle Fälle beachten musst.**

Lebenslanges Lernen

„Das ist ein komisches Gefühl, wenn man nach 30 Jahren zum ersten Mal wieder auf einer Schulbank sitzt."
Herr Reimer und drei weitere Eltern haben sich bereit erklärt, an einer Expertenbefragung im Unterricht ihrer Kinder teilzunehmen.
Sie wollen den Schülerinnen und Schülern Auskunft geben über ihren beruflichen Werdegang, ihre Erfahrungen und Erlebnisse in der Arbeitswelt. Jasmin und Frank bitten zu Beginn der Befragung alle Eltern um eine kurze Schilderung ihrer beruflichen Entwicklung.
Danach haben die Schüler Gelegenheit, Fragen an die Eltern zu richten.
Welche Fragen werden sie wohl den Eltern stellen?

> Ich habe vor über 20 Jahren eine Ausbildung zum Stahlbetonbauer gemacht. Die Arbeit hat mir von Anfang an viel Freude bereitet. Mit 25 Jahren bin ich dann Polier geworden. Heute leite ich eine Gruppe von 18 Männern. Das alles ging natürlich nicht ohne persönlichen Einsatz, Fortbildungskurs und mit einem bisschen Glück. Das Glück besteht darin, dass in meiner Branche die wirtschaftliche Entwicklung sehr gut verlaufen ist.

> Seit 9 Jahren lebe ich nun schon mit meiner Familie im Großraum Mannheim. Wir haben unsere Heimat an der ostfriesischen Küste schweren Herzens verlassen, weil dort das Angebot an Arbeitsplätzen sehr schlecht war. Das Arbeitsamt hat damals eine Umschulung zum Schuhfertiger bezahlt. Auch meine Frau hat hier Arbeit gefunden.
> Der Umzug hat sich für uns aus beruflicher Sicht also gelohnt.

> 1970 habe ich meine Ausbildung zur Drogistin beendet und wurde danach im gleichen Betrieb weiterbeschäftigt. 1975 kam dann unser erstes Kind zur Welt und ich musste die Arbeit vorerst aufgeben. Nach der Geburt des zweiten Kindes habe ich ganz gekündigt und mich der Familie gewidmet. Jetzt arbeite ich wieder stundenweise in der Drogerie, um den Anschluss nicht zu verpassen.
> Wenn die Kinder aus dem Haus sind, werde ich wieder voll ins Berufsleben einsteigen.

> Als ich den Beruf der Köchin gelernt habe, konnte ich mir nichts Besseres vorstellen. Die Arbeit in einer Großküche hat mich jedoch schon nach wenigen Jahren so sehr belastet, dass ich auf ärztliche Empfehlung hin gekündigt habe. Eine Stelle in einer kleineren Küche hat sich nicht geboten. So machte mir die Berufsberatung der Bundesanstalt für Arbeit den Vorschlag, mich zur Hauswirtschafterin weiterzubilden. Heute leite ich eine kleinere Jugendherberge und bin mit dieser Tätigkeit sehr zufrieden.

Duales System

Betriebliche Ausbildung

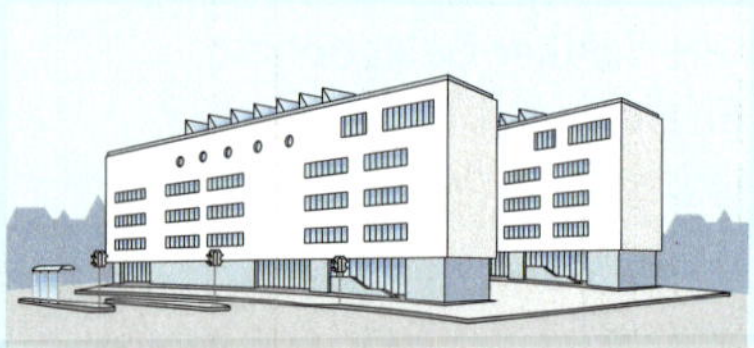

Ausbildungsvertrag

Schulische Ausbildung

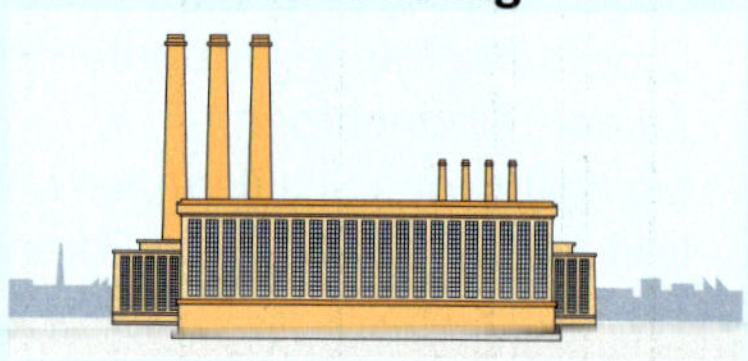

Schulpflicht während der Ausbildung

Betriebliche Ausbildung		Schulische Ausbildung
3 bis 4 Tage pro Woche	+	**1 bis 2 Tage pro Woche**
oder		
5 Tage pro Woche	+	**Blockunterricht**

- 3 bzw. 3,5 Jahre Ausbildung
- Inhalte durch Ausbildungsordnung festgelegt
- theoretische und praktische Abschlussprüfung

- Allgemeinbildung
- spezielles Fachwissen
- Zwischen- und Abschlussprüfung

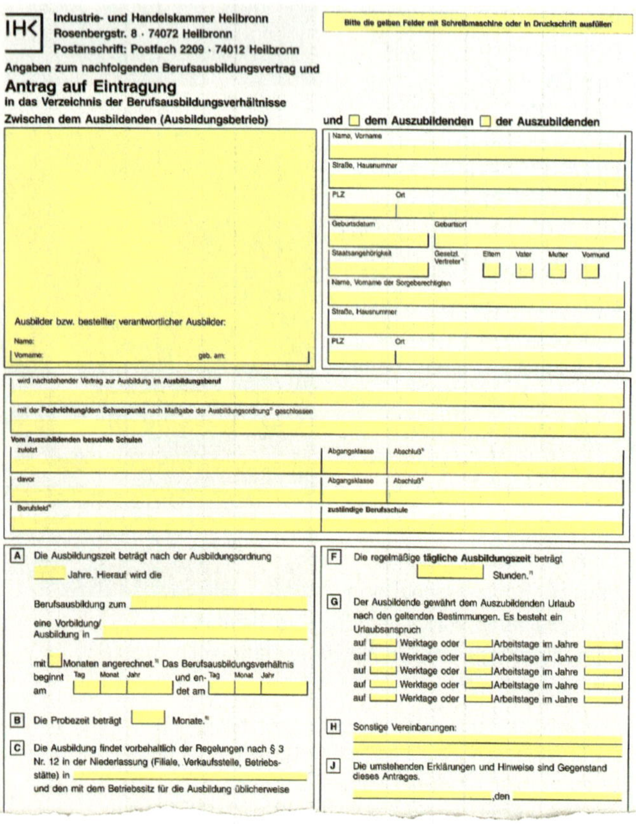

IHK Industrie- und Handelskammer Heilbronn
Rosenbergstr. 8 · 74072 Heilbronn
Postanschrift: Postfach 2209 · 74012 Heilbronn

Bitte die gelben Felder mit Schreibmaschine oder in Druckschrift ausfüllen

Angaben zum nachfolgenden Berufsausbildungsvertrag und
Antrag auf Eintragung
in das Verzeichnis der Berufsausbildungsverhältnisse

Zwischen dem Ausbildenden (Ausbildungsbetrieb)

Ausbilder bzw. bestellter verantwortlicher Ausbilder:
Name:
Vorname: geb. am:

und ☐ dem Auszubildenden ☐ der Auszubildenden

Name, Vorname
Straße, Hausnummer
PLZ Ort
Geburtsdatum Geburtsort
Staatsangehörigkeit Gesetzl. Vertreter Eltern Vater Mutter Vormund
Name, Vorname der Sorgeberechtigten
Straße, Hausnummer
PLZ Ort

wird nachstehender Vertrag zur Ausbildung im **Ausbildungsberuf**
mit der **Fachrichtung**/dem **Schwerpunkt** nach Maßgabe der Ausbildungsordnung geschlossen

Vom Auszubildenden besuchte Schulen
zuletzt Abgangsklasse Abschluß
davor Abgangsklasse Abschluß
Berufsfeld **zuständige Berufsschule**

A Die Ausbildungszeit beträgt nach der Ausbildungsordnung ___ Jahre. Hierauf wird die Berufsausbildung zum ___ eine Vorbildung/Ausbildung in ___ mit ___ Monaten angerechnet. Das Berufsausbildungsverhältnis beginnt am (Tag Monat Jahr) ___ und endet am (Tag Monat Jahr) ___

B Die Probezeit beträgt ___ Monate.

C Die Ausbildung findet vorbehaltlich der Regelungen nach § 3 Nr. 12 in der Niederlassung (Filiale, Verkaufsstelle, Betriebsstätte) in ___ und den mit dem Betriebssitz für die Ausbildung üblicherweise

F Die regelmäßige **tägliche Ausbildungszeit** beträgt ___ Stunden.

G Der Ausbildende gewährt dem Auszubildenden Urlaub nach den geltenden Bestimmungen. Es besteht ein Urlaubsanspruch
auf ___ Werktage oder ___ Arbeitstage im Jahre ___
auf ___ Werktage oder ___ Arbeitstage im Jahre ___
auf ___ Werktage oder ___ Arbeitstage im Jahre ___
auf ___ Werktage oder ___ Arbeitstage im Jahre ___
auf ___ Werktage oder ___ Arbeitstage im Jahre ___

H Sonstige Vereinbarungen:

J Die umstehenden Erklärungen und Hinweise sind Gegenstand dieses Antrages.
___, den ___

Berufsausbildung findet in Deutschland zweigleisig statt: Der überwiegend praktische Teil der Ausbildung wird in Betrieben des Handwerks, der Industrie oder im Dienstleistungsbereich geleistet. An unterschiedlichen Berufsschulen wird zudem noch fachtheoretisches Wissen vermittelt.
Dieses Ausbildungssystem wird auch duales System genannt. Es gilt in ganz Deutschland und wird durch das Berufsbildungsgesetz geregelt. Dadurch ist gewährleistet, dass alle Schulabgänger – unabhängig vom Wohnort – gleiche Zukunftschancen haben.
Die Inhalte der praktischen Ausbildung werden von Handwerks- bzw. Industrie- und Handelskammern abgestimmt; diese Kammern sind auch für die jeweiligen Abschlussprüfungen zuständig.
Am Anfang der Ausbildung steht jedoch die Unterschrift unter den Ausbildungsvertrag. Darin werden das genaue Ausbildungsziel, die Ausbildungsdauer, die Vergütung und eventuell spezielle Vereinbarungen festgehalten.

Wege im Bildungssystem

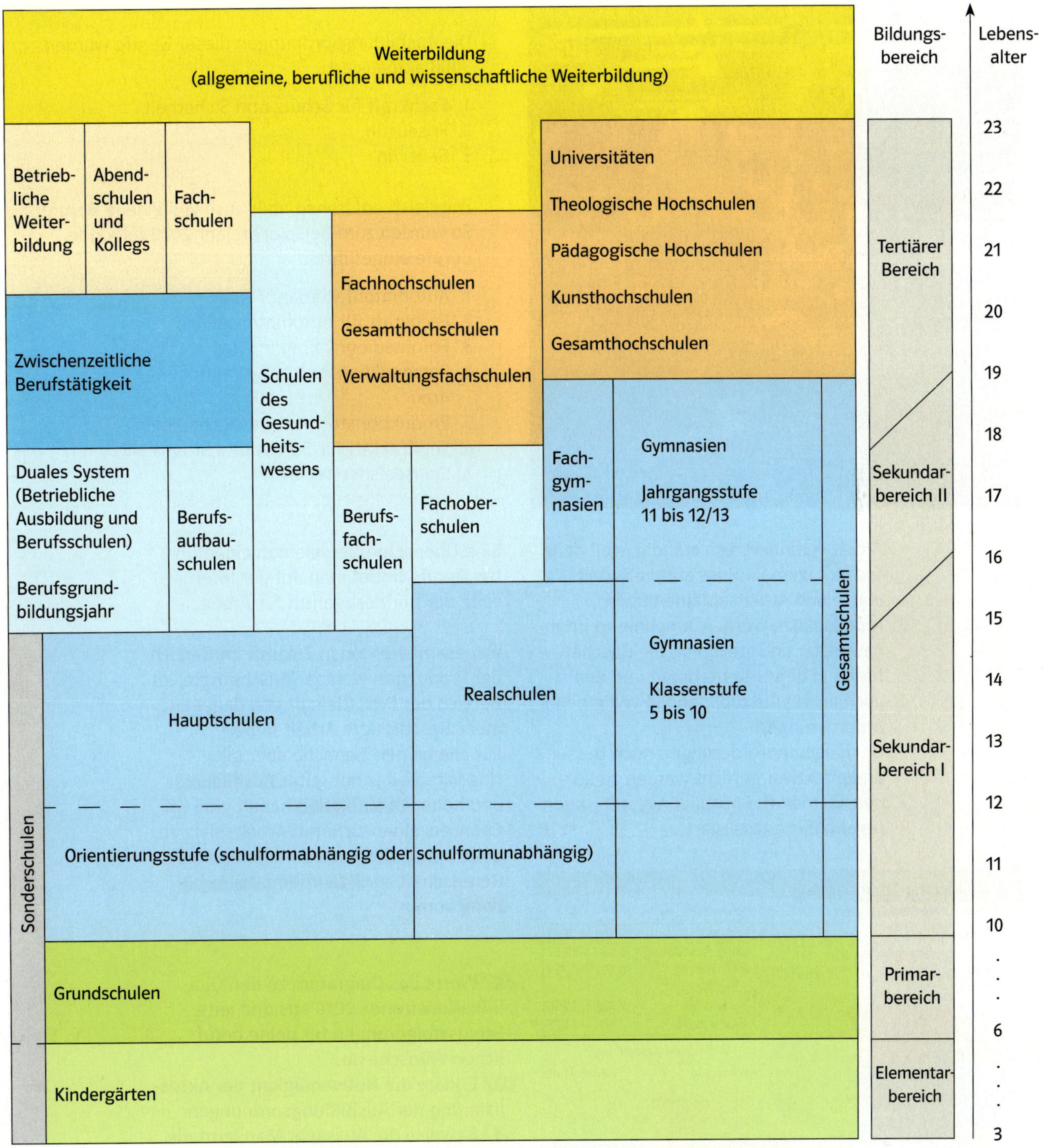

Die Abbildung stellt die prinzipiellen Ausbildungswege des Bildungssystems in der Bundesrepublik Deutschland dar.

Zu beachten ist, dass die Bildungswege sich in den einzelnen Bundesländern unterscheiden.

Sicher in die Zukunft

Die Ausbildungsordnungen dieser Berufe wurden 2008 aktualisiert:

1. Fachkraft für Schutz und Sicherheit
2. Friseur/in
3. Seiler/in

Zeitgleich entstehen aber auch völlig neue Berufe. So wurden zum Beispiel im Jahr 2008 folgende Berufe eingeführt:

1. Automatenfachmann/-frau
2. Fachkraft für Automatenservice
3. Fotomedienfachmann/-frau
4. Personaldienstleistungskaufmann/-frau
5. Produktionstechnologe/-technologin
6. Servicekraft für Schutz und Sicherheit
7. Speiseeishersteller/in

Arbeit verändert sich ständig, weil neue Technologien Einfluss auf die Arbeitsplätze und Arbeitsabläufe haben. Arbeitsplätze werden zunehmend internationaler und stellen an die Beschäftigten in den Unternehmen und damit auch an die Auszubildenden völlig neue Anforderungen.
Um diesen Anforderungen noch besser und effektiver gerecht werden zu können, werden die Ausbildungsordnungen regelmäßig aktualisiert.

Qualifikations- Trends 2010
in Prozent aller Beschäftigten

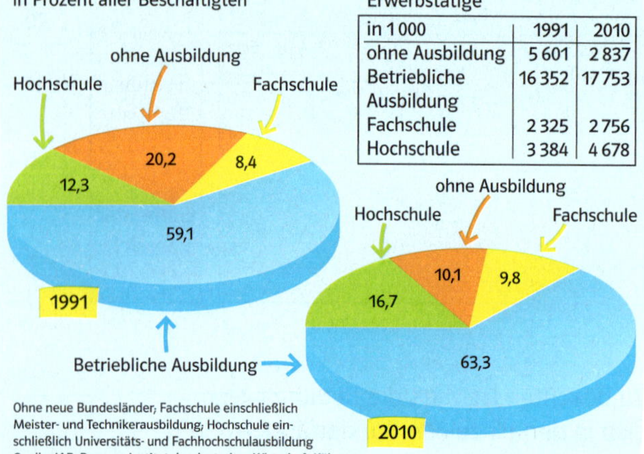

Erwerbstätige

in 1 000	1991	2010
ohne Ausbildung	5 601	2 837
Betriebliche Ausbildung	16 352	17 753
Fachschule	2 325	2 756
Hochschule	3 384	4 678

Ohne neue Bundesländer; Fachschule einschließlich Meister- und Technikerausbildung; Hochschule einschließlich Universitäts- und Fachhochschulausbildung
Quelle: IAB, Prognos Institut der deutschen Wirtschaft Köln

Eine Übersicht über alle neu eingeführten Berufe findet man auf der Internetseite der Bundesagentur für Arbeit.

Insgesamt werden in Zukunft im Bereich der Produktion weniger Beschäftigte, im Bereich der Dienstleistungen dagegen mehr Beschäftigte Arbeit finden.
Für alle beiden Bereiche aber gilt:
Nur Mitarbeiter mit guter Ausbildung und hoher Qualifikation haben größere Chancen, einen sicheren Arbeitsplatz zu bekommen. Das setzt zunehmend die Bereitschaft zur dauernden Weiterbildung voraus.

1 **Werte das Diagramm zu den Qualifikationstrends 2010 aus und leite Schlussfolgerungen für deine beruflichen Wünsche ab.**
2 **Erkläre die Notwendigkeit der Aktualisierung der Ausbildungsordnungen.**
3 **Beweise die Aussage: Man lernt nie aus!**

Kein Ausbildungsplatz – was nun?

Überbrückungsmöglichkeiten können als Vorbereitung auf eine Berufsausbildung oder zur Erweiterung und Festigung deines Wissens und Könnens dienen. Zugangsvoraussetzung: Erfüllung der Schulpflicht.

Alle folgenden Maßnahmen können von der Bundesagentur für Arbeit durch **Aktivierungshilfen** finanziell gefördert werden.

Europäischer Freiwilligendienst
Du kannst dich in einem gemeinnützigen Projekt im Ausland engagieren. Dabei lernst du Land und Leute, Kultur und Sprache deines Gastlandes kennen.

Als Au pair im Ausland
Du hilfst in einer Familie bei der Kinderbetreuung oder im Haushalt. Für deine Arbeit gibt es ein kleines Taschengeld, Unterkunft und Verpflegung.

Berufsgrundbildungsjahr
Hier erhältst du eine berufsfeldbezogene Grundbildung und eine weiterführende Allgemeinbildung. Somit hast du bessere Möglichkeiten für den Berufseinstieg.

Berufsvorbereitungsjahr
Schülerinnen und Schüler ohne Hauptschulabschluss erhalten berufliches Grundwissen und die Möglichkeit, den Hauptschulabschluss nachzuholen.

Freiwilliges soziales Jahr;
Freiwilliges ökologisches Jahr
Mitarbeit in sozialen Einrichtungen (z. B. Pflegeheime, Einrichtungen für Behinderte), Mitarbeit im Umweltschutz (z. B. Vogelschutzstationen)

Aufnahme einer Arbeit
Natürlich kannst du nach Abschluss deiner Schulpflicht auch gleich eine Arbeit als ungelernte Arbeitskraft aufnehmen. Du wirst dann in den meisten Fällen sogar mehr Geld verdienen als deine ehemaligen Mitschülerinnen und Mitschüler, die eine Ausbildung beginnen.
Aber Vorsicht, nach der Ausbildung ändert sich dies: Ein Facharbeiter wird nun viel mehr als eine ungelernte Arbeitskraft verdienen!

1 **Begründe, welche Überbrückungsmöglichkeit du wählen würdest, wenn du nach dem Abschluss der Schule keinen Ausbildungsplatz bekommst.**

2 **Stelle eine Übersicht zusammen, aus der hervorgeht, wo du dich für die Überbrückungsmöglichkeiten bewerben kannst.**

Alles klar

1 Hier ist etwas durcheinander geraten!

a) Ordne die entsprechenden Berufsbilder den richtigen Berufsfeldern zu.

1. Bau, Architektur, Vermessung	a) Reiseverkehrskauffrau/mann
2. Dienstleistung	b) Altenpfleger/in
3. Gesundheit	c) Bühnenmaler/in (Malerei)
4. Kunst, Kultur, Gestaltung	d) Fahrradmonteur/in
5. Landwirtschaft, Natur, Umwelt	e) Gleisbauer/in
6. Medien	f) Industriekauffrau/mann
7. Technik, Technologiefelder	g) Drucker/in
8. Verkehr, Logistik	h) Tierpfleger/in (Zoo)
9. Wirtschaft, Verwaltung	i) Vermessungstechniker/in

b) Finde zu jedem Berufsfeld ein weiteres entsprechendes Berufsbild.

2 Aus diesen 51 „Silben" lassen sich 8 Kompetenzen zusammensetzen. Die Anzahl der Linien entspricht der Anzahl der Wörter.

An – ant – ar – bei – bleme – brei – brin – dere – ein – ein – er – er – ga – ge – Ge – gen – gen – gen – Im – in – jekt – ken – Kri – Leis – Lö – mein – men – neh – nen – ni – Or – Pro – pro – schafts – schlä – sieren – sungs – Team – ten – ten – tik – tra – tung – tung – über – über – unter – Ver – vor – wor – zeu

1. ______ ______
2. ______ ______
3. ______ ______ ______
4. ______ ______
5. ______ ______ ______ ______ ______
6. ______
7. ______ ______
8. ______ ______

3 Man(n) kann's, frau auch!
Diese Zeichnung spricht ein spezielles Thema aus der Arbeitswelt an. Erstelle dazu einen Text, in den du zusätzlich die Begriffe Kinderbetreuung, Partner, Teilzeitbeschäftigung und Elternzeit einbeziehst.

Vom Schüler zum Arbeitnehmer

+ Beginn der Ausbildung
+ Jugendarbeitsschutzgesetz
+ Versicherungen und Steuern

Heute schon an später denken

Name	Berufswunsch	Ausbildungsplatz	Schule	Sonstiges
Anabella	Glasveredlerin	Thale und Sohn		
Angelo	Servicefahrer	Haag und Tochter	1-jährige BFS	Vorvertrag
Bernd	Mechatroniker	???		Tel. Arbeitsamt
Christoph	Bäcker	Backhaus Klose		--
Dimitri	Zimmerer	Sägewerk Fischer		Deutschkurs
Eleonore	Floristin	Blumen-Meider		Allergietest machen
Friederike	Polizistin	--	2-jährige BFS	
Heidrun	Zahntechnikerin	Dr. Schmid		
Isolde	Kinderpflegerin			
Maren	Tischlerin	Kolb und Sohn		
Markus	Elektroniker	--		
Michael	Bankkaufmann	--	2-jährige BFS	
Chris	???			Berufsberatung

BFS: Berufsfachschule

> **Es ist Februar. Die 9b der Geschwister-Scholl-Schule befindet sich mitten in den Vorbereitungen auf den Hauptschulabschluss: „Der totale Stress", wie einige Schüler diese Phase immer wieder einmal beschreiben. Doch auch jetzt nimmt sich Frau Krenz, die Klassenlehrerin, regelmäßig Zeit, mit den Schülerinnen und Schülern darüber zu sprechen, was nach der Schule ist.**
> **Die Klasse hat für sich selbst eine Art „Log-Buch" erstellt, eine Wandzeitung, auf der die Wünsche und Pläne jedes Einzelnen festgehalten werden. Anabella und Markus haben die Verantwortung für die Eintragungen übernommen; sie aktualisieren die Wandzeitung in ihrem Klassenzimmer bei Bedarf.**

Nach dem Ende der Schulzeit beginnt die betriebliche Ausbildung. Der überwiegende Teil der Schulabgänger wird in Klein- und Mittelbetrieben innerhalb des dualen Systems ausgebildet.
Daneben gibt es auch die Möglichkeit, eine rein schulische Ausbildung an speziellen Berufsfachschulen zu beginnen.

Nach der meist dreijährigen Lehrzeit endet die Berufsausbildung. Mehr denn je müssen Arbeitnehmer jedoch davon ausgehen, dass sie sich ein Leben lang für eine dauernd wandelnde Arbeitswelt qualifizieren müssen.

In den letzten Jahren hat es immer wieder Probleme mit der ausreichenden Anzahl von Ausbildungsstellen gegeben. Da die betriebliche Ausbildung auf freiwilliger Basis funktioniert, kann der Staat jedoch nur an die Betriebe appellieren, jedes Jahr genügend Ausbildungsplätze für die Schulabgänger bereitzustellen.

Tatsache ist ...
- 2004 waren 10 von 100 Arbeitnehmern mit Berufsausbildung arbeitslos.
- Dagegen hatten 25 von 100 Arbeitnehmern ohne Berufsausbildung keinen Arbeitsplatz.

> Paul wird Elektroniker für Energie- und Gebäudetechnik. Er ist im letzten Ausbildungsjahr und seit drei Monaten fast täglich bei Montagearbeiten dabei. Seine älteren Kollegen beginnen im Sommer bereits um 6 Uhr, arbeiten dann bis 12 Uhr. Nach einer kurzen Pause von ca. 30 Minuten geht es dann noch einmal bis 17.30 Uhr an die Arbeit. „Das bringt mächtig was in die Kasse, außerdem lernst du dabei, wie es bei uns in der Praxis zugeht!", trösten ihn die Kollegen, wenn er gelegentlich über Müdigkeit klagt.

> Sonja befindet sich als Friseurin im 1. Ausbildungsjahr. Sie besucht die einjährige Berufsfachschule. Mit einem Ausbildungsbetrieb im Nachbarort hat sie einen Vorvertrag geschlossen. Darin steht, dass sie an drei Samstagen pro Monat im Salon mithelfen muss.

> Bernd ist 17 Jahre alt und Auszubildender in einer Bäckerei. Seit Wochen fragt sein Chef ihn immer wieder, ob er nicht an einem Samstag auch einmal „von Anfang an", also von 2.30 Uhr an, dabei sein wolle.

> Jürgen wird Zimmerer. Die Ausbildung ist sehr interessant, aber oft auch anstrengend. Jürgens Eltern sind deshalb besorgt, als ihr Sohn immer wieder über Schmerzen am Rücken und in den Armen klagt.

> Mona, 17 Jahre alt, ist Auszubildende in einem Spielwarengeschäft. Seit diesem Lehrjahr hat sie mittwochs vier Stunden Unterricht an der Berufsschule. Danach geht sie immer noch mit einer Freundin bummeln und in Geschäften „stöbern". Als ihr Chef davon erfährt, gibt es einen fürchterlichen Krach.

1 **Werden in diesen Beispielen die Bestimmungen des Jugendarbeitsschutzgesetzes eingehalten?**

JUGENDARBEITSSCHUTZGESETZ §

Aus dem Jugendarbeitsschutzgesetz

§ 8 Jugendliche dürfen nicht mehr als 8 Stunden täglich und nicht mehr als 40 Stunden wöchentlich beschäftigt werden.
§ 9 Der Arbeitgeber hat den Jugendlichen für die Teilnahme am Berufsschulunterricht freizustellen. Er darf den Jugendlichen nicht beschäftigen … an einem Berufsschultag mit mehr als 5 Unterrichtsstunden …
§ 11 Jugendlichen müssen im Voraus feststehende Ruhepausen von angemessener Dauer gewährt werden. Die Ruhepausen müssen mindestens …
60 Minuten bei einer Arbeitszeit von mehr als 6 Stunden betragen.
§ 14 Jugendliche dürfen nur in der Zeit von 6 bis 20 Uhr beschäftigt werden.
Jugendliche über 16 Jahren dürfen …
1. im Gaststätten- und Schaustellergewerbe bis 22 Uhr
2. in mehrschichtigen Betrieben bis 23 Uhr
3. in Bäckereien und Konditoreien ab 5 Uhr beschäftigt werden.
Jugendliche über 17 Jahren dürfen in Bäckereien ab 4 Uhr beschäftigt werden.
§ 15 Jugendliche dürfen nur an 5 Tagen in der Woche beschäftigt werden.
§ 19 Der Arbeitgeber hat Jugendlichen für jedes Kalenderjahr einen bezahlten Erholungsurlaub zu gewähren. Der Urlaub beträgt jährlich mindestens 30 Werktage, wenn der Jugendliche zu Beginn des Kalenderjahres noch nicht 16 Jahre alt ist.
§ 22 Jugendliche dürfen nicht beschäftigt werden
1. mit Arbeiten, die ihre Leistungsfähigkeit übersteigen,
2. mit Arbeiten, bei denen sie sittlichen Gefahren ausgesetzt sind,
3. mit Arbeiten, die mit Unfallgefahren verbunden sind …,
4. mit Arbeiten, bei denen sie schädlichen Einwirkungen … ausgesetzt sind.

Das Jugendarbeitsschutzgesetz

> Silke freut sich auf jeden Dienstag. Da trifft sie nämlich in der Berufsschule Freundinnen aus der Schulzeit. Mit ihnen kann sie dann so richtig schön über alles Mögliche reden: über private Probleme, aber auch über Fragen der Berufsausbildung. Und da gibt es immer eine Menge Gesprächsstoff.
„Stellt euch vor, was mir letzte Woche passiert ist", berichtet ihre Freundin Nina. „Ich sollte doch tatsächlich schon zum dritten Mal nach Feierabend in der Werkstatt bleiben und dem Chef bei der Fertigstellung eines eiligen Auftrags helfen!"
„Na und!?", entgegnet Ute nur knapp. „Ich weiß gar nicht, wie oft ich schon abends nach 10 noch in der Küche gestanden und aufgeräumt habe. Aber was soll man machen, wenn plötzlich um 8 noch ein Bus voller Gäste ankommt!"
„Ihr tut mir ja echt leid!", erwidert Silke ein bisschen ironisch. „Aber stellt euch vor, was bei uns neulich los war: Ihr kennt doch auch den Jürgen im dritten Lehrjahr. Der sollte am letzten Dienstag nach der Berufsschule noch im Betrieb vorbeischauen. Unser Meister wollte mit ihm in aller Ruhe über sein Prüfungswerkstück sprechen. Und da hat doch der Jürgen glatt geantwortet: ‚Da hab' ich keine Zeit und außerdem brauch' ich nach der Schule nicht mehr in den Betrieb zu kommen.' Ihr könnt euch denken, was das für einen Krach gegeben hat!"

Das Jugendarbeitsschutzgesetz muss von allen an der Ausbildung beteiligten Personen eingehalten werden.
In manchen Fällen ergeben sich aus Tarifverträgen oder Betriebsvereinbarungen zusätzliche Verbesserungen für die Auszubildenden. Gerade was die Arbeitszeit anbelangt, sind die Vorschriften des Gesetzes oft überholt.

Aber das Jugendarbeitsschutzgesetz lässt auch in vielerlei Hinsicht Ausnahmeregelungen zu. Betriebliche Gegebenheiten können in manchen Fällen zu Sonderregelungen führen, die jedoch im Einzelfall von einer Aufsichtsbehörde genehmigt werden müssen.
Kommt es einmal zu Meinungsverschiedenheiten zwischen Auszubildendem und dem Ausbilder, dann sollten sich die beiden um eine gütliche Einigung im Gespräch bemühen.

In fast allen Betrieben gibt es Sonderregelungen zu den unterschiedlichsten Punkten. Einige dieser betrieblichen Vereinbarungen betreffen ausschließlich die Auszubildenden.

1 **Erkundigt euch in Betrieben eurer Heimatgemeinde nach Sonderregelungen für Auszubildende.**

2 **Diskutiert über die „Fälle", die Silke und ihre Freundinnen ansprechen.**

3 **Ist es richtig, immer nur auf „seinem Recht" zu beharren?**

Technisierung und Rationalisierung

- Entwicklung der Arbeitswelt
- Rationalisierung und Arbeitslosigkeit
- Betriebsrat und JAV

Von der Einzelfertigung zur Arbeitszerlegung

Der Roman „Robinson Crusoe“ erzählt von einem jungen Mann, der sich nach dem Untergang seines Segelschiffs auf eine einsame Insel retten konnte. Dort musste er, völlig auf sich allein gestellt, alles selbst herstellen: seine Unterkunft, einfache Möbel, seine Kleidung, Geräte und Werkzeuge, die er für seine Arbeit benötigte. Er war zur gleichen Zeit Landwirt, Jäger, Schreiner, Koch, Baumeister und vieles mehr. Für jede Tätigkeit brauchte er viel Zeit, weil er für alle diese Arbeiten nicht ausgebildet war.

Schon früh in der Menschheitsgeschichte teilten die Menschen innerhalb ihrer Gemeinschaften die verschiedenen Arbeiten unter sich auf. Die einen gingen zur Jagd, andere fertigten Kleidungsstücke an, wieder andere stellten kleine einfache Werkzeuge und Jagdwaffen her oder versorgten die Kinder und Kranken. Jedes Mitglied der Gruppe führte dabei die Arbeiten aus, die es besonders gut beherrschte. Dadurch konnte der Bedarf an Gütern und Dienstleistungen durch Arbeitsteilung verhältnismäßig leicht gedeckt werden. Die ersten Berufe entstanden.

Durch den Handel lernten die Menschen andere Materialien, Waren und Arbeitsmethoden kennen. Bedürfnisse nach neuen Produkten wurden geweckt. Durch die Übernahme neuer handwerklicher Techniken konnten die gewünschten Produkte nun selbst gefertigt werden. Dies führte zu Veränderungen auf folgenden Gebieten:

- Qualität der Produkte
- Preisgestaltung
- Angebotsvielfalt

Allmählich wurden ganz bestimmte Tätigkeiten einem Beruf zugeordnet. Auch die Verarbeitung der unterschiedlichen Materialien und die Kundenwünsche führten innerhalb der einzelnen Berufe zur Arbeitsteilung.
Manche dieser Berufe bezeichnete man nach den Produkten oder nach dem Material.

Arbeitszerlegung bei der Herstellung von Pfeifen um 1810

In einem Walzwerk um 1870, Gemälde von Adolph Menzel

Adam Smith (1723 –1790) entwickelte den Gedanken, die Fertigung eines Werkstückes in immer kleinere Arbeitsschritte zu zerlegen. Als Beispiel nahm er die Herstellung einer Nadel.
Etwa 18 einzelne Arbeitsgänge stellte er fest. Diese verteilte er auf etwa 10 Arbeiter. Der einzelne Arbeiter fertigte somit nicht mehr das gesamte Stück an, sondern führte nur noch Teilarbeiten aus. Dies führte zur Arbeitszerlegung.

Die Folge war, dass Produkte nicht nur schneller und damit in noch größeren Mengen hergestellt werden konnten, sondern sie wurden dadurch auch preiswerter. Die Arbeitszerlegung fand bald überall Eingang in die Fertigung.

Das Zeitalter der Industrialisierung wurde durch die Erfindung der Dampfmaschine eingeleitet. Mit ihr konnten nun die verschiedensten Maschinen angetrieben werden. Neue Maschinen wurden entwickelt, vor allem in der Textilindustrie. Der mechanische Webstuhl und die Spinnmaschine sollten die Arbeit der Menschen erleichtern. Viele Arbeitnehmer aber sahen in den Maschinen zunächst eine unliebsame Konkurrenz, die ihren Arbeitsplatz ersetzen könnte.

1764: Dampfmaschine
1787: Mechanischer Webstuhl
1800: Elektrizität
1825: Eisenbahn
1827: Schiffsschraube
1834: Getreidemähmaschine
1861: Fernsprecher
1883: Benzinmotor
1946: elektronischer Rechner

Die Maschinen sollten jedoch auch den ständig steigenden Bedarf an Gütern durch die Bevölkerungszunahme im 19. Jahrhundert decken.
In wenigen Jahrzehnten wurden viele Erfindungen gemacht. Neue Industriezweige, wie z. B. der Maschinenbau, entstanden und benötigten viele neue Arbeitskräfte. Güter konnten jetzt in Massen hergestellt werden.
Die Maschinen erleichterten die Arbeit der Menschen, doch die Arbeitsbedingungen verbesserten sich trotzdem nicht wesentlich. Lange Arbeitszeiten von bis zu 16 Stunden und schlechte Bedingungen wie Lärm, Stäube und Gerüche am Arbeitsplatz erschwerten die Arbeit.

1 **Notiere stichwortartig die Arbeitsschritte bei der Herstellung eines Produkts im Technikunterricht.**

2 **Die Tätigkeiten im Haushalt entsprechen einigen Berufen. Stelle fest, um welche es sich handelt und ordne ihnen typische Tätigkeiten zu.**

Fließfertigung und Automation

> Herr Weber erinnert sich:
Ich glaube, es war 1953, als in der Schraubenfabrik, in der ich damals arbeitete, von unserem Chef ein völlig neuer Maschinentyp, ein Automat, vorgestellt wurde. Ein Arbeiter brauchte nur noch Eisenstangen an den Automaten heranzuführen, auf der anderen Seite fielen unzählige Schrauben heraus.
Ich bediente damals auf diese Weise bald drei bis vier Maschinen. Die Arbeit war leicht und erforderte keine weiteren Fachkenntnisse.
Doch kurze Zeit später erledigte ein Förderband meine Arbeit. Ich war froh, dass ich in einer anderen Firma wieder als ausgebildeter Mechaniker arbeiten konnte.

Henry Ford (1863–1947), ein amerikanischer Automobilhersteller, setzte zum ersten Mal das Fließband ein.
Ford wollte bei der Fließfertigung durch kurze Arbeitswege möglichst viel Zeit einsparen, um hohe Produktionszahlen zu erreichen.
Dadurch konnte er sein berühmtes Ford-T-Modell, das er in den verschiedensten Ausführungen millionenfach baute, zu einem sehr günstigen Preis unter 1000 $ verkaufen.
Es wurde zu einem Massenprodukt.

Die Arbeit am Fließband aber war für die Arbeitnehmer sehr eintönig und das Arbeitstempo war hoch.
Sie verrichteten nur noch einfache und immer gleiche Handgriffe, um einzelne Teile des Autos schnell zu montieren. Oft war die Arbeitshaltung bei der Montage so ungünstig, dass sie zu Ermüdungserscheinungen oder gar Haltungsschäden führte.

Die Versorgung der Verbraucher mit Gütern aller Art verlangte nach immer besseren und schnelleren Produktionsmethoden. Während ein Arbeiter eine Maschine bediente, begann man zunehmend Maschinen einzusetzen, die ohne Bedienung auskamen, sogenannte Automaten.

Die Automation begann. Einzelteile konnten jetzt mit großer Schnelligkeit, mit immer gleich bleibender Qualität und preiswerter durch die Automaten produziert werden.

1 **Das Auto ist ein typisches Produkt für die Fließfertigung. Suche weitere Beispiele für Produkte, die in Fließfertigung hergestellt werden.**

Von der Arbeitsteilung zur Spezialisierung

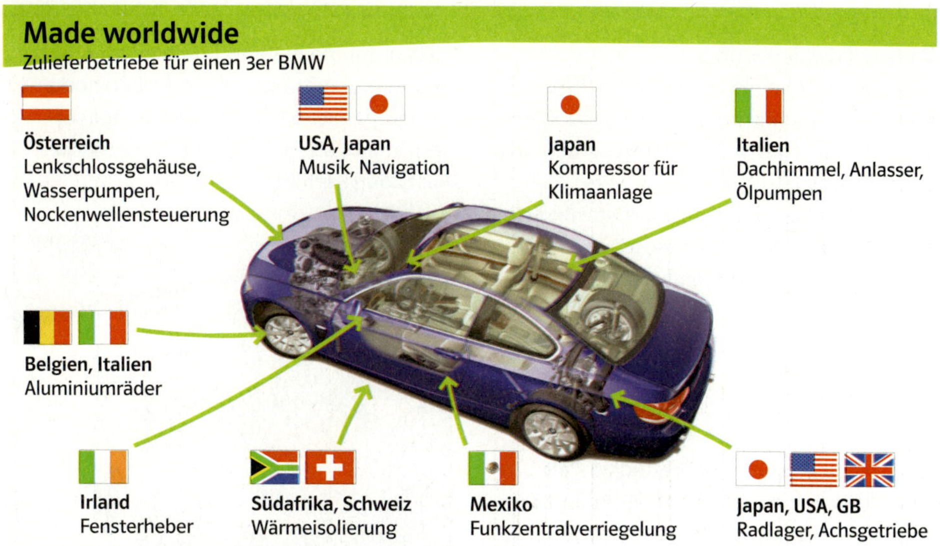

Ein Auto ist aus vielen Teilen zusammengebaut. Ein Teil davon ist z. B. der Motor. Dieser selbst besteht wiederum aus vielen Einzelteilen: Motorblock, Ventile, Zylinder, Pleuel, Kolben usw.
Die Motoren kommen aus dem eigenen Motorenwerk.
Die Karosserieteile des Autos werden im Presswerk des Unternehmens hergestellt und anschließend in der benachbarten Schweißabteilung geschweißt. Die Rohkarosse erhält in der Lackiererei den notwendigen Rostschutz und die endgültige Farbe. Solch ein Automobilunternehmen besteht aus vielen Abteilungen und Zweigwerken, die alle zusammenarbeiten, um ein fertiges Produkt auf den Markt zu bringen. Innerhalb eines Unternehmens spricht man daher auch von innerbetrieblicher Arbeitsteilung. Es spielt dabei keine Rolle, ob sich die einzelnen Zweigwerke und Abteilungen am gleichen Ort befinden.

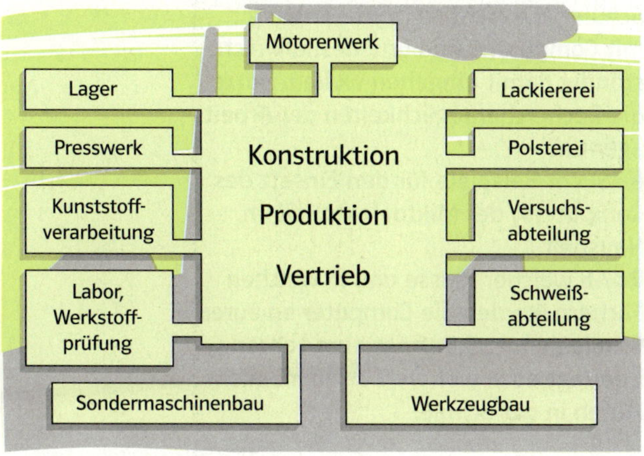

Nicht alle Teile eines Autos können in einem Automobilunternehmen selbst hergestellt werden. Andere Firmen liefern Einzelteile, z. B. die elektrischen Anlagen. Solche Zulieferbetriebe haben sich auf die Herstellung bestimmter Produkte spezialisiert. Die Unternehmen arbeiten zusammen. Wir sprechen in solchen Fällen von Arbeitsteilung zwischen Unternehmen.

Als Zulieferer kann zum Beispiel ein niederländisches Unternehmen für eine Autofabrik in Deutschland die Radios liefern. Einzelne Bauteile dieses Radios wiederum liefert ein japanisches Unternehmen. Gerade im Elektronikbereich (Radios, Fernseher, Computer), aber auch in anderen Produktbereichen, arbeiten Firmen immer mehr weltweit zusammen. Die internationale Arbeitsteilung ist heute selbstverständlich.

Computer bestimmen die Arbeitswelt

CNC: computerized numercial control; eine CNC-Maschine ist eine frei programmierbare computergesteuerte Werkzeugmaschine

> Herr Fritz ist Facharbeiter in einem Betrieb, der in Lohnarbeit für andere Unternehmen Einzelteile herstellt. Seine fünf Jahre alte Maschine soll durch eine modernere ersetzt werden.
Der Firmeninhaber will eine CNC-gesteuerte Maschine anschaffen. Von dieser erwartet er eine verbesserte Fertigungsqualität. Die Teile sind von großer und gleichbleibender Genauigkeit.
Zudem verspricht er sich Kosteneinsparungen durch die schnellere Umstellungszeit der Maschine bei der Herstellung anderer Teile oder bei Sonderanfertigungen. Mit einer verbesserten Produktqualität und den Kosteneinsparungen erhofft er sich Vorteile gegenüber der Konkurrenz.
Herr Fritz ist nicht sehr begeistert, da er die alte Maschine sicher bedienen und auch mal reparieren konnte. Außerdem hat er Sorge, dass er für die neue nicht die notwendigen Kenntnisse mitbringt, da er von Computersteuerung nichts versteht. Sein Chef verspricht ihm aber, dass er eine gründliche Ausbildung erhält.

Computergesteuerte Maschinen finden wir heute überall in der Fertigung. In den letzten Jahren hat sich dadurch die Arbeitswelt stark verändert. Der Arbeitnehmer muss die Bedienung dieser Maschinen beherrschen. Die Fortbildung der Mitarbeiter ist in immer kürzeren Abständen erforderlich. Diese kostet zwar Geld, macht sich aber für das Unternehmen auf die Dauer bezahlt.

Die Arbeit an den CNC-Maschinen ist verantwortungsvoll und die Bedienung einer computergesteuerten Maschine ist fester Bestandteil der Ausbildung.

Auch in der Freizeit hat sich der Computer immer mehr durchgesetzt. Durch das Internet können PC-Benutzer vom Wohnzimmer aus ihre Einkäufe oder ihre Bankgeschäfte erledigen. Fernsehen, Telefon, Fax, Computer und Stereoanlage werden immer mehr zusammengeführt. Durch die Vernetzung der elektronischen Geräte im Haushalt mit dem Internet entstehen neue Märkte und neue Arbeitsplätze.

1 **Maschinen ersetzen Menschen am Arbeitsplatz. Suche aus dem Text mögliche Folgen für die Betroffenen heraus.**

2 **Ordne den folgenden Begriffen „Mensch" oder „Maschine" richtig zu. Urlaub – Reparatur – Wartung – Lohn – Arbeitszeit 8 Stunden – Krankheit – Arbeitszeit 24 Stunden – gleichmäßige Qualität – Entlassung – Pausen – Alter – Ersatzbeschaffung – Fortbildung – Stückzahl pro Stunde (Arbeitstempo) – Störung**

3 **Finde Berufe für Schülerinnen und Schüler, die nicht so fit im Umgang mit Computern sind und deshalb nicht ständig damit umgehen wollen. Nutze die Recherchemöglichkeiten der Arbeitsagentur.**

4 **Sucht Beispiele für den Einsatz des Computers / der Mikroelektronik im Haushalt.**

5 **Ab welcher Klasse und in welchen Fächern werden die Computer an eurer Schule genutzt? Befragt eure Lehrer. Überlegt euch weitere Einsatzmöglichkeiten in der Schule.**

> Bei der Arbeitsplatzerkundung war ich bei einer Architektin. Die ganzen Konstruktionszeichnungen wurden dort mit dem Computer gemacht. Das Computerprogramm stellte viele Grundzeichnungen zur Auswahl. Die Architektin konnte so recht schnell einen Grundriss entwerfen. Sie erklärte mir, das sei CAD – computer aided design – das heißt computerunterstütztes Entwerfen. Die alten Zeichenbretter wurden nur noch ganz selten eingesetzt.

> In der Firma, in der ich war, setzt man Computer selbst in der Qualitätssicherung ein. Mein Ausbildungsmeister hat mir die Anlage gezeigt. Verschiedene genau festgelegte Punkte des Werkstücks wurden vom Computer überprüft. Stimmten die Maße mit den gespeicherten Daten nicht überein, wurde das Teil automatisch aus der Fertigung genommen. Mein Meister nannte dies CAQ – computer aided quality assurance – das ist Qualitätssicherung mit dem Computer.

> Die Mechanikerin, mit der ich im Praktikum zusammengearbeitet habe, kontrollierte eine CNC-Maschine, bei der sie kein Programm mehr eingeben muss. Das fertige Programm für die CNC-Maschine kam aus der Konstruktionsabteilung. Die Konstrukteure haben bei der Konstruktion alle Daten des Werkstücks gleich der Maschine eingegeben. Meine Mechanikerin sprach von CAM – computer aided manufacturing – das ist computerunterstützte Fertigung.

> Mein Vater erzählte mir neulich, dass es bereits Fertigungsanlagen in Betrieben gibt, in denen nur noch Roboter arbeiten. Da läuft alles automatisch. Menschen übernehmen nur noch Kontroll-, Wartungs- und Servicefunktionen.
Wenn das überall Wirklichkeit wird, dann werde ich mich um einen Ausbildungsplatz als Industriemechanikerin mit der Fachrichtung Geräte- und Feinwerktechnik bemühen, denn Maschinen müssen gewartet werden.

Die vernetzte Fabrik

Der Einsatz von Computern und Robotern ermöglicht es, alle Arbeitsbereiche eines Betriebes zu vernetzen. Diese Vernetzung bedeutet, dass alle Vorgänge im Betrieb optimal aufeinander abgestimmt sind.

CAD: Einzelteile werden in der Konstruktionsabteilung gezeichnet und in die Fertigung geleitet.

Qualitätskontrolle: Während der Produktion werden nach einzelnen Arbeitsschritten Kontrollen durchgeführt.

In der **Montage** werden über Steuerungsdaten die Einzelteile aus der Fertigung automatisch zusammengebaut.

Materialeinkauf: Mithilfe des Computers kann festgestellt werden, welche Materialien zur Herstellung fehlen. Die Bestellung wird aufgegeben.

Produktionssteuerung: Der Produktionsablauf wird festgelegt und in einen Computer eingegeben.

Die Verknüpfung von Konstruktion, Qualitätskontrolle, Produktionssteuerung und Montage = **CIM** (computer integrated manufacturing).

Wie Kosten gesenkt werden können

Die rationelle Herstellung von Waren durch Fließfertigung und Automation erspart dem Unternehmen Kosten. Die Ware kann zu einem günstigen Preis verkauft werden. Dadurch kann das Unternehmen konkurrenzfähig bleiben. Da aber die Konkurrenz auch die gleichen Produktionsmethoden einsetzt, muss sich jeder Unternehmer überlegen, wie er seine Waren noch preisgünstiger herstellen kann.

Er wird versuchen, die Arbeitsschritte so zu zerlegen, dass Maschinen die Arbeit übernehmen können oder er wird andere Produktionsmethoden einführen. Zudem muss er den Maschinenpark auf dem neuesten Stand halten. Diese Anschaffungen, auch Investitionen genannt, erhalten die Wettbewerbsfähigkeit.

Jedes Unternehmen will also seine Produkte in möglichst großer Zahl zu möglichst geringen Kosten herstellen. Fließfertigung und Automation führen zu einem schnelleren Produktionsablauf und dadurch zu einem kostengünstigeren Produktionsverfahren. Man spricht hierbei von Rationalisierung.

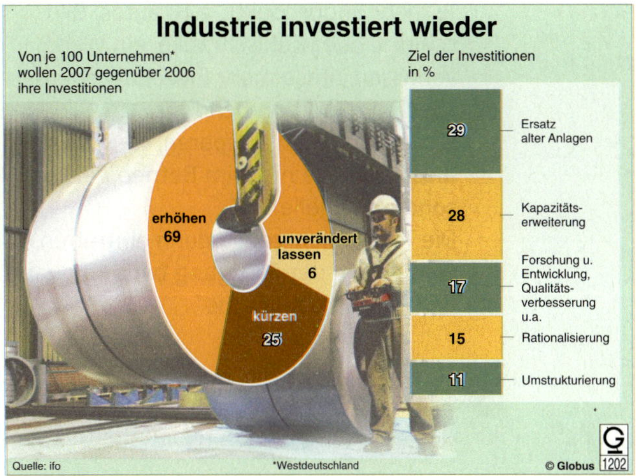

Dadurch wird ermöglicht, dass in einer ganz bestimmten Zeit immer mehr Güter produziert werden können. Es wird also in der gleichen Zeit wesentlich mehr hergestellt. Die Produktivität steigt bei gleicher Qualität.

Produktivität = Anzahl der hergestellten Produkte geteilt durch die Arbeitszeit:

$$p = \frac{\text{Menge}}{\text{Arbeitszeit}}$$

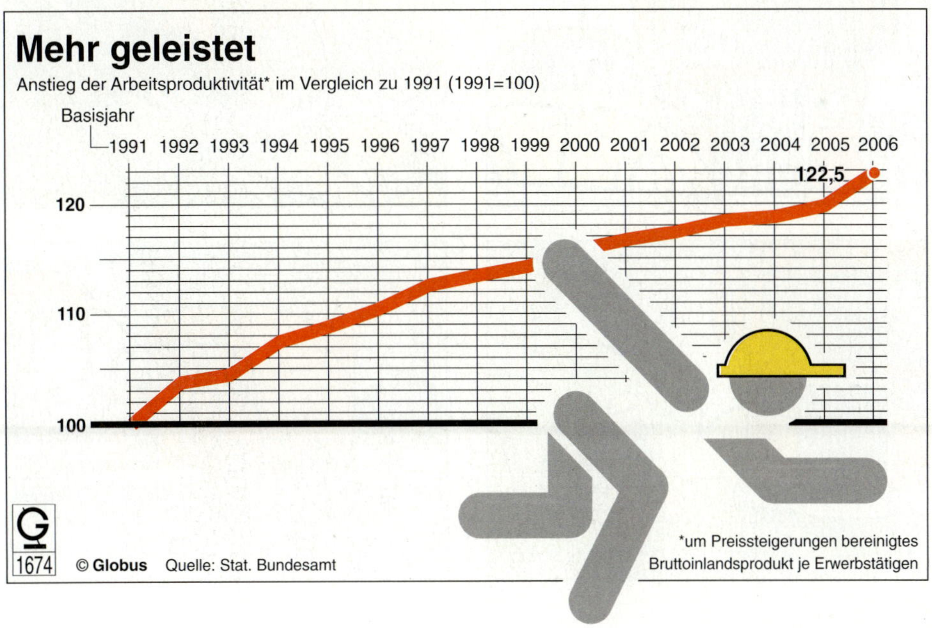

Just in time

Je mehr Endprodukte, z. B. Autos, Bildschirme oder Kühlschränke, ein Werk verlassen, umso mehr Einzelteile werden für die Produktion benötigt.
Um Lagerkosten zu sparen, werden diese Bauteile nicht im Betrieb gelagert, sondern angeliefert.
Die Teile sollen genau dann eintreffen, wenn sie in der Fertigung benötigt werden – also „just in time".

1 Beschreibe und begründe Vor- und Nachteile der rollenden Lagerhaltung.

> Herr Winter ist Fahrer einer Spedition. Regelmäßig fährt er Bauteile aus dem Hamburger Hafen nach Stuttgart.
> Diese Bauteile müssen „just in time" die Firma erreichen, in der sie weiterverarbeitet werden.
> Der Lkw wird morgens um 6 Uhr beladen und soll pünktlich um 16 Uhr in Stuttgart entladen werden. Auch wenn Herrn Winters Zeitplan sehr eng ist, muss er die gesetzlich vorgeschriebenen Pausen und die Verkehrsregeln einhalten.

noch
10 Stunden

noch
2 Stunden
30 Minuten

noch
9 Stunden
35 Minuten

noch
30 Minuten

noch
4 Stunden
30 Minuten

rechtzeitig
(just in time)
angekommen

Rationalisierung im Büro

etwa 1970

etwa 2000

Ist eine Arbeitnehmerin von einem Arzt krankgeschrieben worden, muss sie dem Betrieb, in dem sie arbeitet, und gleichzeitig auch ihrer Krankenkasse eine Krankmeldung zusenden.

Die Bilder oben zeigen euch die unterschiedlichen Bearbeitungsabläufe bei der Krankenkasse – früher und heute.

1 **Welche Stationen durchlief die Krankmeldung etwa 1970?**
Wie sah der gleiche Fall 2000 aus?

2 **Warum kann der Sachbearbeiter heute viele „Schreibarbeiten" selbst erledigen?**

3 **Welche Auswirkungen hatte die Rationalisierungsmaßnahme auf die Mitarbeiter?**
Welche Arbeitsplätze sind weggefallen?
Wer ist hiervon besonders betroffen?

Wie Arbeit wieder interessant werden kann

> Die Klasse 8c hat eine Erkundung in die Lehrwerkstatt eines großen Betriebes gemacht. Sie beobachtet gerade eine Gruppe von Auszubildenden.

Katrin: Was machen denn die Azubis dort drüben gerade?
Peter: Das sieht wie Gruppenunterricht in der Schule aus.
Meister: Du hast gut beobachtet.
Silke: Muss die Gruppe etwa das vor ihr liegende Werkstück selbst bauen? Das sieht recht kompliziert aus.
Meister: So kompliziert ist das nicht. Die Gruppe wird es nachbauen. Sie misst die einzelnen Teile, muss die verschiedenen Materialien erkennen und ihre Bearbeitung beachten.
Klaus: Und wer macht nun was? Wird das in der Gruppe entschieden?
Meister: Die Gruppe regelt alles selbst. Sie legt auch fest, wer welches Teil bearbeitet. Probleme werden gemeinsam gelöst.
Claudia: Aber später steht doch jeder allein an seiner Maschine.
Meister: Unsere Facharbeiter müssen zusammenarbeiten können, auch wenn jeder alles beherrscht. Wir haben schon weite Bereiche von der herkömmlichen Fließfertigung auf die Gruppenfertigung umgestellt.
Eine Gruppe baut entweder ein ganzes Endprodukt zusammen oder stellt, wie wir dies jetzt auch in der Teilefertigung tun, ganz bestimmte Teile her.
Jeder Facharbeiter kann auch die Arbeit der anderen Gruppenmitglieder ausführen. Daher ist auch das Tauschen der Arbeitsplätze untereinander möglich.
Katrin: Das finde ich gut, dann wird einem die Arbeit nicht so langweilig.

Montagehalle für Gruppenarbeit

In der Fließfertigung besteht für den einzelnen Arbeitnehmer durch das hohe Arbeitstempo eine recht große psychische und körperliche Belastung. Gleichzeitig ist die Arbeit, die sich auf nur wenige Handgriffe beschränkt, gleichförmig (monoton).

Heute versuchen immer mehr Unternehmen, die Leistungsbereitschaft und die Freude an der Arbeit durch eine andere Fertigungsart zu erhöhen.

Das Zauberwort für diese Form der Produktion heißt „Lean Production“, zu deutsch „schlanke Produktion“.

Lean Production soll
- den einzelnen Mitarbeitern mehr Verantwortung geben,
- leitende und kontrollierende Arbeitsplätze verringern,
- erreichen, dass Mitarbeiter Probleme früher erkennen und lösen,
- durch Gruppenarbeit die Arbeit abwechslungsreicher und umfangreicher gestalten,
- Qualitätskontrolle durch die Gruppe gewährleisten,
- die Kosten der Herstellung verringern.

Lean Production kann aber auch
- Mitarbeiter unter Druck setzen,
- Personalabbau bewirken.

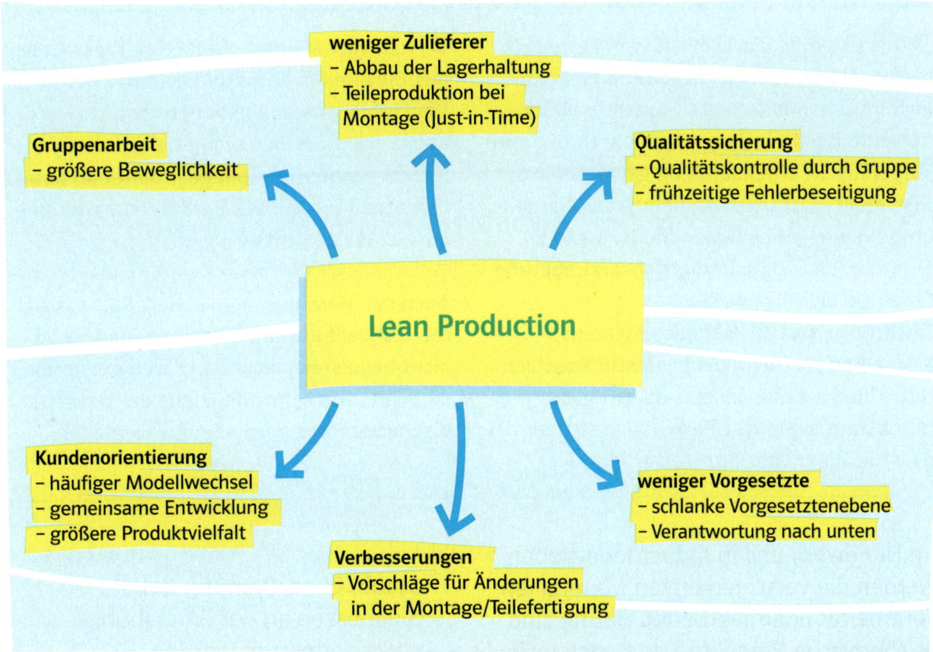

Die wesentlichen Merkmale der Lean Production lassen sich in sechs Bereiche aufgliedern. Weitere Merkmale sind hier aufgelistet.

1. Selbstkontrolle des Arbeitsablaufs
2. selbstständiges Arbeiten
3. weniger Anordnungen
4. Mitdenken
5. schnellere Produktionsumstellung
6. auf Kunden besser eingehen
7. Lösen von Problemen
8. mehr Zuständigkeiten
9. qualifizierte Ausbildung
10. kurze Entwicklungszeit
11. größere Eigenverantwortung
12. gemeinsames Planen
13. bessere Qualität
14. Verbesserungen ausführen
15. Arbeitsplatzwechsel
16. geringere Kosten

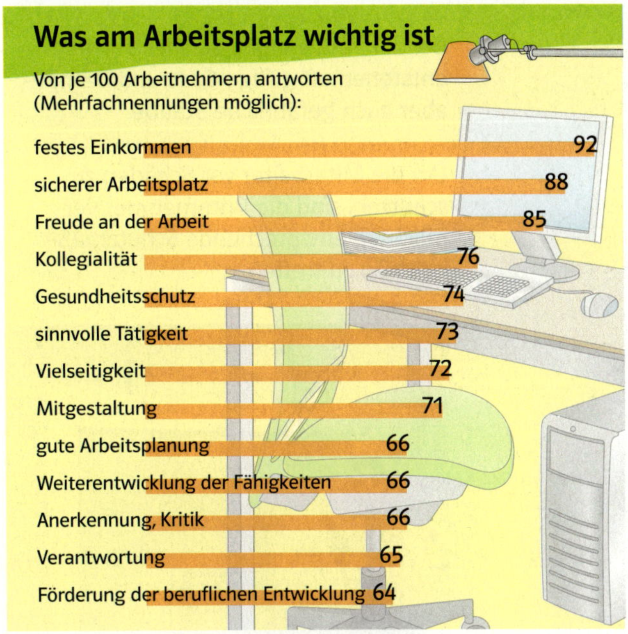

1 **Ordne die einzelnen Merkmale den sechs Bereichen zu. Einige sind schon zugeordnet.**

2 **Was fördert die Zufriedenheit am Arbeitsplatz am meisten?**

3 **Selbstständigkeit und Teamfähigkeit sind Kompetenzen. Welche weiteren lassen sich aus dem Text ableiten? Notiert sie auf Plakaten und gebt in Stichpunkten ihre Bedeutung an.**

Wie Arbeit „menschlicher" werden kann

> Herr Klein ist als Schweißer in einer metallverarbeitenden Firma tätig. Sein Kollege musste mit 56 Jahren vorzeitig in den Ruhestand gehen, da er durch ein Darm- und Magenleiden arbeitsunfähig geworden war. Herr Klein macht sich deshalb große Sorgen um seinen eigenen Gesundheitszustand.
> Er informiert sich beim Betriebsarzt über die Gefahren beim Schweißen.
> Tatsächlich sind die Dämpfe, die beim Schweißen vor allem bei kunststoffbeschichteten Blechen entstehen, sehr giftig. Der Betriebsrat verspricht Herrn Klein, sich für eine Absauganlage einzusetzen.

> Herr Kaiser arbeitet an einer Presse, die aus Blechteilen Karosserieseitenteile stanzt. Die Lärmentwicklung ist beträchtlich. Herr Kaiser trägt deshalb einen Gehörschutz. Sein benachbarter Kollege arbeitet an einer modernen Presse. Die Geräuschentwicklung dort ist wesentlich geringer.
>
> Auch die Maschine, an der Herr Kaiser arbeitet, soll bald ausgewechselt werden. Er ist nicht begeistert, da er dann weniger verdienen wird. Die Lärmzulage, die der Betrieb bisher bezahlte, wird nämlich wegfallen.

Im Handwerk und in Industriebetrieben werden die verschiedensten Materialien verarbeitet oder bearbeitet. Häufig sind es chemische Produkte, wie Kunststoffe, Klebstoffe, Lösungsmittel, Isoliermaterial, Farben und Lacke.

Bei der Verwendung solcher Stoffe entstehen oft giftige Gase und Dämpfe, aber auch gefährliche Stäube.

Um die Mitarbeiter vor Schäden zu schützen, sind die Unternehmer verpflichtet, entsprechende Schutzmaßnahmen zu treffen.

Staub, Gase, Dämpfe, Nebel
Sie müssen an der Entstehungsstelle abgesaugt werden.

Lärm
Der Schallpegel ist in Arbeitsräumen so niedrig wie möglich zu halten. Bestimmte Grenzwerte dürfen nicht überschritten werden.

Beleuchtung
Die Beleuchtung muss sich nach der Art der Sehaufgabe richten.

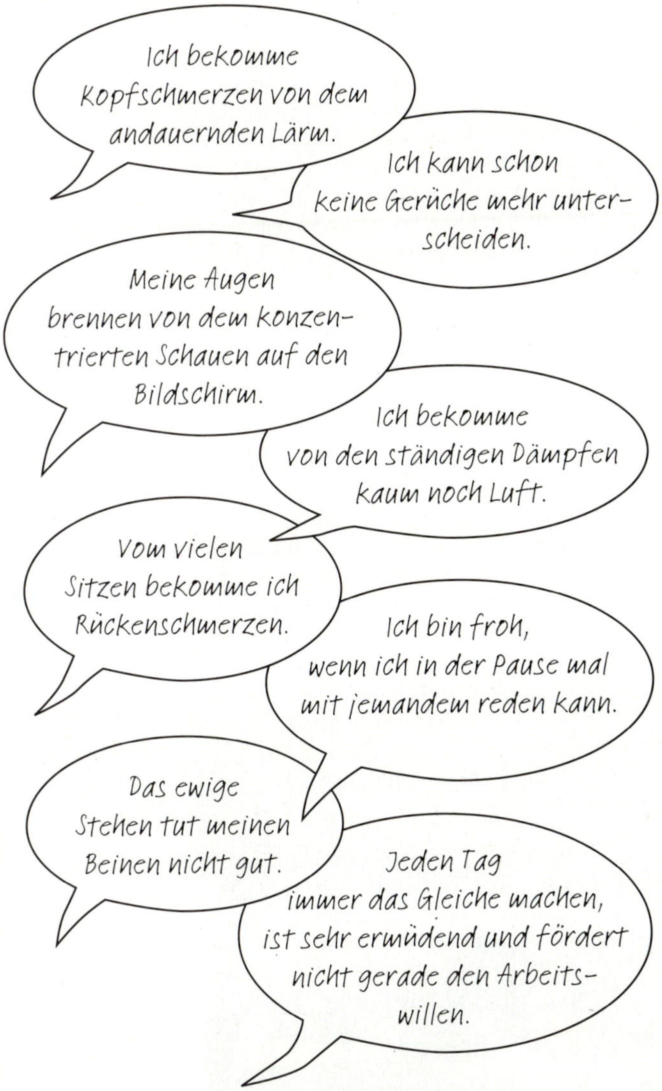

ergonomisch ungünstiger Arbeitsplatz, ermüdende Hand- und Kopfhaltung

Der Arbeitsplatz soll so gestaltet sein, dass schnelle Ermüdung und körperliche Schädigungen vermieden werden.

Nicht in allen Bereichen, in denen Arbeitskräfte gefährdet sind, kann sie die Maschine ersetzen. Es gibt immer noch Arbeitsplätze, die so gestaltet sind, dass gesundheitliche Schäden nicht ausgeschlossen sind. Staat, Unternehmen und Gewerkschaften sind daher bemüht, die Arbeit menschlicher, man sagt auch „humaner", zu gestalten.
In vielen Betrieben gibt es Sicherheitsbeauftragte, die darauf achten, dass Arbeitsplätze körpergerecht gestaltet sind. Sitzende oder stehende Tätigkeiten sollten nicht zu Rückenschmerzen, Kopfschmerzen, Bandscheibenschäden oder anderen Beschwerden führen.

1 **Auf welche Berufe könnten die Aussagen oben links zutreffen?**

2 **Ihr kennt einige dieser Zeichen. Was bedeuten sie? Sicherlich findet ihr noch weitere, die auf Gefahren am Arbeitsplatz hinweisen.**

3 **Die Humanisierung der Arbeitswelt führt dazu, dass die Betriebe immer mehr zum Schutz ihrer Mitarbeiter investieren.**
Kennst du solche Investitionen?

Neue Aufgaben – neue Berufe

Wir stellen eine/n
Elektroniker/in
Automatisierungstechnik
ein.

Die Bewerberin/der Bewerber sollte im Team arbeiten können, kontaktfreudig sein, sich auf immer wieder neue Aufgaben einstellen können und Fortbildungsbereitschaft zeigen. Wir sind ein junges Unternehmen der Elektronikbranche mit einem dynamischen Team, das für alle technischen Neuerungen aufgeschlossen ist.
Bewerbungen werden erbeten an ...

Neue Berufe entstehen kaum, vielmehr verändern und erweitern sich die Inhalte beruflicher Aufgaben und Tätigkeiten – auch in den wechselseitigen Abgrenzungen. Mechaniker müssen zunehmend auch im elektronischen und informationstechnologischen Bereich qualifiziert sein.
Neue Techniken bedeuten somit generell in nahezu allen Wirtschaftszweigen steigende Anforderungen an das Qualifikationsniveau der Beschäftigten.
Die Kompetenzen werden als berufsübergreifende Qualifikation immer bedeutsamer. Technisches Grundwissen wird in kaufmännischen, wirtschaftliche Grundkenntnisse werden in gewerblich-technischen Berufen vorausgesetzt.
Derjenige wird seine Zukunft am besten meistern,
- der eine angemessene Eingangsberufsausbildung absolviert hat,
- der bereit ist, sich weiter zu qualifizieren und
- der offen ist für neue Tätigkeiten.

(aus: Berufswelt 2000, Text gekürzt und leicht verändert)

Wir suchen
Konstruktionsmechaniker/in
für die Bedienung einer CNC-gesteuerten Maschine.

Wir erwarten:
sichere Beherrschung der CNC-Technik, selbstständiges Arbeiten.
Da nur Kleinserien produziert werden, muss der Bewerber/die Bewerberin sich auf neue Aufgaben einstellen können.
Wir bieten einen sicheren Arbeitsplatz, gute Entlohnung und Entfaltungsmöglichkeiten in einem aufgeschlossenen Team.

Die Arbeitswelt von heute verlangt vom Arbeitnehmer eine immer schnellere Anpassung an neue Arbeitsinhalte und Arbeitsanforderungen.
Facharbeiter/innen müssen an den computergesteuerten Maschinen wichtige Aufgaben wie Planung, Steuerung, Kontrolle und Instandhaltung selbst übernehmen. Die Bereitschaft zur eigenen Fortbildung und damit für ein lebenslanges Lernen ist eine von mehreren wichtigen Voraussetzungen.

1 **Informiere dich über die in den Stellenanzeigen genannten Berufe.**
2 **Die Arbeitswelt wird sich durch den technologischen Fortschritt immer weiter und schneller entwickeln. Welche Folgen hat dies für Arbeitnehmer?**
3 **Schlage im Wörterbuch die Fremdwörter nach und erläutere sie deinem Tischnachbarn.**
Zum Beispiel: dynamisch, Branche, Niveau, Qualifikation, ...

Um ein Interview oder eine Expertenbefragung durchzuführen, musst du dich gründlich vorbereiten.

1. Schritt: Gesprächspartner/in finden
Überlege dir, wo du einen geeigneten Gesprächspartner zu dem allgemeinen Thema finden könntest. Wenn es um Fragen der Berufsfindung oder Berufsberatung geht, bist du bei der Agentur für Arbeit gut aufgehoben. Geht es um die Arbeitslosigkeit, dann findest du dort sicher Gesprächspartner, aber es könnte auch der Arbeitslosenverein oder ein Journalist sein, der sich intensiv mit dem Thema beschäftigt.

Willst du unterschiedliche Standpunkte sammeln, dann ist es sinnvoll, verschiedene Gesprächspartner zu einem Thema zu interviewen.
In jedem Fall solltest du dich gründlich über deinen Gesprächspartner informieren, wenn das möglich ist:
In welchem Bereich ist er tätig? Welche Aufgaben hat er? Welche Stellung hat er im Betrieb? …

2. Schritt: Thema eingrenzen
Führst du ein Interview, musst du genau wissen, worüber du sprechen willst. Das bedeutet, dass du dich in diesem Bereich schon gut auskennen musst.
Geht es z. B. um die Mindestlöhne, dann musst du den aktuellen öffentlichen Diskussionsstand aus den Medien kennen, damit dich dein Gesprächspartner ernst nimmt und merkt, dass er dich nicht mit irgendwelchen „Werbesprüchen" abspeisen kann.

3. Schritt: Fragen formulieren
Überlege, welche Fragen du unbedingt beantwortet haben willst. Formuliere diese Fragen und schreibe sie dir auf. Achte dabei darauf, dass du einfache Fragen an den Anfang stellst, um dann zu den komplexeren Fragen zu kommen. Du musst dir deine Fragen gut überlegen, denn sicher hast du schon einmal Politiker gehört, die auf gestellte Fragen überhaupt nicht antworten und trotzdem gar nicht wieder aufhören zu reden. Je präziser deine Fragen sind, umso weniger gibst du deinem Gegenüber die Möglichkeit auf andere Gebiete auszuweichen.

4. Schritt: Interview durchführen
Natürlich hast du den genauen Termin abgesprochen und weißt genau, wo du den Gesprächspartner findest. Du hast Schreibzeug und deine Fragen dabei, bist angemessen gekleidet und pünktlich am vereinbarten Ort.
Zunächst stellst du dich vor und erklärst, warum du dieses Interview führen willst. Anschließend richtest du deine Fragen an deinen Gesprächspartner.
Mache dir zu allen Aussagen Notizen, damit du das Interview hinterher möglichst genau wiedergeben kannst.
Vergiss am Ende des Gesprächs nicht, dich für das Interview zu bedanken.

5. Schritt: Interview auswerten
Während des Interviews konntest du dir sicher einige Notizen machen, aber bestimmt nicht alle Eindrücke festhalten. Daher solltest du anschließend die wesentlichen Punkte in einem Protokoll zusammenfassen und dabei einen Schwerpunkt auf neue Informationen legen.
Gleichzeitig kannst du überlegen, ob du das Interview in Gesprächsform oder in einem zusammengefassten Text vorstellen willst.

Mitarbeiten ...

Herr Gabel trifft sich wie jeden Dienstagabend mit Freunden und Kollegen zum Kegeln in der „Krone". In einer Pause rückt Franz Veigel, ein Freund aus der Schulzeit, zu ihm.
Herr Veigel: Sag mal, stimmt es, was man da hört? In eurem Betrieb sollen zwölf Mitarbeiter entlassen werden.
Herr Gabel: Sei bloß ruhig! Seit wir die neue Abfüllanlage angeschafft haben, steht bei uns Rationalisierung auf der Tagesordnung. Das Lager wird ja schon total von Computern gesteuert und jetzt soll auch im Versand rationalisiert werden. Das bedeutet für zwölf Kolleginnen und Kollegen, dass sie entlassen werden. So wie es jetzt aussieht, gehöre ich dazu.
Herr Veigel: Halt mal, so einfach geht das mit der Entlassung von Mitarbeitern nicht. Da hat schließlich der Betriebsrat auch noch ein Wort mitzureden.
Herr Gabel: Was wollen die denn da noch machen, das ist doch alles eine längst beschlossene Sache.
Herr Veigel: Vor einem Jahr war bei uns in der Gießerei ein ähnlicher Fall. Durch die Anschaffung neuer Maschinen sind acht Arbeitsplätze überflüssig geworden. Sofort hat sich unser Betriebsrat eingeschaltet und im Gespräch mit der Betriebsleitung ist versucht worden, die beste Lösung für die Betroffenen zu erzielen.
Fünf Mitarbeiter haben im Betrieb andere Tätigkeiten angenommen, die restlichen drei haben eine Abfindung bekommen. Damit ist ihnen das Ausscheiden aus dem Betrieb wenigstens finanziell erleichtert worden.

Lange Zeit waren die Arbeiterinnen und Arbeiter in den Betrieben ohne jegliche Mitspracherechte. Der Unternehmer war absoluter „Herr im Haus" und bestimmte weitgehend alleine und ausschließlich nach seinen Interessen. Sehr bald regte sich gegen diese Zustände jedoch Widerstand.
Hauptsächlich Gewerkschaften setzten sich für mehr Mitsprache und Mitbestimmung der Arbeitnehmer in den Betrieben ein. Der Staat verabschiedete im Laufe der Zeit immer wieder neue und weiterreichende Gesetze zur Betriebsverfassung und zur Mitbestimmung.
Ziel all dieser gesetzlichen Bestimmungen ist es, die Voraussetzungen dafür zu schaffen, dass die Arbeitnehmer an der Gestaltung möglichst humaner Arbeitsverhältnisse beteiligt werden.

Mitbestimmung bei Kündigungen entsprechend dem Betriebsverfassungsgesetz:

§ 102 (1) Der Betriebsrat ist vor jeder Kündigung zu hören. Der Arbeitgeber hat ihm die Gründe für die Kündigung mitzuteilen. Eine ohne Anhörung des Betriebsrats ausgesprochene Kündigung ist unwirksam.

Mitglieder im Betriebsrat

Betriebsgröße	Betriebsräte
1–4	0
5–20	1
21–50	3
51–100	5
...	
3000	21
usw.	

1 Was sollte Herr Gabel in den nächsten Tagen unbedingt tun?

2 Schüler haben innerhalb der Schülervertretung auch vielerlei Rechte und lehnen dennoch oftmals eine aktive Mitarbeit ab. Sprecht darüber.

„Die Finger von den Knöpfen! Das Programm bestimme ich!"

… und mitbestimmen

Dies ist ein Teil der Themen, mit denen sich der Betriebsrat einer mittelständischen Firma im letzten halben Jahr beschäftigt hat.

Einführung eines allgemeinen Betriebsurlaubs im August

Niedriglohngruppe für Berufsanfänger

Sonderschichten für die Versandabteilung von der 48. – 51. Kalenderwoche

Schließung der Kantine
Bezug von Fertigessen aus einer Großküche

Neuregelung der Pausenordnung für den Gesamtbetrieb

Anschaffung neuer Schutzanzüge für die Montagearbeiter

Versetzung von 16 Mitarbeiterinnen und Mitarbeitern in ein 45 km entferntes Zweigwerk

Das Betriebsverfassungsgesetz legt sehr genau fest, in welcher Weise sich die Mitglieder des Betriebsrats bei bestimmten Fragen einmischen dürfen. So wird streng unterschieden zwischen
- Information des Betriebsrats,
- Mitwirkung des Betriebsrats und
- Mitbestimmung des Betriebsrats.

Auch die Themenbereiche, die dem Betriebsrat von der Firmenleitung vorgelegt werden müssen, sind im Gesetz genau aufgelistet. Natürlich können aus dem Kreis der Beschäftigten jederzeit weitere Themen bzw. Probleme dem Betriebsrat zu Gehör gebracht werden.

Betriebsräte erhalten für ihre Tätigkeit keine zusätzliche Bezahlung. Sie üben ein Ehrenamt aus, wobei sie allerdings einen besonderen Kündigungsschutz genießen.

§

Betriebsverfassungsgesetz von 1972 (Neufassung 2001); Mitbestimmungsmöglichkeiten

§ 87 Soziale Angelegenheiten
1. Fragen der Ordnung des Betriebs und des Verhaltens der Arbeitnehmer im Betrieb.
2. Beginn und Ende der täglichen Arbeitszeit einschließlich der Pausen (…).
3. Vorübergehende Verkürzung oder Verlängerung der betriebsüblichen Arbeitszeit.
5. Aufstellung allgemeiner Urlaubsgrundsätze …
7. Regelungen über die Verhütung von Arbeitsunfällen …

§ 99 Personelle Angelegenheiten
In Unternehmen mit in der Regel mehr als 20 wahlberechtigten Arbeitnehmern hat der Arbeitgeber den Betriebsrat vor jeder Einstellung, Eingruppierung, Umgruppierung, Versetzung zu unterrichten, … und die Zustimmung des Betriebsrats zu der geplanten Maßnahme einzuholen.

3 **Erkläre den Unterschied der Begriffe Information – Mitwirkung – Mitbestimmung anhand eines Beispiels aus dem Bereich Schule, Schülervertretung.**

4 **Ordne die Themen des Betriebsrats den zwei aufgeführten Paragraphen zu.**

5 **Weshalb genießen Betriebsräte einen besonderen Kündigungsschutz?**

Betriebsrat aktuell: Arbeitszeitmodell

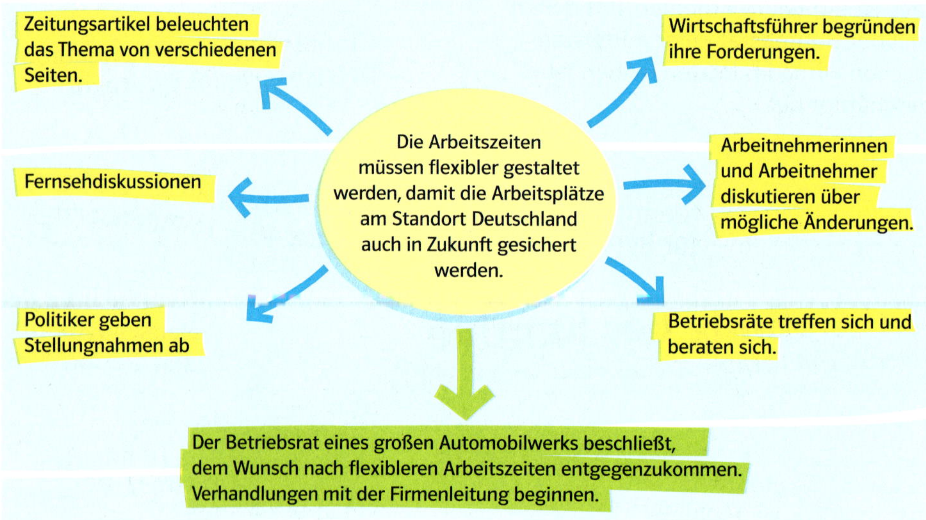

Die meisten Probleme, mit denen sich die Betriebsräte in ihren Sitzungen zu befassen haben, sind Alltagsprobleme aus dem sozialen und personellen Bereich, die vor Ort entstanden sind und gelöst werden müssen.

Immer wieder bestimmen aber auch große Themen wie „Arbeitszeitverkürzung" oder „Flexibilisierung der Arbeitszeit" die Tätigkeit der Betriebsräte im ganzen Land. Das sind Themen, zu denen es in der Öffentlichkeit zahlreiche Diskussionen und Vorschläge gibt.

flexibel: biegsam, beweglich

Dazu haben Betriebsräte und Betriebsleitungen in den letzten Jahren verschiedene Arbeitszeitmodelle ausgehandelt. Grundlage dafür sind die geltenden Tarifverträge der Arbeitgeberverbände und Gewerkschaften.

§ 7 Manteltarifvertrag des Elektrohandwerks (BW): Die tarifliche wöchentliche Arbeitszeit beträgt 37 Stunden. (Stand 1.03.2007)

Der Kerngedanke bei den meisten dieser neuen Arbeitszeitmodelle ist das sogenannte Arbeitszeitkonto. Wenn es die Auftragslage in einem Betrieb erfordert, arbeiten die Beschäftigten länger als die normale Wochenarbeitszeit. So sammeln sie Stunden auf ihrem persönlichen Arbeitszeitkonto und können dafür zu anderen Zeiten freinehmen.

Ein Beispiel:
In einer Firma haben sich Geschäftsleitung und Betriebsrat schon vor einem Jahr auf die Flexibilisierung der Arbeitszeit geeinigt. Jetzt schreiben sie die Sache fort. Von nächster Woche an beträgt die wöchentliche Arbeitsdauer 39,5 Stunden, zweieinhalb Stunden mehr als der Tarifvertrag vorsieht. Diese zweieinhalb Stunden werden auf einem individuellen Zeitkonto zwischengelagert und können stunden-, halbtage- oder tageweise abgebaut werden.
Die Unternehmensführung kann in auftragsschwachen Zeiten auf einen Abbau der Zeitkonten drängen. Läuft das Geschäft besser, kann sie auch bis zu fünf Stunden Mehrarbeit pro Woche verlangen.

1 **Informiere dich über Arbeitszeitmodelle in Betrieben deiner näheren Umgebung.**

2 **Wann wird das Arbeitszeitkonto gefüllt – wann wird es wieder geleert?**

3 **Welche Vorteile bringt ein Arbeitszeitkonto den Arbeitnehmern? Wie profitiert der Betrieb davon?**

Jugend- und Auszubildendenvertretung

> Jasmin, Vera und Paul sind Jugendvertreter in verschiedenen Betrieben. Regelmäßig treffen sie sich und reden über ihre Arbeit in der Jugend- und Auszubildendenvertretung (JAV). Gemeinsam haben sie schon so manche Lösung für Probleme gefunden, die alleine nicht lösbar schienen. Heute sind sie zusammengekommen, um die bevorstehende Neuwahl der JAV vorzubereiten. Auf großen Plakaten wollen sie einige Möglichkeiten der JAV darstellen und zur Teilnahme an der Wahl auffordern.
> Damit soll ein noch stärkeres Interesse der jungen Kolleginnen und Kollegen für die Arbeit der JAV geweckt werden.
> „Wer sich frühzeitig für die Arbeit der Jugendvertretung interessiert, der arbeitet später vielleicht auch einmal im Betriebsrat mit", meint Vera.

Eine Jugend- und Auszubildendenvertretung gibt es nur in Betrieben, in denen mindestens 5 Arbeitnehmer unter 18 Jahren bzw. Auszubildende unter 25 Jahren beschäftigt sind. Je nach Betriebsgröße werden bis zu 15 Vertreter für 2 Jahre gewählt. Die JAV arbeitet eng mit dem Betriebsrat zusammen und kann an dessen Sitzungen teilnehmen.

Betriebsverfassungsgesetz von 1972 (Neuf. 2001)

§ 70 Allgemeine Aufgaben
Die Jugend- und Auszubildendenvertretung hat folgende allgemeine Aufgaben:
1. Maßnahmen, die den jugendlichen Arbeitnehmern dienen, insbesondere in Fragen der Berufsbildung und der Übernahme in ein Arbeitsverhältnis, beim Betriebsrat zu beantragen.
2. Darüber zu wachen, dass die zugunsten der jugendlichen Arbeitnehmer geltenden Gesetze, Verordnungen, Unfallverhütungsvorschriften, Tarifverträge, … durchgeführt werden.
3. Anregungen von jugendlichen Arbeitnehmern … entgegenzunehmen und, falls sie berechtigt erscheinen, beim Betriebsrat auf eine Erledigung hinzuwirken.

Ein Fall für die JAV?

- Paul musste sein Werkstück dreimal anfertigen, weil der Meister immer wieder etwas auszusetzen hatte.
- Petra soll schon zum 3. Mal in diesem Monat für den Sohn des Abteilungsleiters ein Referat am PC schreiben.
- Klaus ist wütend, weil er bei der Arbeit nicht Musik hören darf.
- Sandra hat in der Berufsschule von einer Freundin erfahren, dass diese seit drei Wochen an einer CNC-Maschine ausgebildet wird. Obwohl es auch bei Sandra im Ausbildungsplan steht, tut sich in dieser Richtung nichts.
- Susanne macht gerade ihren Führerschein. Ihr Chef gestattet es nicht, dass sie ein paar Fahrstunden am Vormittag während der Arbeitszeit nimmt.

1 **Bei welchen dieser Probleme kann und darf die JAV helfen?**

2 **Nenne Gründe dafür, in der JAV mitzuarbeiten.**

Alles klar

1 Die Begriffe aus der Arbeitswelt haben oft unterschiedliche Bedeutungen für Arbeitnehmer und Arbeitgeber. Schreibe fünf Begriffe aus der Wörterschlange auf und mache dir Notizen zu deren Bedeutung. Erkläre sie einer Partnerin / einem Partner: einmal aus Sicht des Arbeitnehmers und dann aus Sicht des Arbeitgebers.

INTERESSENVERTRETUNGINVESTITIONEN
HÖHEREQUALITÄTDERPRODUKTELEAN
PRODUCTIONMEHRVERANTWORTUNGMIT
SPRACHERECHTKEINEZWISCHENLAGERUNG
HUMANEARBEITJUSTINTIMEKOSTEN
ERSPARNISHÖHEREPRODUKTIVITÄT
AUTOMATIONWETTBEWERBSFÄHIGKEIT
TERMINGERECHTESARBEITENARBEITS
PLATZVERLUSTUMSCHULUNGRATIONALI
SIERUNGTEAMARBEITBETRIEBSRATFORT
BILDUNG

2 In den beiden Karikaturen werden unterschiedliche Sichtweisen zum Einsatz von Computern und Robotern dargestellt. Erkläre diese mithilfe folgender Stichworte: Erleichterung, Arbeitsplatzverlust, Hilfe, Abhängigkeit, Sorge.

3 Beschreibe die Aufgaben der Arbeitsagentur
- für Auszubildende,
- für Arbeitslose,
- für Arbeitgeber.

Bundesagentur für Arbeit

Produktion und Entlohnung

- Arbeit und Lohn
- Unternehmen und Gewinn
- Entlohnung verändert sich

Immer wieder ... Arbeit

Seit es Menschen gibt, gibt es Arbeit. Heute ist hauptsächlich das Leben der Erwachsenen geprägt von einer Tätigkeit, die auf ein wirtschaftliches Ziel gerichtet ist. Arbeit wird geleistet, damit Güter oder Dienstleistungen für den Verkauf und anschließenden Verbrauch produziert werden.

„Arbeit gibt uns mehr als den Lebensunterhalt; sie gibt uns das Leben." Henry Ford

Oft strengt Arbeit an, verursacht manchmal Schmerzen und kann sogar krank machen. Auf der anderen Seite erlangen wir aber auch Anerkennung, Freude und Lohn durch Arbeit.

In der Regel leisten wir heutzutage Arbeit in einem bestimmten Beruf. Auch in der Freizeit erledigen Menschen die verschiedensten Arbeiten, die aber nicht bezahlt werden.

Früher war das ganze Leben der Menschen von Arbeit ausgefüllt und geprägt. Es gab keine Abwechslung wie Freizeit oder gar Urlaub.

Verschiedenste Hilfsmittel haben die Arbeit im Laufe der Geschichte sehr erleichtert. Durch den Einsatz von Maschinen ist für viele Menschen in Industrieländern die Arbeitszeit im Verhältnis zur Freizeit deutlich zurückgegangen.

In den Entwicklungsländern sind die Menschen jedoch auch heute noch fast ausschließlich mit der täglichen Arbeit ausgelastet.

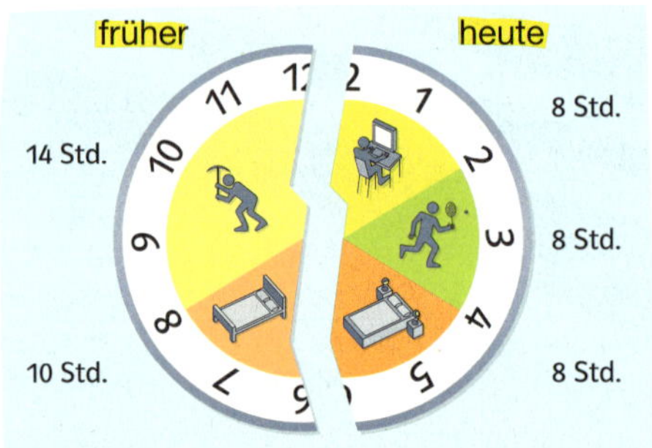

> Herr Lowin arbeitet in einer großen Gärtnerei mit acht weiteren Kollegen zusammen. „Mir hat es schon immer gefallen, mit anderen zusammen etwas zu gestalten." Der Betrieb, in dem Herr Lowin arbeitet, ist auf die Aufzucht von Rosen spezialisiert. Obwohl man auch hier schon eine Menge technische Hilfsmittel einsetzt, ist doch ein Großteil der Arbeit reine Handarbeit. Die Pflanzen müssen immer wieder beschnitten, umgesetzt, gespritzt und vereinzelt werden, bevor sie dann für den Verkauf endgültig zugeschnitten werden. „Für die meisten Pflegearbeiten gibt es noch keine Maschinen", stellt Herr Lowin fest.

> Seit drei Wochen arbeitet Herr Ammon im Fertigungszentrum „CTL".

Diese Neuanschaffung des Betriebs besteht aus mehreren computergesteuerten Maschinen, die aufeinander abgestimmt sind. Herr Ammon ist sehr stolz, dass er diese hochmoderne Anlage bedienen darf: „Über 40 verschiedene Werkzeuge suchen sich die Automaten selbstständig aus dem Magazin. Ist der Arbeitsvorgang erst einmal einprogrammiert, dann sind nur noch gelegentliche Kontrollen notwendig. Fehler kommen hier kaum noch vor."

Lohnkosten pro Stunde in der verarbeitenden Industrie 2006
Deutschland: 32,03 €
Großbritannien: 26,32 €
Portugal: 8,81 €

Eine Produktionsweise, bei der viele Arbeitskräfte eingesetzt werden, wird als **arbeitsintensiv** bezeichnet.
Ein Betrieb, der so verfährt, hat einen hohen **Lohnkostenanteil** zu verkraften. Bei bestimmten Tätigkeiten lässt sich dies jedoch nicht vermeiden. Gerade da, wo hochwertige oder künstlerisch gestaltete Produkte hergestellt werden, ist auch heute noch der Einsatz menschlicher Arbeitskraft gefragt.
Um Kosten zu sparen, lassen viele Hersteller im Ausland produzieren, weil dort oft die Lohnkosten niedriger sind.

Viele Industriebetriebe versuchen in den letzten Jahren verstärkt mit immer weniger Personal auszukommen. Hier wird viel Geld (Kapital) für Maschinen, Roboter, computergesteuerte Fertigungszentren usw. ausgegeben. Diese übernehmen immer mehr Arbeiten, die früher Menschen ausgeführt haben.
Solche Betriebe arbeiten **kapitalintensiv**.
Ein großer Anteil von gefährlichen und gesundheitsschädlichen Arbeiten wird inzwischen von Robotern ausgeführt. Viele Menschen haben dadurch ihre alte Arbeit verloren, andere haben jedoch auch ganz neue Arbeitsplätze gefunden.

Software-entwickler/in

CAD-Fachkraft

Netzwerk-administrator/in

1 **Hausfrauen und Hausmänner haben viel Arbeit. Diese wird aber nicht als Beruf anerkannt. Sprecht darüber.**

2 **In welchen Bereichen wird auch heute noch überwiegend arbeitsintensiv produziert?**

3 **Stelle Vorteile und Nachteile der kapitalintensiven Produktionsweise in einer Tabelle gegenüber.**

Waren und Dienstleistungen

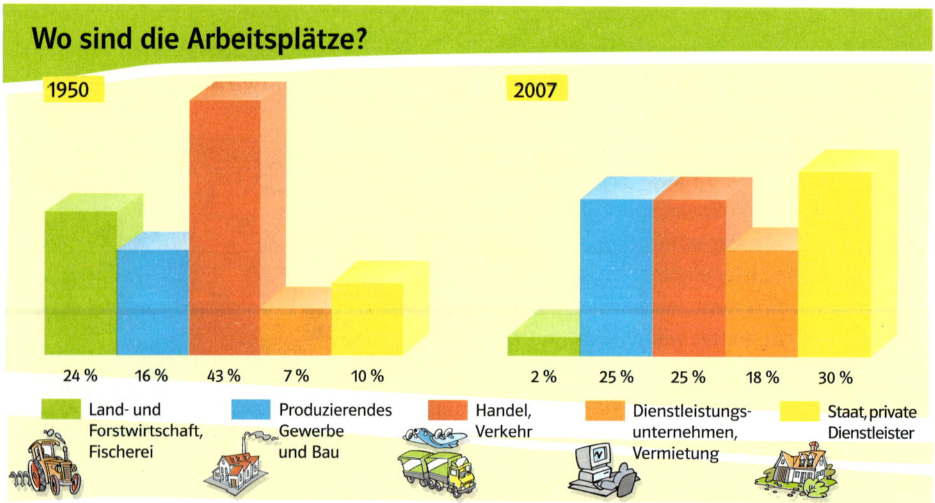

Nimmt man alle in Deutschland hergestellten Güter, dann werden dabei zwei Bereiche unterschieden:
Waren und Dienstleistungen.

Fahrräder, Energiesparlampen, Bleistifte, Schokolade, Windeln usw. sind Waren, die seit Jahrzehnten immer wieder von Neuem hergestellt werden. Eine industrielle Warenproduktion findet in Deutschland seit über 150 Jahren statt.

Dienstleistungen hat es in der Vergangenheit auch schon gegeben: Banken haben ihre Geldgeschäfte gemacht, Eisen- und Straßenbahnen fahren seit über 100 Jahren, Ärzte, Lehrer oder Hauspersonal gibt es noch länger.

Von einer Dienstleistungsgesellschaft wird in Deutschland jedoch erst seit den 70er Jahren des vergangenen Jahrhunderts gesprochen.

Die Anzahl der Beschäftigten im Dienstleistungsgewerbe ist inzwischen auf ca. 70 % der Gesamtbeschäftigten gestiegen. Immer weniger Arbeitnehmer produzieren Güter im gewerblichen Bereich.

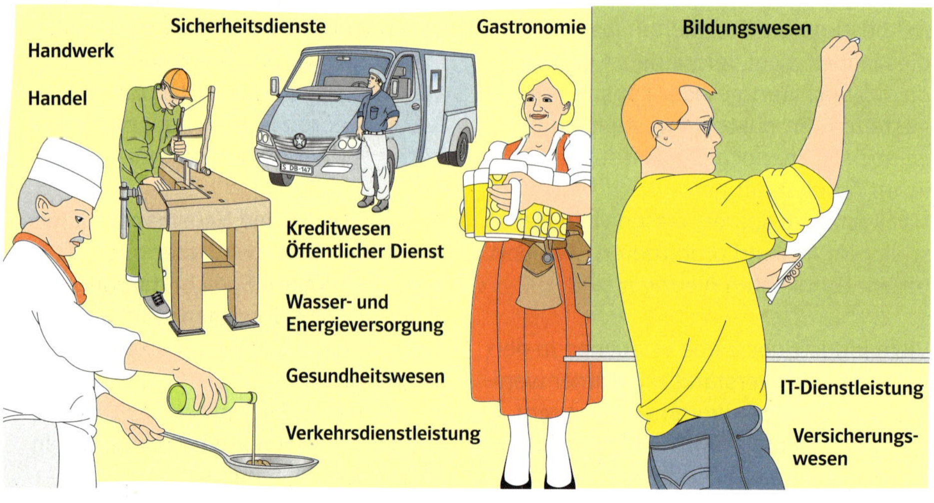

Methode: Fallbeispiel

Gerade im Bereich der Wirtschaft gibt es viele Themen, die sehr trocken und nicht unbedingt leicht verständlich sind. Was sollen wohl Begriffe wie Strukturwandel, Arbeitslosigkeit oder Dienstleistungsgesellschaft bedeuten?
Was bedeuten solche Schlagworte für die Menschen? Nicht jeder lebt in einer Region, in der das aktuelle Themen sind. Trotzdem ist es wichtig, sich damit zu beschäftigen, weil in einer globalisierten Welt jeder davon betroffen sein kann. Mit einem Fallbeispiel kannst du viele Dinge veranschaulichen.

Der dritte schwere Schlag

Gregor Drewes wirft so schnell nichts um, dafür hat der Mann schon zu viel erlebt. Aber jetzt wirkt er angeschlagen. „Ich bin schockiert“, sagt der 39-Jährige, der mit Frau Gabi und Sohn Jan Luka in Rheinberg in einem kleinen Mietshaus wohnt. Drewes ist einer jener 2300 Nokia-Mitarbeiter, denen die Arbeitslosigkeit droht. Für ihn ist das bereits der dritte Schicksalsschlag dieser Art:
Drewes war bei Krupp in Rheinhausen, bis das Stahlwerk 1993 schloss. Damals hieß es: ein Jahr Fortbildung, um sich für einen neuen Job zu qualifizieren. Als die Handybranche zu boomen begann, bewarb er sich im Siemens-Handywerk Kamp-Lintfort. Bis 2006 war er bei Siemens / BenQ beschäftigt – ehe er plötzlich und unverschuldet auf der Straße stand. Drewes wurde in eine Transfergesellschaft aufgenommen, machte ein Bewerbungstraining mit, trat drei-, viermal zu Probearbeiten bei Elektronik-Firmen an. Doch für ihn war nicht das Richtige dabei. Dann ein Silberstreif am Horizont: Ein Kollege ruft bei Drewes an und sagt ihm, Nokia in Bochum würde Leute suchen. „Ich bewarb mich sofort und bekam die Stelle. Das war wie ein Lottogewinn – endlich wieder geregelte Arbeit. Ich hab die 70 Kilometer bis nach Bochum in Kauf genommen.“ Und jetzt das Ende.
Drewes’ Frau Gabi (38) arbeitet zurzeit halbtags. „Wenn ich meinen Job verliere, dann muss sie wohl auf Vollzeit gehen“, fürchtet er. „Unser Sohn Jan Luka versteht das Ganze nicht.“ Als erste Maßnahme haben die Rheinberger erst einmal den Urlaub eingefroren. Was sich alles noch ergeben wird, müsse man sehen.

NRZ, 17.01.2008, Heinz-Leo Gardenier (Text gekürzt)

Die folgenden Schritte können dir helfen, ein Fallbeispiel zu erarbeiten.

1. Schritt: Thema wählen
Wähle ein Thema und mache dich mit den sachlichen Problemen und Hintergründen vertraut. Kläre alle offenen Fragen.

2. Schritt: Auswirkungen des Themas auf die Betroffenen überlegen
Überlege dir, wen dieses Thema eigentlich persönlich berührt. Ist das nur ein kleiner Kreis von Spezialisten oder sind z. B. viele Arbeitnehmer davon betroffen? Wie nehmen die Betroffenen wohl das Problem wahr?
Wie wirkt sich das Thema auf die Lebenssituation der Betroffenen aus?

3. Schritt: Informationen beschaffen
Suche in Zeitungen, im Fernsehen oder im Internet möglichst viele Berichte und Interviews, die sich mit dem Thema nicht nur theoretisch beschäftigen, sondern die einen Einblick in die Lebenssituation der Menschen ermöglichen.

Du kannst auch selbst Interviews durchführen, wenn du betroffene Personen ausfindig machen kannst.

4. Schritt: Informationen anschaulich darstellen
Nachdem du Hintergrundinformationen und persönliche Aussagen gesammelt hast, musst du sie so verbinden, dass aus der Kombination deutlich wird, welche Auswirkungen sachliche Fakten auf die betroffenen Menschen haben.

Die Aussage, dass z. B. eine Fabrik geschlossen wird, kann bedeuten, dass daneben eine neue entsteht, mit noch mehr Arbeitsplätzen.
Sie kann aber auch bedeuten, dass Arbeitsplätze wegfallen und dass deshalb die Menschen ihre Miete nicht mehr bezahlen oder sich keine Urlaubsreise mehr leisten können.

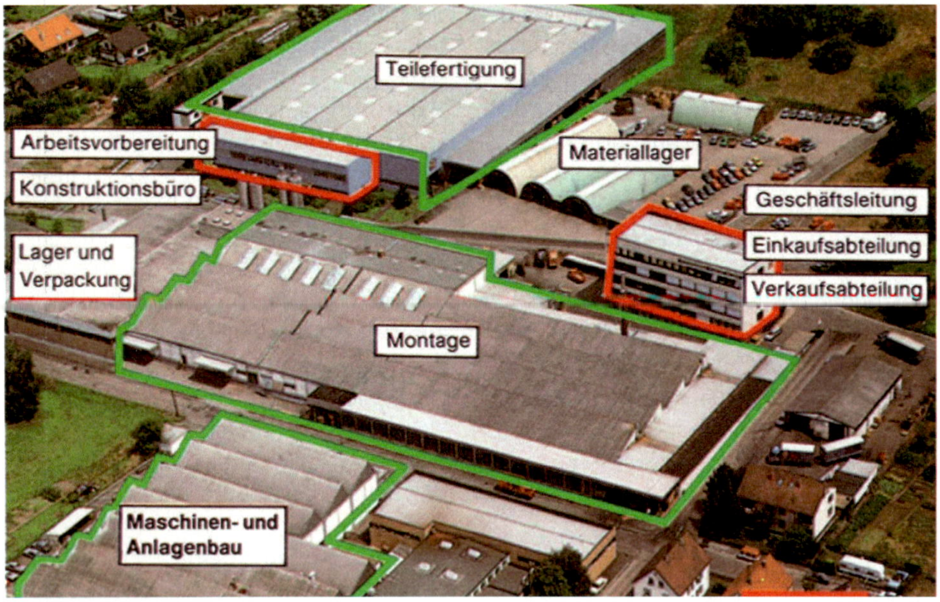

Viele Betriebe sind nicht aus einer Planung heraus entstanden. Sie sind über Jahre, teilweise über Jahrzehnte erweitert und umgestaltet worden.
Das hat dazu geführt, dass einzelne Abteilungen räumlich weit auseinander liegen. Solche Betriebe haben deshalb oft Schwierigkeiten, den Produktionsprozess optimal zu gestalten. Viel Zeit bleibt regelrecht auf der Strecke, bis alle wichtigen Entscheidungen getroffen sind.

Auch für Städte und Gemeinden bringen solche Betriebe heute eine Reihe von Problemen mit, denn meist liegen die Fabrikanlagen innerhalb des Ortszentrums :

- Ein starker Lkw-Güterverkehr stellt häufig eine Gefährdung und Belästigung der Anwohner dar.
- Produktionslärm kann zur Störung der Menschen in der Nachbarschaft führen.
- Ältere Anlagen können oft nicht umgerüstet werden, um die neuesten Umweltschutzbestimmungen zu erfüllen.
- Fabrikgebäude passen heutzutage nicht mehr in ein Stadtbild.

Schon seit vielen Jahren planen Städte und Gemeinden Industriegebiete außerhalb der bewohnten Gebiete. Diese Industrie- oder Gewerbegebiete auf der „grünen Wiese" bringen Vorteile für die Unternehmen und die Städte oder Gemeinden selbst.

Vorteile für die Unternehmen:

- Neue Betriebsanlagen können so geplant und angelegt werden, dass ein reibungsloser Ablauf der gesamten Produktion gewährleistet ist.
- Oft siedeln sich Zulieferer in der Nähe eines bestimmten Betriebes an, um weite Transportwege zu vermeiden.

Die Vorteile für die Städte und Gemeinden liegen ebenso auf der Hand:

- Straßen und auch Schienenanschlüsse können so angelegt werden, dass von vornherein größere Verkehrsprobleme vermieden werden.
- Wasser- und Abwasserkanäle können speziell für die Bedürfnisse der Gewerbebetriebe geplant werden.
- Die Verkehrsanbindung an Fernstraßen bzw. Autobahnen kann sichergestellt werden.

Unternehmen wurden früher nach einem strengen Aufbau von „oben" nach „unten" geführt. Oben saß der Inhaber eines Unternehmens selbst, manchmal lenkte ein Geschäftsführer den Betrieb. Meist teilten sich diese Arbeit ein kaufmännischer und ein technischer Geschäftsführer. Unten fand die eigentliche Produktion statt und dazwischen gab es eine große Anzahl von Büroangestellten für die verschiedensten Tätigkeiten (Einkauf, Verkauf, Werbung, Buchhaltung usw).

Dieser strenge Betriebsaufbau brachte mit den Jahren eine Reihe von Nachteilen mit sich:
- Wichtige Entscheidungen haben lange gedauert, weil zu viele Stellen immer erst nacheinander gefragt wurden.
- Das Verantwortungsbewusstsein der unteren Bereiche war nicht sehr groß.
- Fehler sind von einer Abteilung auf die andere geschoben worden.
- Die Leistungskraft vieler Betriebe wurde im Vergleich zur internationalen Konkurrenz immer geringer.

> „Seit 5 Jahren läuft bei uns alles ganz anders", berichtet Herr Kunz, Produktionsleiter in einer Textilfabrik. „Zuerst haben wir alle Schwachstellen in unserem Betrieb untersucht, von der Spitze bis ganz unten. Jeder war aufgerufen, Vorschläge einzubringen, die alle ernst genommen wurden. Ziel war es, die Mitarbeiter stärker in die Verantwortung für den Gesamtbetrieb einzubeziehen. Jeder Einzelne sollte Interesse daran haben, dass es dem Betrieb wirtschaftlich gut geht.
> Ein Großteil der Arbeit wird jetzt in Gruppen geleistet. Das macht auf der einen Seite mehr Spaß, bedeutet aber auch: Nur wenn die ganze Gruppe gut ist, ist die geleistete Arbeit gut.
> Da wir jetzt vor Ort, also in der Produktion, viel mehr selbst entscheiden können, sind einige Stellen in der Verwaltung frei geworden. Nach 5 Jahren sind wir so weit, dass wir weniger Fehler in der Produktion machen und dass unsere Produkte wegen ihrer höheren Qualität einen guten Absatz erzielen."

„Wenn ein Fehler, der am Anfang gemacht wird, beseitigt wird, kostet das einen Euro, wird er erst am Ende der Montage beseitigt, kostet das vielleicht 300 Euro."

Traditioneller Unternehmensaufbau

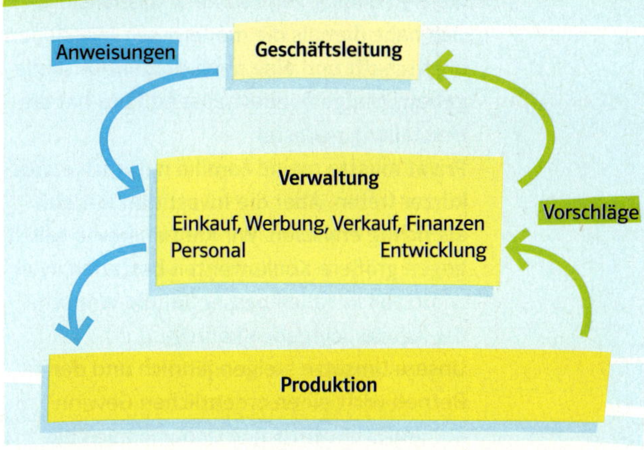

Moderner Unternehmensaufbau

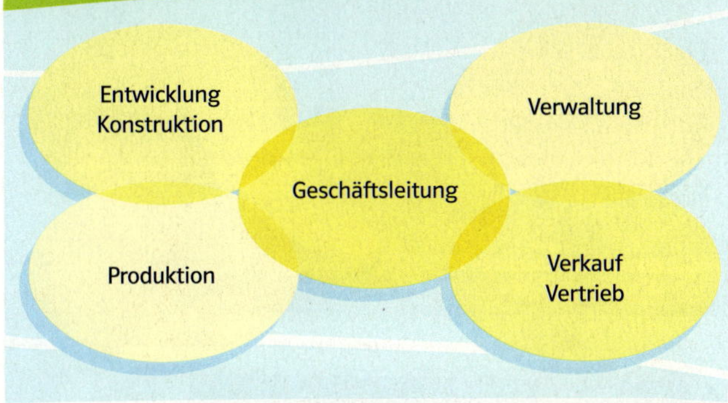

1 Welche Veränderungen innerhalb seines Betriebs zählt Herr Kunz auf?
2 Fasse die Vor- und Nachteile der Gruppenarbeit zusammen.
3 Welche Unternehmensziele hat das Textilwerk erreicht?
4 Schaut in eurer Gemeinde nach Betrieben im Ort und solchen in speziellen Industriegebieten.
Welche Unterschiede fallen euch auf?
5 Kannst du eine Schule als Betrieb darstellen? Wie könnte das aussehen?

Selbstständig und erfolgreich?

> Roland und Paul sind zusammen in die Schule gegangen. Sie haben sich in den letzten Jahren nicht oft gesehen und deshalb ist Paul natürlich sehr überrascht, als er von Roland erfährt, dass dieser sein „eigener Chef“ ist.

Roland: Vor 6 Wochen habe ich mich selbstständig gemacht. In der Fußgängerzone konnte ich zu einem Superpreis eine Videothek übernehmen.
Paul: Woher hast du denn das Geld?
Roland: Das ist kein Problem gewesen. Ich habe einen Kredit bei einer Bank aufgenommen und dann sind ja auch noch meine Eltern da, die recht großzügig waren.
Paul: Und wie läuft das Geschäft?
Roland: Hervorragend! Jeden Abend habe ich eine volle Kasse. Ich hab' mir gleich einen tollen Wagen gekauft, denn man kann als Selbstständiger schließlich nicht mit einem Kleinwagen daherkommen. Ich kann dir nur empfehlen: Mach dich auch selbstständig und du bist ein anderer Mensch!

> Herr Moser ist schon seit 20 Jahren selbstständiger Schreinermeister. Zurzeit beschäftigt er in seinem Betrieb 3 Gesellen und 2 Auszubildende. Vor 9 Jahren hat er sich auf die Herstellung von Fenstern spezialisiert. „Ich habe damals die modernsten Maschinen angeschafft und eine neue Produktionshalle gebaut. Einige hunderttausend Euro hat die Umstellung gekostet.
Privat musste meine Familie natürlich etwas kürzer treten. Aber die Investition hat sich als richtig erwiesen. Wir können heute selbst gegen größere Konkurrenten bestehen, weil wir in vielen Fällen besser auf die Wünsche der Kunden eingehen können.
Unsere Umsätze steigen jährlich und der Betrieb wirft einen ordentlichen Gewinn ab. Und schließlich sind dadurch auch die Arbeitsplätze der Mitarbeiter sicherer geworden.“

1 Ist Roland wirklich ein so guter Geschäftsmann, wie er Paul erzählt?

2 Wie sorgt Herr Moser dafür, dass es ihm und seinen Mitarbeitern gut geht?

> Dominik Möbius ist 15 Jahre alt und kann es bald nicht mehr hören:
„Na, du hast es gut, du übernimmst sowieso mal den Betrieb deines Vaters!" „Erstens", entgegnet er solchen Äußerungen immer, „ist mein Vater mit seinen 43 Jahren ja noch nicht im Rentenalter! Außerdem steht doch heute noch nicht fest, ob ich in 15 Jahren einmal den Betrieb meiner Familie leiten werde!"
Dominik weiß sehr genau, dass er erst eine solide kaufmännische Ausbildung durchlaufen muss. Danach will er, wie schon sein Vater, in einem fremden Betrieb dazulernen. Wenn er dies alles erfolgreich abgeschlossen hat, dann kann er im Betrieb seiner Familie anfangen. Voraussetzung dafür ist jedoch auch, dass der Betrieb dann immer noch genau so wie heute den Wettbewerb am Markt bestehen kann.

In die Selbstständigkeit wächst so mancher Jungunternehmer erst allmählich hinein!

Neben den Großbetrieben der Industrie gibt es in Deutschland einen so genannten Mittelstand. Dabei handelt es sich um kleinere und mittlere Betriebe, oftmals Familienbetriebe.
Man zählt in Deutschland rund 2,9 Mio. Betriebe mit ca. 20 Mio. Beschäftigten. Diese Betriebe reichen vom kleineren Handwerksbetrieb über verschiedenste Dienstleistungsbetriebe bis hin zu Industriebetrieben.

Oft sind die mittelständischen Unternehmen Zulieferer für größere Industriebetriebe. Sie sind dann auf die Herstellung bestimmter Teile spezialisiert und können außerdem Sonderwünsche eines Kunden viel schneller erledigen.

Der Mittelstand wird oft als das Rückgrat der Wirtschaft bezeichnet und sorgt oft für die Ausbildungsplätze in der Region.

3 Auf welche Schwierigkeiten weisen die Karikatur und der Text hin?

4 Weshalb hat der Mittelstand eine so große Bedeutung in der deutschen Wirtschaft?

Was ist Gewinn?

Jeder Betrieb und jeder Unternehmer haben ein Ziel: Gewinn erwirtschaften. Waren und Dienstleistungen werden nach Möglichkeit so produziert und verkauft, dass dem Unternehmen nach Abzug aller Kosten noch ein Gewinn übrig bleibt.

Dieser Gewinn wird in der Regel am Ende eines Geschäftsjahres genau errechnet. Über die Verwendung des Gewinns entscheidet der Eigentümer eines Unternehmens.

Meist wird ein Teil des Gewinns für Erneuerungen oder Erweiterungen im Betrieb verwendet (Investition).
Ein anderer Teil kann als Rücklage für später auf die Seite gelegt werden. Einen weiteren Teil des Gewinns entnimmt der Geschäftsinhaber für den Privatverbrauch. In größeren Betrieben wird er an die Teilhaber ausgeschüttet (Gewinnausschüttung).

Wie viel nun vom Gewinn ausbezahlt, zurückgelegt oder in den Betrieb investiert wird, das hängt von der Höhe des Gewinns und von der wirtschaftlichen Situation ab, in der sich ein Unternehmen befindet.

Erlös
– Lohnkosten
– Materialkosten
– sonstige Kosten
= Bruttogewinn
– Steuern
= Nettogewinn
↓
Privatverbrauch
Investition
Rücklage
Ausschüttung

1 **Was bedeutet das jeweilige Ergebnis für ein Unternehmen?**
Erlös < Kosten
Erlös = Kosten
Erlös > Kosten

2 **Nenne drei Beispiele für mögliche Investitionen in einem Betrieb aus deiner Umgebung.**

Ziele und Pflichten

Unternehmer haben zuerst einmal das Ziel, ihren Betrieb so zu führen, dass kostengünstig produziert und mit Gewinn verkauft wird.
Damit nützen sie ihrem Unternehmen und erfüllen zugleich für die Allgemeinheit eine wichtige Aufgabe:
Sie stellen Waren und Dienstleistungen zum Kauf und Verbrauch bereit.
Neben diesem obersten Unternehmensziel bestehen jedoch noch eine Reihe zusätzlicher Verpflichtungen, die teils gesetzlich geregelt sind, teils zwischen Arbeitgeber- und Arbeitnehmerverbänden frei vereinbart worden sind. Davon sind die Betriebsangehörigen, in zunehmendem Maße aber auch die Gesellschaft insgesamt betroffen.

Unternehmen sind also Bestandteil der Gesellschaft und müssen deshalb auch gewisse soziale Verpflichtungen erfüllen. Dies wird in Gesetzen des Staates von ihnen verlangt. Außerdem haben sie sich in einer Vielzahl von betrieblichen Abmachungen dazu bereit erklärt.

Gerät ein Unternehmen in größere Schwierigkeiten, dann muss auf der anderen Seite die Allgemeinheit oft genug hohe Kosten übernehmen.
Steuererleichterungen, zinsgünstige Kredite, Subventionen verschiedenster Art und Sozialleistungen gehören zu den Maßnahmen des Staates und der Gemeinden, wenn seitens der Wirtschaft um Hilfe gerufen wird.

Subvention: **finanzielle Hilfe des Staates**

Beteiligung an den Sozialversicherungsbeiträgen

Rentensicherung

Kündigungsschutz

Lohnfortzahlung bei Krankheit

Aus- und Weiterbildungsmaßnahmen

Arbeitszeitregelungen

Umweltschutzmaßnahmen

Vollbeschäftigung

Je nach Wetterlage

1 **Unternehmen und Gemeinde leben von guter Zusammenarbeit. Nenne Beispiele dafür.**
2 **Erkundigt euch bei eurer Gemeinde, wie dort versucht wird, Handwerks- oder Industriebetriebe anzusiedeln.**
3 **Was will die Karikatur ausdrücken?**
4 **Welche Auswirkungen kann die Verringerung der Arbeitszeit haben?**
5 **Umweltschutzmaßnahmen kosten heute Geld, zahlen sich aber in der Zukunft aus. Erkläre diese Feststellung.**

Gerechter Lohn?

Die Forderung nach gerechtem Lohn ist so alt wie es Arbeit und Lohn gibt. Als in Deutschland vor rund 130 Jahren die ersten großen Industriebetriebe entstanden, bekamen die Arbeiter gerade so viel Lohn, dass sie davon leben konnten. Frauen und Kinder mussten bis zu 14 Stunden pro Tag mitarbeiten, damit eine Familie überleben konnte. Manche Fabrikbesitzer nutzten in dieser Zeit Arbeitskräfte rücksichtslos zu ihrem Vorteil aus.
Viele Arbeiter schlossen sich sogenannten Arbeiterbildungsvereinen an, die sich um die Interessen der völlig rechtlosen Arbeiter kümmerten.
Später bildeten sich aus diesen Vereinen Gewerkschaften, und dies waren damals deren Hauptforderungen:

- kürzere Arbeitszeit
- Verbot von Kinderarbeit
- Absicherung der Arbeiter bei Krankheit und Unfällen
- Bildung und Ausbildung für alle

Demonstrationen, Streiks und andere Arbeitskämpfe häuften sich. Im Laufe der Zeit erfüllten dann Unternehmer viele Forderungen der Arbeiter. Zusätzlich hat es vonseiten des Staates nach und nach Gesetze zum Schutz der Arbeitnehmer gegeben.

1839: Einschränkung der Kinderarbeit im ganzen Deutschen Reich
1871: Haftpflichtversicherung für bestimmte Industriebetriebe
1873: 1. Tarifvertrag (Buchdrucker-Tarifvertrag)
1883: Krankenversicherung
1889: Rentenversicherung
1918: Anerkennung der Gewerkschaften als Arbeitnehmervertretung

Tarif (arabisch): Preis- bzw. Lohnstaffel, auch Gebührenordnung

Heute regeln Arbeitgeberverbände und Gewerkschaften in Tarifverhandlungen alle Probleme, die mit Lohn und Arbeitszeit, Arbeitszeitkonten, Urlaub und sicheren Arbeitsplätzen zu tun haben.
Die Arbeitnehmervertretung konnte im Laufe der Jahrzehnte viele Dinge zum Positiven verändern.
Manche Regelungen, wie z. B. der Unfallschutz oder der Jugendarbeitsschutz, sind vom Staat gesetzlich festgeschrieben.

1 **Welche Möglichkeiten hatten damals die Arbeiter, ihre Lebenssituation zu verbessern?**

2 **Unternehmer und Gewerkschaften werden häufig als „Sozialpartner" bezeichnet. Erkläre diesen Begriff.**

> Frau Reuter arbeitet als Rechtsanwaltsgehilfin in einer großen Anwaltskanzlei. Seit über 10 Jahren ist sie in diesem Büro tätig und genießt das volle Vertrauen ihres Chefs. Sie arbeitet in vielen Bereichen selbstständig und kann sich sogar ihre Arbeitszeit weitgehend selbst einteilen.
Die Arbeitszeit von Frau Reuter schwankt oft. Manchmal kommt sie abends erst gegen 20 Uhr nach Hause, dafür hat sie an anderen Tagen früher Feierabend.
Frau Reuter erhält für ihre Tätigkeit ein festes Monatsgehalt.
Ihr Mann ist als Holzbearbeitungsmechaniker in einem großen Sägewerk beschäftigt. Seine Arbeitszeit beträgt seit einem halben Jahr 36,5 Std. pro Woche. Für die geleistete Zeit erhält er Stundenlohn.

> Herr Giesen ist Fliesenleger und erhält pro Stunde 15,50 € tariflichen Mindestlohn. In der Regel schafft er es, gut 2 m^2 Fliesen in einer Stunde zu verlegen.
Auf der Baustelle im Neubaugebiet soll er im Auftrag seines Chefs in vier gleichen Reihenhäusern die Küchen und Bäder fliesen. Dort wird er nicht pro Stunde bezahlt, sondern nach der Arbeitsmenge.
Er erhält pro verlegtem m^2 Fliesen 10,00 €.
Herr Giesen freut sich über diesen Auftrag, denn er rechnet sich aus, dass er im Neubau mindestens 2,5 m^2 Fliesen pro Stunde verlegen kann, denn die Räume sind in allen vier Häusern gleich.

> Herr Schönfeld ist Versicherungskaufmann. 2 Jahre hat er in der Verwaltung einer großen Versicherungsgesellschaft gearbeitet. Doch seit 4 Jahren ist er im Außendienst tätig. Er wollte einfach nicht mehr nur am Schreibtisch sitzen, der direkte Umgang mit den Menschen hat ihn sehr gereizt.
Es macht ihm auch nichts aus, dass er nun oft am Abend noch unterwegs ist, denn dafür kann er sich seine Arbeitszeit frei einteilen.

Herr Schönfeld erhält von der Versicherungsgesellschaft ein Grundgehalt, dazu für jeden abgeschlossenen Vertrag eine Prämie.
So kann er selbst über die Anzahl der Vertragsabschlüsse beeinflussen, ob er ein hohes oder ein niedriges Monatseinkommen erzielt.

Es gibt viele Formen, wie Arbeitnehmer für ihre jeweilige Arbeit entlohnt werden.

Zeitlohn: Die Beschäftigten erhalten für die geleistete Arbeitszeit einen vorher vereinbarten Stundenlohn oder ein festes Monatsgehalt.
Prämienlohn: Dies ist ein Zusatzlohn auf einen festen Grundlohn, der nur bei besonders erfolgreicher Arbeit ausbezahlt wird.

Akkordlohn: Bezahlt wird die erbrachte Arbeitsmenge. Es gibt Einzelakkord, wobei der einzelne Arbeitnehmer durch die erbrachte Arbeitsmenge seine Bezahlung bestimmt.
Beim Gruppenakkord ist die gesamte Gruppe für die Leistung und damit für die Lohnhöhe verantwortlich.

3 Stelle die Vor- und Nachteile der einzelnen Lohnformen gegenüber.

Der große Unterschied

Kinderpflegerin
Wem die Arbeit mit Kindern Spaß macht, der findet hier eine befriedigende Beschäftigung. In Kindergärten, Krankenhäusern oder auch in einer Familie liegt das Einsatzgebiet.
Die Kinderpflegerin unterstützt die Arbeit der Erzieherin und hilft bei Erziehung und Pflege.
Mit dem Hauptschulabschluss und 2- bis 3-jähriger Berufsfachschule sind die Voraussetzungen erfüllt.
Verdienst: 1575 – 1995 €

Produktionsmechanikerin – Textil
In der Weberei oder Spinnerei arbeitet die Produktionsmechanikerin. Schon nach 2-jähriger Ausbildung überwacht und kontrolliert sie eine ganze Anzahl computergesteuerter Maschinen. Fehler im Betrieb müssen schnell erkannt und behoben werden. Schichtarbeit ist hier nicht ungewöhnlich. Die Aufstiegsmöglichkeit zur Industriemeisterin besteht.
Verdienst: 1650 – 2500 €

Koch
Nach 3-jähriger Ausbildungszeit ist es so weit: Köche verrichten alle Arbeiten, die in der modernen Küche anstehen. Wechselnde Arbeitszeiten sind an der Tagesordnung.
Wer sich jedoch für das Besondere interessiert, der kommt um Auslandserfahrung nicht herum. Französische Sprachkenntnisse sind vorteilhaft. Spezielle Einsatzbereiche: Krankenhäuser, Kantinen, auf Schiffen.
Verdienst: 1200 – 3 500 €

Diplom-Informatiker
Arbeitsmöglichkeiten gibt es in allen Bereichen, wo elektronische Datenverarbeitung zum Einsatz kommt. Sehr gute Kenntnisse in Mathematik gelten als selbstverständlich. Das Studium an der Hochschule dauert rund 8 Semester. Weiterbildung der Mitarbeiter gehört neben der wissenschaftlichen Arbeit zu den Tätigkeiten des Diplom-Informatikers.
Verdienst: 2500 – 6 000 €

Es ist kein Zufall, dass man in verschiedenen Berufen unterschiedliche Monatseinkommen erhält. Das liegt vielmehr daran, dass es Lohn- und Gehaltsgruppen gibt, nach denen Arbeitnehmer bezahlt werden.

Arbeitgeberverbände und Gewerkschaften haben in Tarifverhandlungen diese Lohn- und Gehaltsgruppen festgelegt.

Je höher die Lohn- oder Gehaltsgruppe ist, in die jemand eingestuft wird, umso höher ist auch der Stundenlohn oder das Monatsgehalt.

Eine Reihe von Punkten ist bei dieser Eingruppierung ausschlaggebend:
- Schulabschluss, Ausbildung
- Berufserfahrung, Fachkenntnisse
- Verantwortungsbereitschaft
- Dauer der Betriebszugehörigkeit
- Leistungswille
- Tätigkeitsbereich
- Belastungen am Arbeitsplatz (Schmutz, Lärm, körperliche Anstrengung, Unfallgefahr, Stress usw.)

In regelmäßigen Abständen werden alle Tätigkeiten an den einzelnen Arbeitsplätzen neu beobachtet, genau beschrieben und bewertet. Dies kann zu einer Neueinstufung in eine andere Lohngruppe führen.

Lohngruppe 1
Arbeiten einfachster Art, die ohne vorherige Arbeitskenntnisse und ohne jegliche Ausbildung nach kurzer einmaliger Anweisung sofort ausgeführt werden können.

Lohngruppe 5
Arbeiten, die eine Anlernzeit bis zu 2 Monaten erfordern.

Lohngruppe 7
Arbeiten, die in bezug auf das fachliche Können einen Ausbildungsstand erfordern, wie er entweder durch eine fachentsprechende Berufsausbildung oder durch eine Anlernausbildung und zusätzliche Berufserfahrung erzielt wird.

Lohngruppe 10
Arbeiten, die außer Berufskenntnissen und einer mehrjährigen Berufserfahrung ein hohes fachliches Können voraussetzen.

aus einem Lohn- und Gehaltsrahmentarifvertrag der Industriegewerkschaft Metall (IGM).

1 **In welche Lohngruppen lassen sich die Tätigkeitsbeschreibungen unten einordnen?**

2 **Nenne Gründe für unterschiedlich hohe Monatsverdienste.**

3 **Wie kann jeder Einzelne auf die Höhe seiner Lohngruppe Einfluss nehmen?**

4 **Welche Berufe lassen sich nicht in Lohn- bzw. Gehaltsgruppen einordnen?**

… **suchen wir** neue Mitarbeiter / Mitarbeiterinnen für einfache Arbeiten im Schichtdienst. Vorkenntnisse nicht erforderlich.

Für unser Team suchen wir eine erfahrene Fachkraft, die sich auch in neue Aufgaben schnell einarbeiten kann.

Bei uns können Sie einen Arbeitsplatz auch ohne Vorkenntnisse erhalten. Wir weisen Sie in wenigen Tagen in Ihren Aufgabenbereich ein.

Sie sind ein Meister Ihres Faches und haben langjährige Berufserfahrung? Dann würden wir uns auf Sie freuen.

… **werden Sie nach nur wenigen Wochen weitgehend selbstständig an einem modernen Arbeitsplatz eine leichte Tätigkeit ausüben.**

Wir brauchen dringend erfahrene Kräfte mit umfassender Ausbildung für unsere neue Produktionsanlage.

Preise und Löhne ändern sich

Frau Heinold genügt die erste Rechnung ihres Mannes nicht.
„Du musst bedenken, dass wir auch mehr Steuern und Sozialabgaben zahlen müssen. Da wird deine Brutto-Erhöhung von 5,1% um einiges weniger.
Und außerdem: Vergiss nicht, dass wir im letzten Jahr eine Inflationsrate von „2,2% hatten!"

> Herr Heinold sitzt wie fast jeden Abend um 20 Uhr vor dem Fernsehapparat und verfolgt gespannt die neuesten Nachrichten. Hocherfreut ist er, als die Meldung kommt: „5,1% mehr Lohn und Gehalt in der Druckindustrie". Als Angestellter in einem großen Verlag ist er davon betroffen und teilt die Neuigkeit gleich seiner Frau mit: „5,1% macht bei uns über 100 Euro im Monat aus, damit können wir zufrieden sein!" Doch

Lohn / Abzüge	alter Bruttolohn	neuer Bruttolohn (+5,1 %)
	2794,00 €	2936,49 €
Steuern (Klasse III)	-210,83 €	-251,66 €
Kirchensteuer	-18,97 €	-22,64 €
Solidaritätszuschlag	-9,76 €	-13,84 €
Sozialabgaben (KV, RV, AV, PV)	-579,06 €	-608,58 €
Nettolohn	**1975,38 €**	**2039,77 €**

Preise für Waren und Dienste verändern sich ständig. Viele Preise steigen, manche sinken auch. Um einen genauen Überblick zu bekommen, werden im ganzen Bundesgebiet die Preisänderungen bestimmter Waren und Dienste Monat für Monat ermittelt. Da man nicht alle Waren und Dienstleistungen prüfen kann, wird ein Warenkorb zusammengestellt, in dem solche Waren und Dienste erfasst sind, die von einem Durchschnittshaushalt benötigt werden. Einen Preisanstieg gegenüber einem festen Zeitraum (Monat, Jahr) nennt man Inflation. Ausgedrückt wird dies mit einer Prozentzahl.
Preissteigerungen sind ein Hauptgrund für die Lohnforderungen der Gewerkschaften. Nur wenn die Löhne und Gehälter steigen, sind die Realeinkommen der Arbeitnehmer gesichert, argumentieren die Gewerkschaften. Gleichbleibende Einkommen bei steigenden Preisen führen dagegen zu Einkommensverlusten. Demgegenüber beklagen die Arbeitgeber, dass die Lohnerhöhungen Preissteigerungen bewirken. Sie sprechen deshalb von einer „Lohn-Preis-Spirale". Lohn- und Gehaltserhöhungen beziehen sich immer auf die Bruttolöhne und Bruttogehälter.

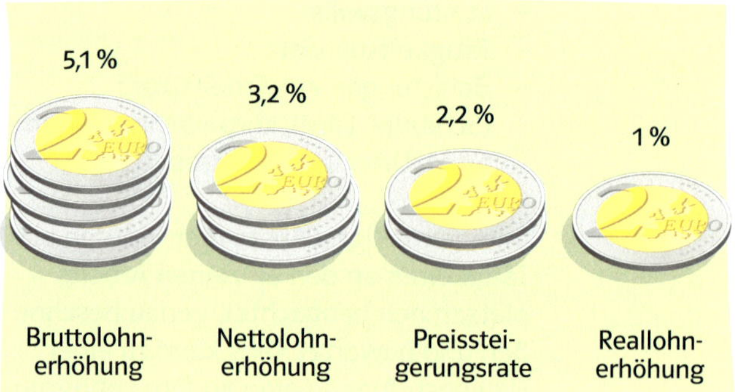

Die gesetzlichen Abzüge nehmen von dieser Bruttoerhöhung einen Teil weg. Der verbleibende Nettolohn wird auch als Nominallohn bezeichnet. Dieser ist bei Familie Heinold um rund 3,2% gestiegen. Da aber im Jahresdurchschnitt die Preise um 2,2% gestiegen sind, hat Herr Heinold eine Einkommensverbesserung von gerade noch 1%. Sein Reallohn hat sich somit um 1% erhöht.

Tarifverträge

Aus Tarifverträgen der IG Metall (2007)

§ 24 Arbeitsplatz, Arbeitsablauf und Arbeitsumgebung
24.1 Arbeitsplatz, Arbeitsablauf und Arbeitsumgebung sind menschengerecht zu gestalten. Insbesondere ist dafür Sorge zu tragen, dass die Arbeit ohne Gefahren für Leben und Gesundheit geleistet werden kann.

§ 7 Tarifliche Arbeitszeit
7.1.1 Die tarifliche regelmäßige Arbeitszeit – ausschließlich der Pausen – beträgt von Montag bis Freitag: täglich 7,4 Stunden (444 Minuten), wöchentlich 37,0 Stunden.

§ 3 Urlaubsdauer
3.1 Der jährliche Urlaub für Beschäftigte /Auszubildende beträgt 30 Arbeitstage.

§ 2 Tariflohn
2.2 Die Löhne (Stand April 2006) werden ab dem 1. Januar 2007 um 3,5 % erhöht. Die Löhne (Stand Juni 2007) werden ab dem 1. April 2008 um weitere 2,5 % erhöht.

§ 4 In-Kraft-Treten und Geltungsdauer
4.1 Dieses Lohnabkommen tritt ab dem 1. April 2007 in Kraft und kann mit Monatsfrist zum Monatsende, erstmals zum 31. März 2009, gekündigt werden.

Arbeitgeberverbände und Gewerkschaften schließen in regelmäßigen Abständen Tarifverträge ab. Diese Verträge gelten jeweils für eine bestimmte Branche, z. B. Metall, Textil, Chemie usw. In großen Betrieben werden oft zwischen Arbeitgebern und Gewerkschaften direkt Tarifverträge abgeschlossen. Man spricht hier von einem Firmentarif.

In Tarifverträgen werden Regelungen zu folgenden Punkten vereinbart:
- Lohn- und Gehaltserhöhungen
- Arbeitszeiten
- Urlaubstage
- Kündigungsfristen
- Arbeitsbedingungen

Für Lohn- und Gehaltserhöhungen wird meist eine feste Laufzeit von einem Jahr vereinbart, danach werden neue Tarifverhandlungen geführt. Während der vereinbarten Vertragszeit herrscht für die Tarifpartner „Friedenspflicht“, das heißt, niemand darf einfach neue Forderungen aufstellen und versuchen, diese durchzusetzen.

Die Vereinbarungen in Tarifverträgen gelten zuerst einmal für Gewerkschaftsmitglieder. In der Regel werden sie aber auf alle Beschäftigten der Branche übertragen.

Ein Arbeitgeber muss diese Vereinbarungen erfüllen; Abweichungen sind nur erlaubt, wenn dabei Vergünstigungen für die Arbeitnehmer entstehen.
Arbeitgeber, die nicht Mitglied in einem Arbeitgeberverband sind, können nicht gezwungen werden, die Abmachungen eines Tarifvertrages einzuhalten.
Heute sind in Deutschland mehr als 40 000 Tarifverträge in Kraft. Jede neue Abmachung, jede Lohn- und Gehaltserhöhung wird in einem Tarifvertrag niedergeschrieben.
Manteltarifverträge enthalten längerfristige Abmachungen.
Der Staat muss sich aus Tarifverhandlungen heraushalten. Es ist allein Sache der Arbeitgeber und der Gewerkschaften, Verhandlungen über Löhne und betriebliche Arbeitsbedingungen zu führen (Tarifautonomie).

„Das Recht, zur Wahrung und Förderung der Arbeits- und Wirtschaftsbedingungen Vereinigungen zu bilden, ist für jedermann und für alle Berufe gewährleistet.“ Artikel 9 (3) Grundgesetz

1 Welche Regelungen beinhalten die oben abgebildeten Ausschnitte aus den Tarifverträgen?
2 Warum schließen gerade große Unternehmen Firmentarifverträge ab?
3 Welche Regelungen werden im Manteltarifvertrag getroffen?
4 Manche sagen während eines Streiks: „Der Staat sollte alles regeln, dann wäre jetzt Ruhe!“ Führt darüber eine Pro- und Kontra-Diskussion.

Tarifverhandlungen

Tarifverhandlungen laufen immer nach dem gleichen Muster ab:
Ein bestehender Tarifvertrag endet und die Tarifvertragsparteien – auf der einen Seite die Arbeitnehmer, auf der anderen Seite die Arbeitgeber – beginnen die Verhandlungen. Wenn alles gut läuft, gibt es nach einigen Verhandlungstagen einen neuen Tarifvertrag, zu dem sich alle beglückwünschen.

Wenn es keine Einigung gibt, dann wird das Scheitern der Verhandlungen erklärt. Einfach gesagt: Arbeitgeber und Arbeitnehmer kommen alleine nicht mehr weiter. Sie sind nicht in der Lage einen neuen Tarifvertrag vorzulegen, weil sie sich nicht einigen können oder wollen.

Jetzt könnten die Arbeitnehmer streiken, tun sie meist aber nicht. Manchmal machen sie Warnstreiks, um ihren Forderungen Nachdruck zu verleihen.

Arbeitnehmer und Arbeitgeber brauchen jetzt Hilfe von außen: die Schlichtung. Die Schlichter sollen für die Tarifpartner einen Kompromissvorschlag machen und wenn beide Parteien einverstanden sind, wird daraus der neue Tarifvertrag.

Wenn auch das nicht klappt, dann kann gestreikt werden, um die Interessen der Arbeitnehmer durchzusetzen. Allerdings gibt es dazu zuerst eine Urabstimmung.

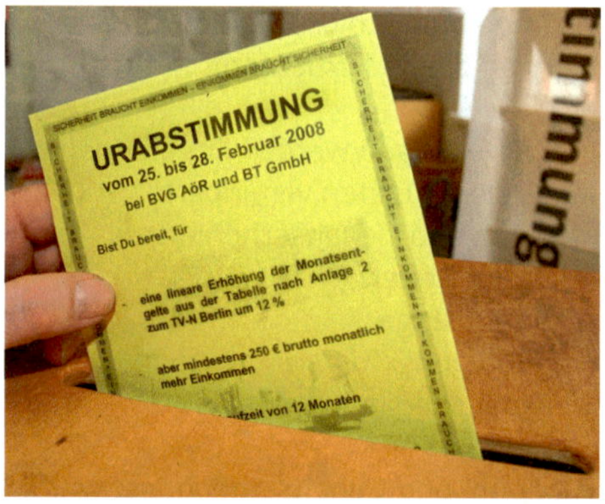

Das heißt, die Gewerkschaftsmitglieder stimmen ab, ob sie streiken wollen oder nicht. Stimmen mindestens 75 % mit „Ja", dann wird gestreikt.

Gleichzeitig muss natürlich wieder verhandelt werden, denn es muss ja immer noch ein Kompromiss erzielt werden.

Am Ende steht ein neuer Tarifvertrag, den Arbeitnehmer und Arbeitgeber als Erfolg feiern – allerdings haben beide Seiten eine unterschiedliche Sichtweise dabei, was denn jeweils Erfolg bedeutet.

Methode: Schaubild

Wenn du Informationen zu einem Thema gesammelt hast, musst du sie anschließend präsentieren. In den meisten Fällen ist es für die Zuhörer gut, wenn das Vorgetragene in einem Schaubild verdeutlicht wird. Dadurch wird eine Präsentation übersichtlich und du musst weniger erklären.

Am Beispiel der Tarifverhandlungen könnt ihr hier ein Schaubild entwickeln.

1. Schritt: Material auswählen
Wenn du ein Schaubild entwickeln willst, musst du zunächst sämtliche Informationen so verstanden haben, dass du die Zusammenhänge genau kennst.
Ist alles klar, suchst du die Teile heraus, die du in die Grafik einbauen willst. Das können Schlagworte, sehr kurze Texte, Grafiken oder Fotos sein.
Beschränke dich auf eine einzige Seite mit wenigen Informationen, die deine Präsentation unterstreichen.

2. Schritt: Zusammenhänge herstellen
Setze die ausgewählten Teile zueinander in Beziehung.
- Wodurch wird was beeinflusst?
- Gibt es Rückwirkungen?
- Was passiert, wenn etwas anderes sich verändert?
- Gibt es verschiedene Wege?
- Läuft alles in eine Richtung oder gibt es verschiedene Möglichkeiten?

3. Schritt: Schaubild gestalten
Überlege, wie das Schaubild aussehen soll und wie / ob du die Verbindungen zwischen den einzelnen Teilen kennzeichnen willst.

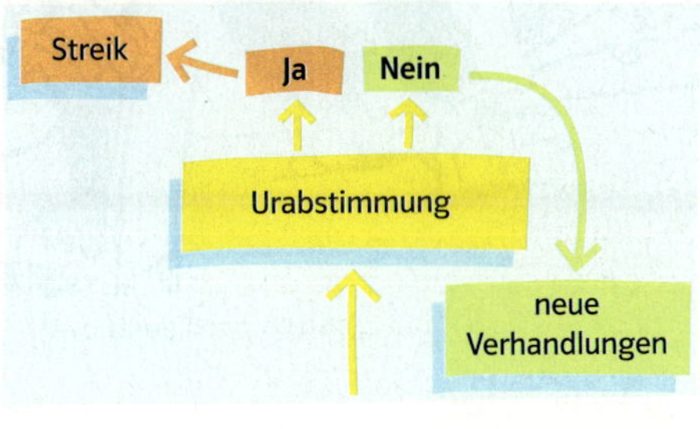

- Müssen die Verbindungen der Einzelteile beschriftet werden?
- Wenn ja, welches sind die passenden Begriffe?
- Sind die Begriffe eindeutig und verständlich für die Zuhörer?

4. Schritt: Schaubild erstellen
Du kannst das Schaubild auf Tonkarton anlegen, das hat den Vorteil, dass das Ergebnis an der Wand aufgehängt bleiben kann.
Ein Schaubild muss nicht unbedingt mit dem Computer erstellt werden. Das hat auch wenig Sinn, wenn kein Beamer zur Verfügung steht.
Ebenso gut kannst du eine Folie benutzen und dein Ergebnis mit einem Overhead-Projektor projizieren. Allerdings musst du darauf achten, dass du das richtige Format benutzt und alles auf der Folie auch bei der Projektion an der Wand gut erkennbar ist.
Achte darauf, dass die Schrift so groß ist, dass man sie auch in der letzten Stuhlreihe noch lesen kann.

Streik – Was die Arbeitnehmer erkämpft haben

1978/1979 Erster großer Streik der Stahlarbeiter für die Einführung der 35-Stunden-Woche. Erreicht werden 30 Tage Jahresurlaub ab 1982

1984 In der Metall- und Druckindustrie wieder Streik für die 35-Stunden-Woche. Erst 1990 wird die stufenweise Einführung bis 1995 beschlossen.

1992 Elf Tage Streik der Arbeiter und Angestellten im öffentlichen Dienst, bei Bahn und Post. Am Ende erhalten sie 5,4 Prozent mehr Lohn und Gehalt sowie 200 DM mehr Urlaubsgeld.

2003 Die IG Metall scheitert nach zwei Wochen Arbeitskampf bei dem Versuch, in der ostdeutschen Metallindustrie die 35-Stunden-Woche durchzusetzen.

2004 Die Metallindustrie schließt das weitreichende „Pforzheimer Abkommen". Betriebe dürfen vom Tarifvertrag abweichen, um Beschäftigung und Wettbewerbsfähigkeit zu sichern (Öffnungsklausel). Im Bauhauptgewerbe und in anderen Branchen steigt die Arbeitszeit ohne Lohnausgleich von 39 auf 40 Stunden.

2005/2006 Neuer Tarifvertrag für den öffentlichen Dienst (Bund, Kommunen); Arbeitskampf um die Durchsetzung auch bei den Ländern, Arbeitskampf gegen eine Arbeitszeitverlängerung bei den Kommunen.

Quelle: www.boeckler.de

Alles klar

1 a) Am Anfang steht der Erlös – am Ende der Nettogewinn. Was wird vom Erlös abgezogen und warum muss es abgezogen werden?

Erlös
–
–
–
= Bruttogewinn
–
= Nettogewinn

b) Erläutere, was mit dem Gewinn im Unternehmen geschehen kann.

2 Tarifverhandlungen folgen immer demselben Muster. Irgendwann gibt es einen Tarifabschluss.
Erkläre den Verlauf einer Tarifverhandlung und erläutere die Auswirkungen für die Arbeitnehmer und die Arbeitgeber.

4 In dem Buchstabengewirr sind 10 Begriffe über „Löhne und Preise“ versteckt. Finde sie.

A	F	J	O	D	B	Z	M	S	P	K	A	E	R	T	V
D	Z	O	B	R	U	T	T	O	L	O	H	N	Z	J	H
R	T	P	S	E	B	U	N	M	L	E	R	Y	L	K	I
E	O	G	W	A	R	E	N	K	O	R	B	A	D	L	B
W	S	D	D	L	H	Z	B	N	V	X	M	E	D	F	A
C	S	S	W	L	C	S	K	I	B	I	H	J	N	V	S
N	E	T	T	O	L	O	H	N	F	N	D	C	G	N	M
X	W	E	R	H	U	K	N	B	G	F	J	U	E	A	Y
C	V	U	G	N	O	M	I	N	A	L	L	O	H	N	X
S	R	E	S	K	L	N	R	E	B	A	D	K	A	L	O
V	E	R	D	I	E	N	S	T	B	T	P	P	L	T	O
E	B	N	K	T	N	U	A	M	V	I	R	P	T	A	S
D	G	J	L	W	R	Z	I	P	S	O	F	H	K	Y	C
B	M	Q	E	P	R	E	I	S	A	N	S	T	I	E	G
T	U	O	A	D	G	J	L	X	V	Z	M	P	I	Z	R

3 Karikaturen sagen die „Wahrheit“ – Karikaturen „übertreiben“.
Welche Aussagen findest du in den Karikaturen? Stellen sie eher Übertreibungen oder die Wahrheit dar? Begründe deine Überlegungen.

". . . also bis nach der Show!"

Soziale Marktwirtschaft

+ Angebot und Nachfrage
+ Steuerung der Marktwirtschaft
+ Globalisierung der Wirtschaft

Märkte: früher ...

MARKT beruht auf einer frühen Entlehnung aus lat. mercatus „Handel, Kaufhandel, Markt, Jahrmarkt, Messe". (aus: Der Große Duden, Herkunftswörterbuch)

Märkte gibt es bei uns schon seit über 1000 Jahren. Früher waren es Könige oder Grafen, die einem Ort das Marktrecht verliehen. Für diese Auszeichnung musste dem jeweiligen Marktherren eine regelmäßige Gebühr, der Marktzoll, entrichtet werden. Dafür waren die Marktherren aber verpflichtet, alles zu tun, dass das Marktgeschehen friedlich und nach Recht und Ordnung ablief.

Regelmäßig stattfindende Märkte waren eine lohnende Einnahmequelle für Könige, Grafen und andere Grundherren. So darf es nicht verwundern, dass im Laufe der Zeit immer mehr Märkte entstanden. Ursprünglich eintägige Jahrmärkte zu bestimmten kirchlichen Feiertagen dauerten nun mehrere Tage.

Neben den eigentlichen Händlern versuchten nun auch Gaukler, Wunderdoktoren usw. ein Geschäft zu machen. Bald entwickelten sich in vielen Städten zusätzliche Spezialmärkte, die in immer kürzeren Abständen stattfanden. Erhalten haben sich bis zum heutigen Tag u.a. der Wochenmarkt, Krämermärkte und in ländlichen Gegenden die Kirchweihfeste.

Zum Beispiel: Esslingen am Neckar

- 866 erneuerte König Ludwig d. Deutsche das Marktrecht von Esslingen.
- Im 10. Jahrhundert erhielt die Stadt außerdem das Recht eigene Münzen zu prägen, den „Esslinger Pfennig".
- Neben einem zentralen Marktplatz entstanden ein Kraut- und Hafenmarkt, ein Holzmarkt, ein Rossmarkt und um 1400 ein erstes Kaufhaus.
- 1638 wurde eine neue Marktordnung erlassen. Besonders gegen „unchristliche Preise" und „ungerechtes und ungutes Kaufmannsgut" sollten spezielle Marktaufseher vorgehen. Daneben war gegen „falsches Maß und Gewicht" ein steter Kampf notwendig.
- Ein gutes Geschäft machten auch die Herbergswirte, denn sie allein besaßen das Recht, die fremden Handelsleute aufzunehmen.

1 **Zu welchen Anlässen gibt es auch heute noch ein „buntes Markttreiben"?**
2 **Warum wurden im Laufe der Zeit überall Marktordnungen notwendig?**
3 **Erkundige dich nach einer Marktordnung in deiner Gemeinde.**

Monopol: alleiniger Anbieter

> Goldene Zeiten für die Verbraucher?

Im Jahr 1998 endete eines der großen Monopole in Deutschland. Die Deutsche Telekom AG bekam nationale und internationale Konkurrenz. Telekommunikation ist seitdem eine Dienstleistung, die von verschiedenen Firmen angeboten wird.

„Konkurrenz belebt das Geschäft", so lautet eine alte Regel im Geschäftsleben.

Infolge dieses Wettbewerbs gerieten auch die Preise für das Telefonieren in Bewegung. Dazu kommen immer wieder neue Angebote für bestimmte Verbrauchergruppen und auch auf technischem Gebiet führt die neue Konkurrenz zu raschem Wandel.

Doch auch die Verbraucher wurden vor neue Aufgaben gestellt: Sie mussten lernen, aus einem vergrößerten Angebot richtig auszuwählen.

In- und ausländische Firmen prüfen, ob sie sich an dem Telekommunikationsmarkt in Deutschland beteiligen sollen. Die großen Stromerzeuger und die Deutsche Bahn AG verfügen selbst über ein bestehendes Leitungsnetz, das sie mithilfe ausländischer Telefongesellschaften ausbauen können. Gewaltige Investitionen sind notwendig, bevor erste Gewinne erzielt werden können.

CHECKLISTE

Die Geschäftsidee
Was ist die Geschäftsidee?
Welchen Nutzen hat das Angebot?

Markteinschätzung
Welche Kunden kommen infrage?
Was wünschen diese Kunden?

Konkurrenzanalyse
Wer sind die Konkurrenten?
Was kostet das Produkt / die Dienstleistung bei der Konkurrenz?

Zukunftsaussichten
Wie könnte die Entwicklung in der Branche aussehen?
Wie wird sich die Nachfrage nach dem Angebot entwickeln?
Ist es jetzt Mode, bald nicht mehr?

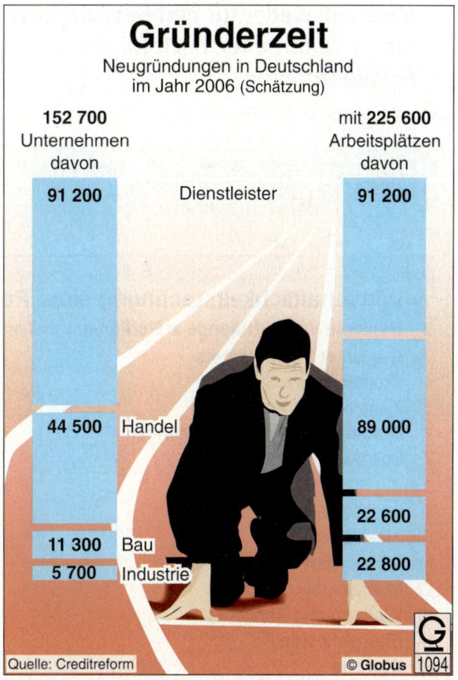

1 Beschreibe mithilfe der Checkliste folgende Geschäftsideen:
- Hubschraubertaxi
- Nachhilfe-Service für Schüler
- Neuer Schokoriegel

2 Aus welchen Gründen ist es heute oft schwer, sich selbstständig zu machen?

3 „Das Ende von Wettbewerb und Konkurrenz ist der Tod einer freien Wirtschaft!" Erkläre diese Aussage.

Methode: Simulationsspiel

Wirtschaftliche Sachverhalte könnt ihr an einem konkreten Beispiel spielerisch kennenlernen. Dazu müsst ihr euch in bestimmte Situationen versetzen und verschiedene Problemstellungen durchspielen. Ihr simuliert also tatsächliche Sachverhalte.

simulieren: nachahmen, vortäuschen

1. Schritt: Spiel kennenlernen

Öffne die Exceldatei „Pommes.xls". Du siehst alle wichtigen Angaben, die für das Simulationsspiel wichtig sind.

In diesem vereinfachten Computermodell bist du Besitzer einer Pommesbude. Um die Berechnungen und Auswertungen durchschaubarer zu machen, gelten folgende Rahmenbedingungen:

- Du verkaufst nur Pommes frites, keine Würstchen oder Getränke. Du zahlst keine Steuern und Sozialabgaben, weder für den Betrieb noch für die Mitarbeiter, noch für deine Privatentnahme.

Für die Tabelle „Pommes.xls" gelten folgende Vereinbarungen:

- Alle grünen Felder sind Eingabefelder, die du der Aufgabenstellung entsprechend verändern sollst.
- In den rot umrandeten Ergebnisfeldern kannst du die wichtigsten Monatsergebnisse ablesen.
- Ansonsten ist die Simulation unterteilt in verbrauchsunabhängige Fixkosten und Verbrauchskosten. Die jeweiligen Anteile dieser Kosten kannst du ablesen in den Bereichen: Kosten pro Monat (D9:D23), Kosten pro Portion (E9:E23) und prozentualer Kostenanteil (F9:F23).

Hinweis: Um die einzelnen Aufgaben unter gleichen Startbedingungen lösen zu können, muss man immer mit den Originalzahlen von „Pommes.xls" rechnen. Am besten, du kopierst die Originaldatei vor jeder Aufgabenstellung und benennst die neue Datei nach der Situation, z. B. „Sonderangebot", „Billiger Einkauf" usw.

	A	B	C	D	E	F
1	**Wirtschaftlichkeitsrechnung einer Pommes-frites-Bude**					
2	Geplante Verkaufsmenge in Portionen pro Tag			250	Kosten pro Portion	**1,43 €**
3	Geplanter Verkaufspreis			1,80 €	**MONATSABRECHNUNG**	
4	Bruttolohn pro Stunde			15,00 €	**Portionen**	**6000**
5	Tage pro Monat			24	**Einnahmen**	**10.800,00 €**
6	Öffnungszeit pro Tag in Stunden			8	**Ausgaben**	**8.608,00 €**
7	Füllgewicht in Gramm			150,00	**Gewinn**	**2.192,00 €**
8						
9	FIXKOSTEN			PRO MONAT	PRO PORTION	**%-Anteil**
10	Zinstilgung			1.000,00 €	0,17 €	11,6%
11	Lohnkosten			2.880,00 €	0,48 €	33,5%
12	Mietzahlung			1.200,00 €	0,20 €	13,9%
13	Wartung und Ähnliches			200,00 €	0,03 €	2,3%
14	Energiekosten			250,00 €	0,04 €	2,9%
15	**Summe**			**5.530,00 €**	**0,92 €**	**64,2%**
16						
17	VERBRAUCHSKOSTEN	KOSTEN	ANZAHL	PRO MONAT	PRO PORTION	**%-Anteil**
18	Rohware (kg)	1,70 €	900	1.530,00 €	0,26 €	17,8%
19	Frittierfett (kg)	1,70 €	240	408,00 €	0,07 €	4,7%
20	Pappschalen (Stück)	0,08 €	6000	480,00 €	0,08 €	5,6%
21	Gabeln (Stück)	0,01 €	6000	60,00 €	0,01 €	0,7%
22	Ketschup, Salz (Portion)	0,10 €	6000	600,00 €	0,10 €	7,0%
23	**Summe**			**3.078,00 €**	**0,51 €**	**35,8%**

Fixkosten: Kosten, die unabhängig vom Verbrauch immer gleich hoch sind.

Verbrauchskosten: variable Kosten, die je nach Verbrauch höher oder niedriger sind.

Datei: Bitte unter www.klett.de ins Suchfeld 755430-0158 eingeben.

2. Schritt: Simulationsspiel durchführen
Verschiedene Situationen fordern neue Überlegungen. Arbeite deine Lösungsvorschläge in die vorbereiteten Dateien ein.

Sonderangebot
Ein Sonderangebot soll neue Kunden bringen. Deshalb wird der Verkaufspreis auf 1,50 € reduziert. Wie viele Portionen müssen zusätzlich verkauft werden, damit das gleiche Betriebsergebnis wie bei einem Verkaufspreis von 1,80 € erzielt wird?

Problem: Ist es realistisch, so viele Portionen zu verkaufen?

Kostenminderung
Bisher verkaufst du 250 Portionen am Tag, die Pommesbude ist acht Stunden geöffnet und du zahlst einer Verkaufskraft 15,00 € pro Stunde. In der ersten und letzten Verkaufsstunde verkaufst du aber insgesamt nur 20 Portionen.

Problem: Lohnt es sich, lediglich sechs Stunden aufzumachen und dafür nur 230 Portionen pro Tag zu verkaufen? Du sparst ja auch Energie, was wir jetzt nicht berechnet haben.

Verdeckte Preiserhöhung
Das Betriebsergebnis soll verbessert werden. Aus Konkurrenzgründen soll aber eine Preiserhöhung ausgeschlossen werden. Deshalb reduzierst du das Füllgewicht pro Portion auf 135 Gramm.

Problem: Ob die Kunden es merken und sich „betrogen" fühlen? Vielleicht könnt ihr es im Hauswirtschaftsunterricht einmal ausprobieren.

Billiger Einkauf
Ein Großhändler bietet an: 600 kg Rohware für 0,90 € das Kilo. Da sie kurz vor dem Verfallsdatum ist, muss sie in ungefähr 2 Wochen verbraucht sein. Lohnt sich das Geschäft oder ist es zu riskant?

Problem: Wie viele Portionen müsstest du pro Tag verkaufen? Wie groß wäre die Gewinnsteigerung auf den ganzen Monat gesehen?

Überleg's dir genau!

Baustelle
Eine Baustelle behindert für die nächste Zeit den Zugang der Kunden erheblich.

Problem: Welche Entscheidungen müssen getroffen werden? Gibt es Möglichkeiten, die Einnahmesituation zu verbessern?

Zweite Verkaufskraft
Dein Geschäft läuft im Augenblick ganz gut. Du überlegst, eine weitere Arbeitskraft einzustellen.

Problem: Welche Überlegungen stellst du an, damit eine zweite Verkaufskraft beschäftigt werden kann?

3. Schritt: Simulationsspiel auswerten
Im letzten Schritt soll jeder von euch Rückmeldungen zu diesem Simulationsspiel geben.
Bei der Auswertung der einzelnen Problemstellungen könnt ihr eure Überlegungen und Ergebnisse vergleichen.

Der Wirtschaftskreislauf

Die wirtschaftlichen Zusammenhänge von Staat, privatem Haushalt, Unternehmen und Ausland können in einem Wirtschaftskreislauf verdeutlicht werden.

Um die grundlegenden Abläufe kennenzulernen, beschränken wir uns am Anfang auf die Abläufe zwischen Haushalt und Unternehmen. Man spricht hier vom einfachen Wirtschaftskreislauf.

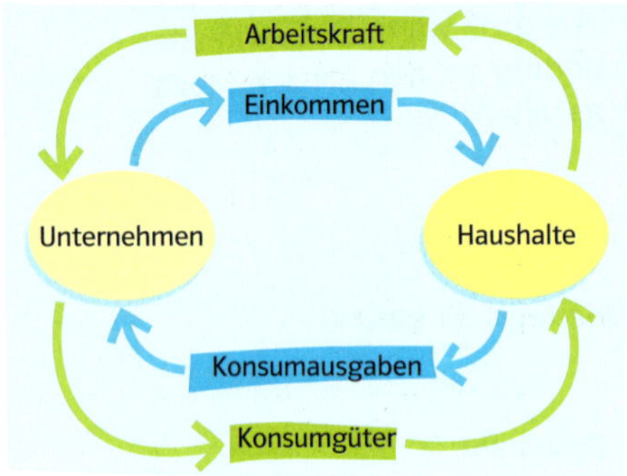

Einfacher Wirtschaftskreislauf

Um wirtschaftliche Bedürfnisse erfüllen zu können, benötigt jeder Haushalt ein Einkommen – also Geld.
Das bekommen die Haushaltsmitglieder, wenn sie einem Unternehmen ihre Arbeitskraft zur Verfügung stellen.

Mit diesem Geld kaufen sie den Unternehmen die Güter ab, die sie zum Leben brauchen (Konsumgüter). Somit ist der Kreis geschlossen und du kannst erkennen, in welchem Zusammenhang Unternehmen und Haushalte stehen.

Willst du nun die gesamtwirtschaftlichen Zusammenhänge betrachten, kommen zu den Unternehmen und den Haushalten noch der Staat und das Ausland hinzu.

Alle vier Bereiche werden als die Sektoren der Wirtschaft bezeichnet.

> Jasmin B. lebt mit ihren Eltern, einem jüngeren Bruder und ihrer Oma in Havelberg.

Jasmins Mutter ist Polizistin, dafür erhält sie Gehalt vom Staat. Ihr Vater arbeitet als Tischlermeister in einer Möbelfabrik und erhält Lohn.

Beide Eltern zahlen einen Teil ihres Einkommens als Steuern an den Staat.

Für ihre Kinder bekommt Familie B. Kindergeld (Transfereinkommen).

Transfereinkommen: siehe Seite 19

Die Oma ist Rentnerin.

Für die geplante Urlaubsreise nach Spanien wurde über eine spanische Autovermietung ein Auto gebucht.

Die Möbelfabrik zahlt Steuern an den Staat.

Da die Möbel bei den Konsumenten sehr begehrt sind, wurde die Produktion erweitert. Die höheren Einnahmen führten dazu, dass auch mehr Steuern an den Staat zu zahlen sind.

Die Möbelfabrik hat für ihre Produktionserweiterung Subventionen vom Staat erhalten, weil dadurch neue Arbeitsplätze geschaffen wurden.

Die Holzbearbeitungsmaschinen wurden bei einem ausländischen Unternehmen gekauft.

Zusätzliches benötigtes Kapital für die Produktionserweiterung erhielt die Fabrik von in- und ausländischen Banken.

---

1 **Ordne die Vorgänge in der Geschichte den entsprechenden Begriffen im erweiterten Wirtschaftskreislauf auf der nächsten Seite zu.**

Zum Staat gehören Bund, Länder und Gemeinden.
Er ist verantwortlich für öffentliche Güter (z.B. Straßen, Schulen) und finanziert sie aus den Steuereinnahmen.
Außerdem leistet der Staat Transferzahlungen an anspruchsberechtigte Personen (Kindergeld, Wohngeld, Bafög).

Unternehmen (Industrie- und Handelsbetriebe, landwirtschaftliche Betriebe, Banken) produzieren Waren und erbringen Dienstleistungen, die sie für Geld verkaufen. Die Unternehmen zahlen an den Staat Steuern.
Für die Schaffung von neuen Arbeitsplätzen können die Unternehmen Subventionen (Fördermittel) erhalten.

Subvention: siehe Seite 194

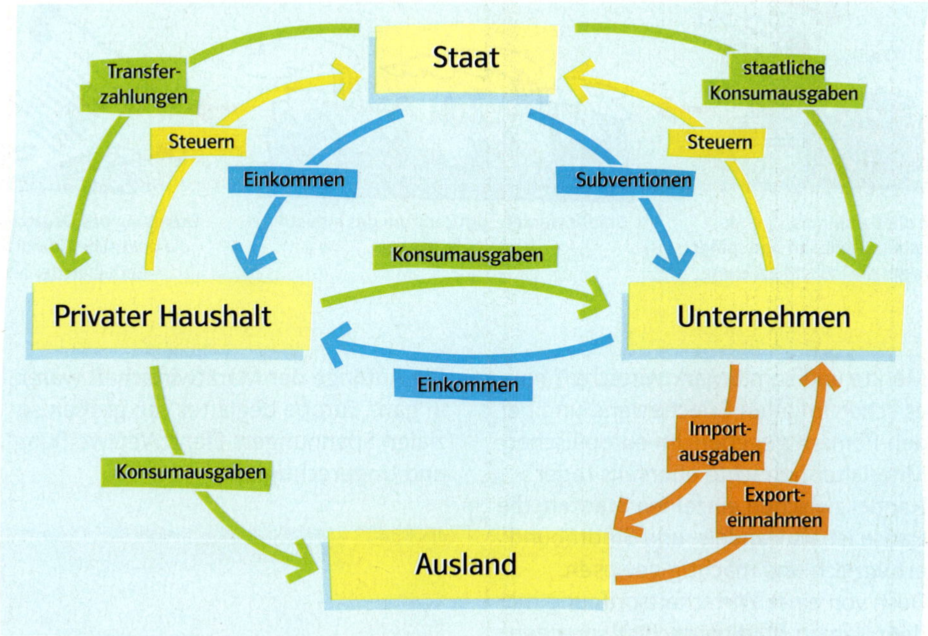

Erweiterter Wirtschaftskreislauf am Beispiel der Geldbeziehungen

Zum privaten Haushalt gehören die in einem Haushalt wohnenden Personen, die ihr Einkommen gemeinsam erwirtschaften und verwenden.
Einen Teil des Einkommens zahlen Haushalte als Steuern.
Unter bestimmten Voraussetzungen erhalten Haushalte finanzielle Leistungen vom Staat.

Das Ausland umfasst alle Wirtschaftssektoren außerhalb des Landes.
Durch Handel und Tourismus entstehen die Geldströme zwischen Inland und Ausland.

Die Banken haben eine besondere Funktion als Unternehmen im Wirtschaftskreislauf. Über sie laufen die Geldströme zwischen den Sektoren.
Gewinne und gespartes Geld können bei Banken angelegt werden, die dafür Guthabenzinsen zahlen.
Alle 4 Sektoren nutzen die Möglichkeit, sich zusätzlich benötigtes Geld (z.B. für Investitionen) bei Banken zu leihen. Dafür berechnen die Banken Kreditzinsen.

Von der freien Marktwirtschaft ...

Bauernbefreiung:
Aus ehemals abhängigen Bauern werden freie Arbeitskräfte.

Gewerbefreiheit:
Jeder kann ohne Hindernisse ein Unternehmen eröffnen.

Einheitliche **Maße, Gewichte, Rechtsvorschriften** erleichtern und steigern den Handel.

Erfindungen wie die Dampfmaschine, der mechanische Webstuhl, Eisenbahn und später das Automobil fördern die Industrialisierung.

Städte werden zum Zentrum des industriellen Aufschwungs.

Gründung des **Deutschen Reiches** 1871 legt die politische Grundlage für ein weiteres Gedeihen der Marktwirtschaft.

Märkte und somit Marktwirtschaft hat es schon im alten Griechenland und bei den Römern gegeben. Im europäischen Mittelalter herrschte ebenfalls reger Handel zwischen einzelnen Städten; die Hanse ist als Handels- und Städtebund erfolgreich und mächtig gewesen.
Doch von einer Wirtschaftsordnung mit dem Namen Marktwirtschaft sprechen wir erst seit dem Zeitalter der Industrialisierung, also seit dem 19. Jahrhundert. Die Industrialisierung änderte nach und nach in allen europäischen Staaten deren wirtschaftliche Grundlage.
Aus überwiegend landwirtschaftlich geprägten Gesellschaften wurden Industriegesellschaften. Jeder einzelne Bürger wurde von nun an selbst verantwortlich für sein wirtschaftliches und damit persönliches Vorankommen.
Die Grundsäulen dieser freien Marktwirtschaft waren:
- Privateigentum an Produktionsmitteln,
- Gewerbefreiheit für Unternehmer,
- freie Wahl des Arbeitsplatzes,
- freie Preisbildung nach dem Gesetz von Angebot und Nachfrage.

Arbeitskräfte in deutschen Fabriken oder Bergwerken:

1780:	80 000
1850:	600 000
1913:	7 200 000

Die Anfänge der Marktwirtschaft waren in ganz Europa begleitet von großen sozialen Spannungen, Elend, Verzweiflung und Ungerechtigkeit.

„Überall, wo es große Vermögen gibt, ist auch die Ungleichheit groß. Auf einen sehr Reichen kommen dann wenigstens 500 Arme, denn der Überfluss weniger setzt die Armut bei vielen voraus." (aus: Adam Smith, The Wealth of Nations, 1776)

... zur sozialen Marktwirtschaft

Immer mehr Menschen kritisierten sehr bald die unsozialen Zustände der freien Marktwirtschaft. Vertreter der Kirchen, Gewerkschaften, Politiker und Bürger aus allen Schichten forderten Gesetze zum Schutz der Arbeiter.
Außerdem war ihnen die wirtschaftliche und politische Macht einiger weniger Unternehmer zu groß geworden.

Ab dem Jahr 1948, drei Jahre nach Ende des 2. Weltkrieges, kam es deshalb nach langen Verhandlungen zur Einführung der sozialen Marktwirtschaft im damaligen Westdeutschland. Damit sollte nicht nur im politischen Leben, sondern auch auf wirtschaftlichem Gebiet die Demokratie durchgesetzt werden.

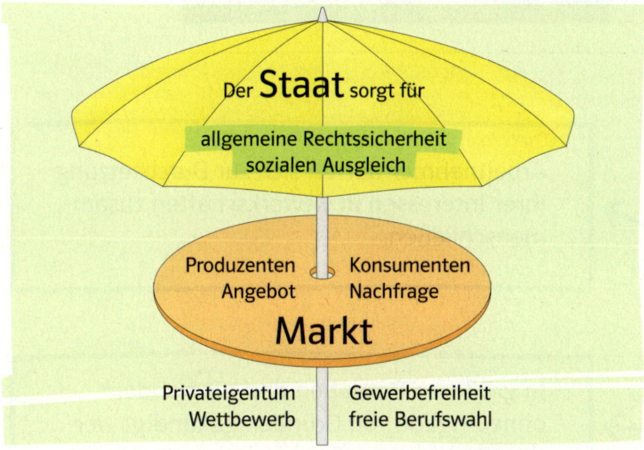

Durch viele Gesetze und Verordnungen sorgt der Staat für die soziale Sicherheit von Arbeitnehmern, alten Menschen und Kranken.
Daneben kümmert er sich um den Schutz des Wettbewerbs, der Verbraucher und der Umwelt.
Die soziale Marktwirtschaft ist auf all diesen Gebieten kein abgeschlossenes und starres System. Vielmehr müssen der Staat, die Unternehmer und auch die Arbeitnehmervertreter immer wieder auf neue Probleme reagieren und Lösungen zur Zufriedenheit aller finden.

Soziale Marktwirtschaft ist also der Name für die in Deutschland heute gültige Wirtschaftsordnung. Viele Kerngedanken der freien Marktwirtschaft sind auch in diesem System gültig.

In der sozialen Marktwirtschaft hat aber der Staat die Möglichkeit, indirekt in das wirtschaftliche Geschehen einzugreifen, indem er bestimmte Sachverhalte durch Gesetze regelt.
Der Staat überlässt also nicht mehr alle Entscheidungen ausschließlich dem „freien Spiel der Kräfte" des Marktes.

1 **Welche Ergänzungen bietet die soziale Marktwirtschaft gegenüber der freien Marktwirtschaft?**
2 **Welche Bedeutung haben die folgenden Artikel des Grundgesetzes?**
Artikel 12:
„Alle Deutschen haben das Recht, Beruf, Arbeitsplatz und Ausbildungsstätte frei zu wählen. ..."
Artikel 14:
„Das Eigentum und das Erbrecht werden gewährleistet."

Geschützt: die Arbeitnehmer

> Frau Körner kann es kaum fassen: sie hat soeben von ihrem Chef die Kündigung erhalten. „Es tut mir leid", hat er noch als Trost für sie parat, „aber in ihrem Zustand kann ich Sie leider nicht weiterbeschäftigen."
Frau Körner arbeitet in der Versandabteilung einer kleinen Buchdruckerei und ist im 6. Monat schwanger. Sie weiß selbst, dass sie zurzeit nicht mehr so belastbar ist wie vor der Schwangerschaft. Doch kann ihr deshalb gekündigt werden?
Im ersten Moment ist sie so geschockt, dass ihr nicht viel zu dieser Mitteilung einfällt. Am Abend trifft sie sich dann mit ihrer besten Freundin, die Betriebsrätin in einem größeren Betrieb ist.
Schon nach wenigen Augenblicken ist Frau Körner erleichtert, denn sie erfährt von ihrer Freundin, dass die Kündigung ihres Chefs nicht rechtens ist.
„Als werdende Mutter stehst du unter besonderem Schutz. Während der Schwangerschaft und bis 4 Monate nach der Geburt darf dir nicht gekündigt werden. Außerdem hast du Anspruch auf einen Arbeitsplatz, der dich jetzt nicht überfordert."

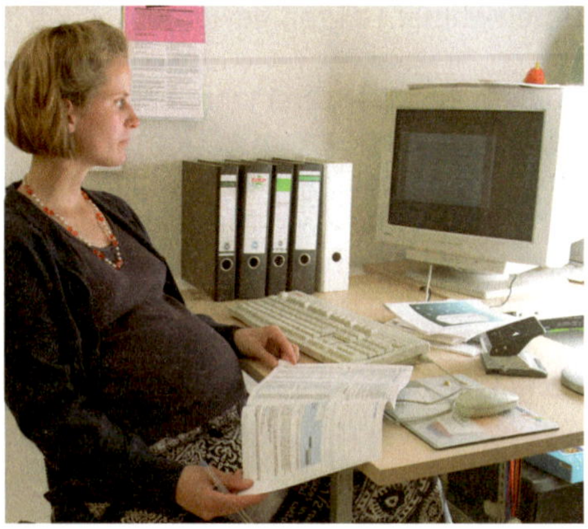

Heute besitzen die Arbeitnehmerinnen und Arbeitnehmer bei uns eine Vielzahl von Rechten und Einflussmöglichkeiten. Wir unterscheiden dabei drei Ebenen:

gesetzlich verankerte Rechte
- Koalitionsfreiheit
- Recht auf Tarifverhandlungen
- Mitbestimmung in Großbetrieben
- Mutterschutz
- Kündigungsschutz
- Lohnfortzahlung bei Krankheit
- Kurzarbeitergeld
- Arbeitslosengeld, Sozialgeld

Arbeitnehmer dürfen sich zur Durchsetzung ihrer Interessen in Gewerkschaften zusammenschließen.

In größeren Betrieben darf niemandem ohne Angabe von Gründen gekündigt werden. Außerdem müssen bestimmte Kündigungsfristen eingehalten werden.

tariflich vereinbarte Rechte
- Arbeitszeitregelungen
- Urlaubsregelungen
- Bildungsurlaub
- Einstufung von Beschäftigten in bestimmte Lohn- und Gehaltsgruppen

In Rahmentarifverträgen legen Arbeitgebervertreter gemeinsam mit Arbeitnehmervertretern Lohn- und Gehaltsgruppen fest.

betriebliche Sonderregelungen
- Pausenregelungen
- Gestaltung von Arbeitsplätzen und sonstigen Betriebseinrichtungen
- betriebliche Weiterbildung

Betriebsrat und Geschäftsleitung treffen Entscheidungen über notwendige Weiterbildungsmaßnahmen im Zusammenhang mit der Einführung neuer Techniken.

> Heinz L. ist seit 7 Monaten arbeitslos. In seiner Firma wurde vor einem Jahr damit begonnen, kleinere Abteilungen aufzulösen. Die Arbeit wird jetzt von Fremdbetrieben erledigt. Dies sei letztlich kostengünstiger, hat man damals seitens der Geschäftsleitung argumentiert. Für Heinz L. und 23 weitere Mitarbeiter hat diese Maßnahme das vorläufige berufliche Aus bedeutet.

Der Betriebsrat konnte seine Kündigung nicht verhindern, denn bei ihm handelte es sich nicht um einen Härtefall. Die beiden Kinder haben eine abgeschlossene Berufsausbildung und seine Frau arbeitet in Teilzeit. Jüngere Kollegen mit kleinen Kindern und finanziellen Belastungen wurden nach Verhandlungen mit dem Betriebsrat in anderen Abteilungen weiterbeschäftigt.
Heinz L. muss zwar finanziell keine Not leiden, doch er blickt mit seinen 53 Jahren sorgenvoll in die Zukunft.

1884 wurde das erste Unfallversicherungsgesetz vom Deutschen Reichstag verabschiedet.

Arbeitsschutz und Unfallverhütung sind zwei wichtige Punkte im Alltag der Arbeitnehmer und Arbeitnehmerinnen. Seit über 100 Jahren gibt es hierzu eine gesetzliche Regelung, die im Laufe der Zeit immer weiter verbessert worden ist. Heute hilft die gesetzliche Unfallversicherung bei Arbeitsunfällen und bei den Folgen einer Berufskrankheit. Alle Arbeitnehmer und Auszubildenden sind kraft Gesetzes unfallversichert.
Die Leistungen reichen vom Verletztengeld über die Bezahlung einer Heilbehandlung bis hin zur Witwen- und Waisenrente. Bei Arbeitsunfällen spielt es im Übrigen keine Rolle, wer die Schuld am Unfall hat, die gesetzliche Unfallversicherung erbringt ihre Leistungen in jedem Fall. Die Beiträge zu dieser Sozialversicherung werden alleine von den Arbeitgebern entrichtet.

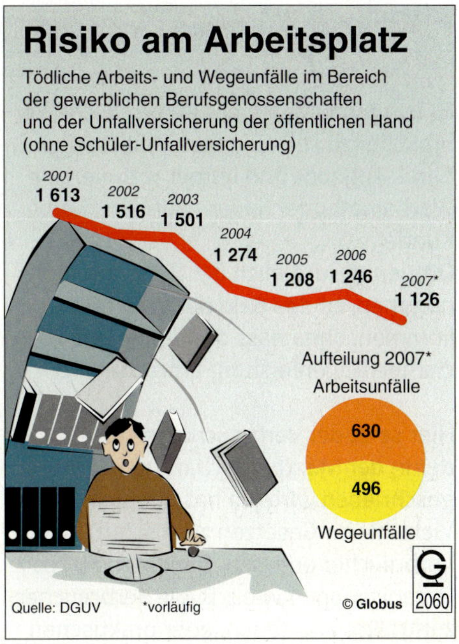

1 Wieso werden gesetzliche, tarifliche und betriebliche Rechte von Arbeitnehmern unterschieden?

2 Erkundigt euch in einem Betrieb in eurer Stadt oder Gemeinde nach betrieblichen Rechten der Arbeitnehmer.

3 Welche Möglichkeiten hat ein Betriebsrat, bei anstehenden Kündigungen den betroffenen Arbeitnehmern zu helfen?

4 Weshalb ist die Unfallversicherung eine gesetzliche Sozialversicherung?

Geschützt: die Verbraucher

Preisauszeichnungsgesetz

> Frau Ebert schaut schon eine ganze Weile in das Schaufenster des Radio- und Fernsehgeschäfts, doch sie kann keinen Preis an der ausgestellten Stereoanlage erkennen.

Haustür-Widerrufsgesetz

> Ganz fest hatte sich Herr Berger vorgenommen, keine Geschäfte an der Haustüre zu machen. Doch der junge Mann mit dem „einmaligen Angebot" hat so lange auf ihn eingeredet, bis er dann doch unterschrieben hat. Dabei braucht er die neue Computerzeitschrift doch gar nicht!

Reisevertragsgesetz

> Das war vielleicht ein Urlaub! Das Hotel war ein ganz anderes als im Prospekt. Der Strand war über 3 km entfernt und nicht „direkt hinter dem Hotel". Und dann auch noch der Krach aus der Hoteldisco bis morgens um 4! Dabei hatte Familie Kübler einen „familienfreundlichen Erholungsurlaub" gebucht!

Gesetz gegen unlauteren Wettbewerb

> „So ein Mist!" Frau Mangold ist bitter enttäuscht über ihre neueste Errungenschaft: die Bio-Garten-Beregnungsanlage. Laut Hersteller sollte sie aufgrund einer Spezialdüse 50 % Wasser gegenüber herkömmlichen Anlagen sparen. Doch davon merkt Frau Mangold nichts.

Rechte des Käufers bei Mängeln nach § 437 BGB

> Herr Wenger ist ratlos. Der neue MP3-Player funktioniert einfach nicht so, wie der Verkäufer ihm das vorgeführt hat. Einmal ist kein Ton zu hören, dann stoppt der Player nach jedem Musikstück.
> Zweimal schon hat er beim Händler vorgesprochen, jedesmal ist er mit ein paar guten Ratschlägen wieder nach Hause geschickt worden.

Es ist heutzutage nicht immer leicht, Verbraucher zu sein. Ein fast unüberschaubares Angebot und immer raffiniertere Werbemethoden lauern auf den „König Kunde".
Oft genug wird auch der Versuch unternommen, an das Geld der Verbraucher zu kommen, ohne dass dafür eine entsprechende Gegenleistung erbracht wird.

Hier setzt der Verbraucherschutz ein, der in der Marktwirtschaft ganz groß geschrieben wird. So hat der Staat eine Vielzahl von Gesetzen zum Schutz der Verbraucher erlassen. Daneben gibt es Organisationen wie z. B. die Verbraucherzentralen, von denen jeder praktischen Rat und Hilfe erhalten kann. Und schließlich kann der Verbraucher aus speziellen Zeitschriften Tipps und aktuelle Informationen zu allen möglichen Verbraucherfragen erhalten.
Die Bürger müssen sich jedoch aktiv um die notwendigen Informationen bemühen, damit sie als Verbraucher im Alltag der Marktwirtschaft bestehen können.

Aktuelle Informationen und Tipps zu Verbraucherfragen lassen sich im Internet abrufen. Verbraucherzentralen bieten in 16 Bundesländern Beratung und Informationen zu Fragen des Verbraucherschutzes an. Auch Unternehmen, Banken, Medien usw. haben Angebote für Verbraucher im Internet.

STIFTUNG WARENTEST

test MP3-Spieler 7 / 2007

www.test.de

	Speicherkapazität / Speichertyp	Mittlerer Preis in Euro ca.	Ton	Schutz vor Gehörschäden	Akkubetrieb	Handhabung	Tragekomfort	Haltbarkeit	Vielseitigkeit	test-QUALITÄTSURTEIL
GEWICHTUNG			35 %	0 %	20 %	25 %	5 %	5 %	10 %	100 %
SanDisk Sansa e250	2 GB / Flash	119	+	○	+	+	+	+	+	GUT (2,2)
Philips SA9200	2 GB / Flash	143	+	++	○	○	+	++	○	GUT (2,4)
Samsung YP-K3	2 GB / Flash	157	+	+	○	○	+	++	○	GUT (2,4)
Sony NW-S703F 1)	1 GB / Flash	124	+	○	+	○	+	++	○	GUT (2,4)
iriver S10	2 GB / Flash	169	+	+	⊖	+	++	++	+	GUT (2,5)
Maxfield G-Flash NG	2 GB / Flash	108	+	++	○	○	+	++	○	GUT (2,5)
Maxfield Max-Ivy	2 GB / Flash	129	+	++	○	○	+	++	+	GUT (2,5)
Archos 204	20 GB / HDD	177	○*)	+	○	+	○	++	+	BEFRIED. (2,6)
Creative MuVo V100	1 GB / Flash	52	+	+	+	○	+	+	⊖	BEFRIED. (2,6)
Odys Z-18	2 GB / Flash	50	○*)	+	+	○	+	++	○	BEFRIED. (2,6)
SanDisk Sansa Express FM	1 GB / Flash	63	○*)	+	○	○	+	++	○	BEFRIED. (2,6)
TrekStor i.Beat sweez FM	2 GB / Flash	78	+	+	⊖	○	+	++	⊖	BEFRIED. (2,8)
Philips SA3125	2 GB / Flash	91	○	+	⊖	○	+	++	○	BEFRIED. (3,0)
Thomson Lyra EM2802	2 GB / Flash	166	○*)	+	○	○	+	++	+	BEFRIED. (3,0)
dnt MusicJet20-IR	2 GB / Flash	79	○*)	++	⊖	○	+	++	○	BEFRIED. (3,2)
Typhoon Enjoy	2 GB / Flash	44	○	++	⊖	○	+	++	⊖	BEFRIED. (3,3)
Apple iPod Shuffle	1 GB / Flash	79	+	+	⊖	−*)	++	++	○	AUSREICH. (3,6)
Phillips SA2115	1 GB / Flash	58	⊖*)	++	⊖	○	○	++	⊖	AUSREICH. (3,8)
TrekStor Vibez	12 GB / HDD	221	+	−*)	⊖	+	+	+	+	MANGELH. (5,5)

Bewertungsschlüssel der Prüfergebnisse: ++ = Sehr gut (0,5–1,5), + = Gut (1,6–2,5), ○ = Befriedigend (2,6–3,5), ⊖ = Ausreichend (3,6–4,5), − = Mangelhaft (4,6–5,5). **Bei gleichem Qualitätsurteil Reihenfolge nach Alphabet.**
***) Führt zur Abwertung.**
1) Laut Anbieter Auslaufmodell, Restbestände im Handel erhältlich.

Riskante Onlinebestellungen ohne Rezept: Viele Verbraucher kaufen heute Medikamente im Internet, um der Rezeptpflicht zu entgehen. So bestellen Patienten Arzneimittel offenbar nicht nur wegen der günstigen Preise, sondern vor allem auch, weil sie damit den Besuch beim Arzt und die Praxisgebühr umgehen können.

Damit geht der Verbraucher ein doppeltes Risiko ein. Er verzichtet auf die fachkundige Beratung und läuft gleichzeitig Gefahr, dass die gelieferten Mittel gefälscht sind und nicht die gleiche Wirksamkeit haben wie das Originalprodukt. Manche Medikamente können untereinander Wechselwirkungen erzeugen und so die Gesundheit schädigen.

Nur eine europaweite Gesetzgebung und Zusammenarbeit sowie ständig durchgeführte Kontrollen können bewirken, dass die Verbraucher geschützt werden können.

Verbraucher suchen Rat und Informationen zu den unterschiedlichsten Themenbereichen:
- Neue Produkte auf dem Markt
- Umwelteigenschaften bestimmter Produkte
- Lebensmittel und Gesundheit
- Rechte von Mietern und Vermietern
- Versicherungen und Geldanlage
- Freizeit und Reisen
- Solaranlagen und Heizung

Dies sind auch die Themenbereiche, um die sich die Zeitschrift „test" kümmert. Jeden Monat veröffentlicht die Stiftung Warentest ihre Untersuchungsergebnisse in dieser Zeitschrift. Die Arbeit dieser Organisation wird von staatlichen Stellen finanziell unterstützt. Nur so ist es möglich, dass die Tester völlig unabhängig und ohne Beeinflussung zu objektiven Testergebnissen kommen. Auch Verbraucherzentralen, Verbraucherschutzvereine und andere Organisationen erhalten für ihre Arbeit Unterstützung des Staates.

1 **In welchen Fällen ist eine Produkthaftung des Herstellers für die Verbraucher wichtig und vorteilhaft?**

2 **Umwelteigenschaften neuer Produkte spielen eine immer größere Rolle. Nenne Gründe und Beispiele dafür.**

Geschützt: der Wettbewerb

Die Europäische Kommission hat in Verbindung mit dem Bundeskartellamt gegen den Leverkusener Pharma- und Chemiekonzern Bayer eine Geldstrafe in Höhe von 28,87 Millionen Euro wegen verbotener Preisabsprachen verhängt. Bayer und das japanische Unternehmen Zeon hatten die Preise für Kautschuk abgesprochen und damit gegen das Verbot von Kartellen und wettbewerbswidrigen Verhaltensweisen verstoßen, wie die Behörde am Mittwoch mitteilte. Zeon muss demnach 5,36 Millionen Euro zahlen.

aus: Spiegel, 23.01.2008

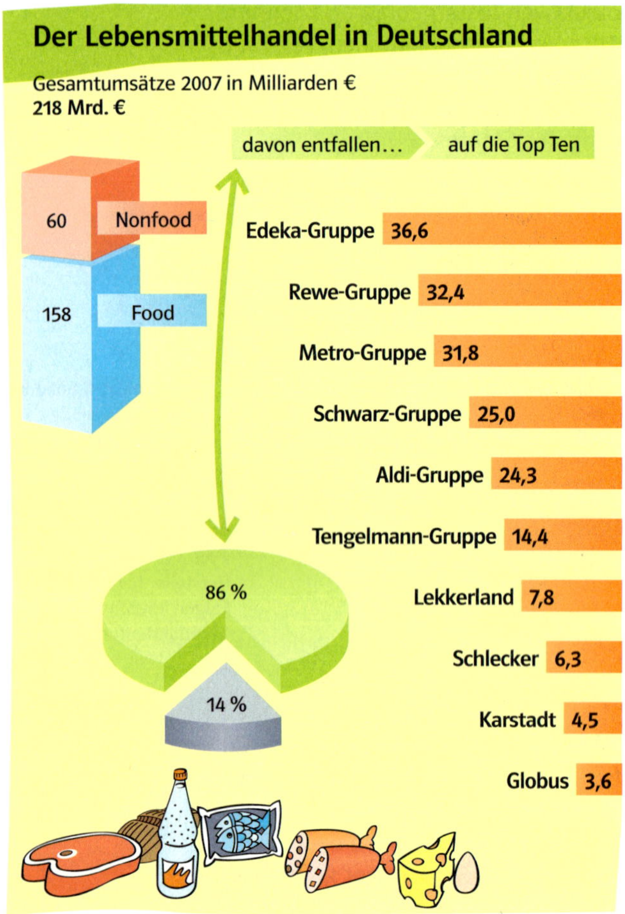

Wettbewerb ist einer der wichtigen Eckpfeiler der Marktwirtschaft. Voneinander unabhängige Unternehmen streben danach, ihre jeweiligen Mitbewerber durch bessere Qualität und günstigere Preise zu übertreffen. Nur wenn echter Wettbewerb herrscht, haben die Verbraucher wirkliche Vorteile: Sie können aus einem umfangreichen Angebot die für sie günstigsten Produkte auswählen.

Sprechen sich dagegen die Hersteller bestimmter Produkte über ihre Geschäftsabsichten ab, dann gibt es keine freie Auswahl mehr für die Kunden. Preise können einseitig festgelegt werden und die Qualität der Produkte kann herabgesetzt werden.

Solche Absprachen unter Herstellern verstoßen gegen das „Gesetz gegen Wettbewerbsbeschränkungen“. Man spricht auch von einem Kartell, wenn sich verschiedene Anbieter zu einer Beschränkung des Wettbewerbs verbünden. Immer wieder werden Strafen und Bußgelder in Millionenhöhe gegen Unternehmen verhängt, die gegen das Verbot der Kartellbildung verstoßen.

Bundeskartellamt durchsucht Hamburger Krankenhäuser

Bonn/Hamburg – Das Bundeskartellamt hat wegen des Verdachts eines Kartellrechtsverstoßes mehrere Hamburger Krankenhäuser durchsucht. Es handele sich um eine bislang einmalige Aktion in der Zentrale einer deutschen Klinikkette, sagte eine Sprecherin des Amtes am Mittwoch in Bonn. Konkret geht es um die geplante Übernahme des in freigemeinnütziger Trägerschaft stehenden Hospitals „Mariahilf“ in Hamburg durch den Landesbetrieb Krankenhäuser (LBK). Der private Krankenhauskonzern Asklepios ist hieran nach einer Teilprivatisierung beteiligt. Die Hamburgische Krankenhausgesellschaft (HKG) kritisierte die Durchsuchungsaktion. …

Nach dem Kartellgesetz ist es Unternehmen untersagt, einen Zusammenschluss, der von den Wettbewerbshütern noch nicht freigegeben wurde, zu vollziehen. Ein Verstoß kann nach Angaben des Bundeskartellamts mit Geldbußen bis zu einer Million Euro oder zehn Prozent des Gesamtumsatzes geahndet werden. Bei der Durchsuchungsaktion an mehreren Unternehmensstandorten waren am Dienstag Beweise wie Akten und Computerdateien sichergestellt worden. 13 Mitarbeiter des Kartellamts waren daran beteiligt. Sie wurden von Kriminalbeamten unterstützt.

aus: Ärzteblatt, 08.11.2006

Markenprodukte, die sich sehr gut verkaufen lassen, findet man oft mit großer Ähnlichkeit zu niedrigen Preisen im Angebot. Solche Waren, werden z. B. am Strand oder auf Parkplätzen angeboten. Es gibt Firmen, die sich darauf spezialisiert haben, Markenartikel genau zu kopieren und unter anderem oder ähnlichem Namen zu verkaufen. Es geht um Produkte wie Uhren, Kleidung, Medikamente oder Maschinen.

Den Herstellern der Originale entsteht dabei ein großer finanzieller Schaden oder bei schlechter Qualität der kopierten Ware auch ein Imageverlust.
Es wird geschätzt, dass durch diese Produktpiraterie in Deutschland jährlich zahlreiche Arbeitsplätze verloren gehen bzw. ein Schaden von 30 Milliarden Euro entsteht.

Gut organisierte Fälscher

Weshalb ist die Produktpiraterie in den letzten Jahren so rasant angestiegen? „Illegale Hersteller in Fernost bieten ihre Dienste zum Teil ganz offen im Internet an“, so Franz-Hermann Brüner, Direktor des Europäischen Amtes für Betrugsbekämpfung.

1 **Wie könnte die Bildung eines Kartells ablaufen? Führt dazu ein Rollenspiel durch.**

2 **Auf welches Problem weist die Karikatur hin?**

3 **Stelle Nachteile zusammen, die einem Unternehmen durch Fälschungen entstehen können.**

Geschützt: die Umwelt

Über 41 Millionen Tonnen Müll sind in Deutschland im Jahre 2005 angefallen. Zunehmend schwieriger wird die Entsorgung giftiger Abfälle. Immer mehr Menschen wehren sich gegen Deponien und Müllverbrennungsanlagen in ihrer näheren Umgebung.

Rund 44 Millionen Pkw legten 2005 bei uns über 620 Milliarden Kilometer zurück. Jedoch nur ein sehr geringer Teil der Fahrzeuge fuhr mit umweltschonendem Antrieb.

Lärm wird von der Mehrheit der Bürger als große Belästigung empfunden.

Durch Menschen verursachte CO_2-Emissionen verändern das Weltklima und bedrohen das Gleichgewicht der Natur. Politiker suchen verstärkt nach Möglichkeiten, den CO_2-Ausstoß zu verringern. 85 % der Emissionen entstehen in den Industrieländern. Dort leben aber nur 15 % der Weltbevölkerung.

Kreislaufwirtschaftsgesetz, Sept. 1994, zuletzt geändert Juli 2007
§ 4 Grundsätze der Kreislaufwirtschaft
(1) Abfälle sind
1. in erster Linie zu vermeiden, insbesondere durch die Verminderung ihrer Menge und Schädlichkeit.
2. in zweiter Linie
a) stofflich zu verwerten oder
b) zur Gewinnung von Energie zu nutzen.

Naturschutzgesetz (NatSchG) Baden-Württemberg, März 2005
§ 1 Ziele des Naturschutzes und der Landschaftspflege
(1) Natur und Landschaft sind aufgrund ihres eigenen Wertes und als Lebensgrundlagen und Erholungsraum des Menschen auch in Verantwortung für die künftigen Generationen … zu schützen, zu pflegen, zu gestalten, zu entwickeln und, soweit erforderlich, wiederherzustellen.

1 **Sammelt aktuelle Beispiele über die Situation unserer Umwelt und über Maßnahmen des Umweltschutzes. Gestaltet eine Wandzeitung.**

Umweltschutz ist heute ein Thema, zu dem sich jeder zustimmend äußert. Seit ca. 40 Jahren bemühen sich Verbände und Parteien um einen aktiven Umweltschutz.

Gesetze und Verordnungen sollen helfen, eine weitere Belastung der Umwelt zu vermeiden. Viel Geld wird auch aufgewendet, um die Umwelt da, wo sie bereits geschädigt ist, wieder zu sanieren. In den Industrieländern sind es vor allem neue Techniken, die schon im Produktionsprozess die Belastung der Umwelt verringern sollen.

Das umweltgerechte Verhalten der Menschen kann durch eine entsprechende Umwelterziehung von früher Kindheit an erreicht werden. Viele Erwachsene ändern ihr Verhalten erst nach Gesetzesvorschriften oder Preiserhöhungen für bestimmte Produkte. Alle müssen erkennen, dass Umweltschutz auch Schutz der Menschen ist, die jetzt und später auf dieser Erde gesund leben wollen.

Die Preise müssen die Wahrheit über die Entstehungskosten sagen. Was teuer herzustellen ist, soll teuer sein auf dem Markt. Die Entstehungskosten, das waren in der guten alten Zeit die Kosten für Arbeit, Kapital, Land und Rohstoffe, Zulieferprodukte und Abgaben. Umwelt kostete nichts. Den Schaden hatte die Natur. Seit den siebziger Jahren gibt es immerhin Umweltgesetze. Die verursachen Kosten für die Hersteller. Zum Glück für uns alle geben die Hersteller diese Kosten normalerweise an die Verbraucher weiter. Seither haben die Preise auch angefangen, etwas über die ökologische Wahrheit auszudrücken. Aber es war erst ein Anfang. Die Kosten für unwiederbringliche Rohstoffe und für den Umweltschutz sind weltweit noch viel zu niedrig. Sonst würde nicht so ein verheerender Raubbau getrieben.

aus: Ernst Ulrich von Weizsäcker, „Ökologisch umsteuern" (1994)

„In Deutschland entstehen pro Jahr rund 100 Mrd. Euro an Umweltkosten, die nicht von den Verantwortlichen beglichen werden." (Prognos-Institut, Basel)

2 Auf welches Problem weist die Karikatur hin?

3 Was meint von Weizsäcker mit „ökologischer Wahrheit"?

Globalisierung

Marktwirtschaft hat ursprünglich auf den Marktplätzen der Städte stattgefunden. Sehr schnell entwickelten sich auch regionale und nationale Märkte.

Das liegt daran, dass sich die Händler stets bemühten, ihr Geschäft über die jeweils bestehenden Grenzen hinaus auszudehnen.

Nach dem Zweiten Weltkrieg waren die Unternehmen in Europa bestrebt, ihren Handel über die Landesgrenzen hinaus zu betreiben, auch im Sinne des Aufbaus eines europäischen Wirtschaftsraums.

Seit 1990, beschleunigt durch den weltweiten Einsatz von Computern und schnellen Datenleitungen, spricht man von der Globalisierung der Weltmärkte.

Die weltweite Produktion und der Handel haben wesentlich zugenommen und Großunternehmen investieren in den Ländern, wo sich interessante Märkte anbieten.

Die Globalisierung bietet aber auch den Entwicklungs- und Schwellenländern Möglichkeiten zum wirtschaftlichen Aufstieg.

Die global tätigen Unternehmen befinden sich in einem weltweiten Konkurrenzkampf. Dieses weltweite Denken darf sich aber nicht allein auf die wirtschaftlichen Tätigkeiten beschränken.

So lässt sich der Bereich Umwelt nicht vom Bereich Wirtschaft trennen, da viele wirtschaftliche Entscheidungen Auswirkungen auf die Umwelt und dadurch auf die Menschen haben. Es zeigt sich sehr deutlich, dass die Erderwärmung, das Ozonloch und die Abholzung der Regenwälder globale Probleme sind.

Alle Menschen, vor allem die in den wirtschaftlich ärmeren Ländern müssen von den weltweiten wirtschaftlichen Verflechtungen profitieren. Dadurch können sich ihre Arbeits- und Lebensbedingungen verbessern.

Als Schwellenländer bezeichnet man die Länder, die an der Schwelle zum Industriestaat sind. Sie zählen nicht mehr zu den Entwicklungsländern.

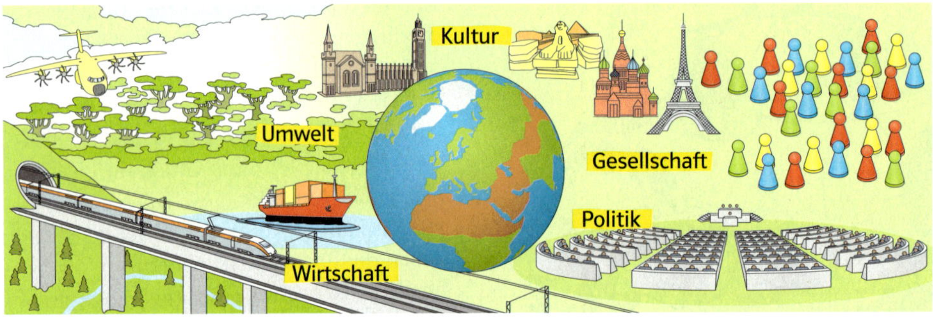

Heute hängt unser aller Leben an der Weltwirtschaft: Wo ist das gewachsen, was Sie heute Morgen gegessen und getrunken haben, woher kommt das Öl, das Ihr Auto oder Flugzeug hergetrieben hat? Also muss ich von der Weltwirtschaft reden, wenn ich die ökonomischen Probleme mit Blick auf die Zukunft behandeln will.
Carl Friedrich von Weizsäcker

Globalisierung findet nicht nur in der Wirtschaft statt, sondern auch in weiteren Bereichen, die nicht isoliert zu sehen sind.

1 Wähle einen Bereich aus der Grafik aus und erläutere an einem Beispiel, welche Veränderungen sich in diesem Bereich ergeben können.

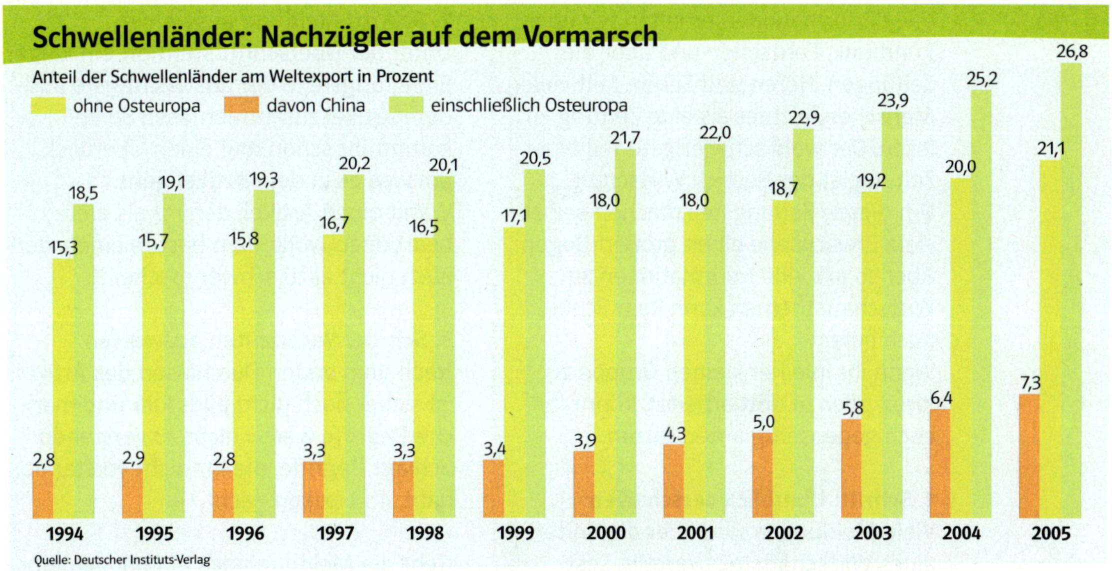

Der Anteil allein der größeren Schwellenländer an den Weltwarenexporten hat sich seit 1980 mehr als verdoppelt und liegt gegenwärtig bei gut 21 Prozent.
China und andere Schwellenländer sind auch bei Hightech-Erzeugnissen mächtig im Kommen. Hochwertige Handys, Softwareprogramme, selbst Oberklasseautos und Spezialmaschinen exportieren die aufstrebenden Schwellenländer inzwischen.

> Im Sommer 1997 hat VW einen Plan auf den Tisch gelegt, die Kosten für die Entwicklung neuer Fahrzeuge zu senken:
Auf die ganze Erde verteilt sollen Teams von Ingenieuren und Kaufleuten rund um die Uhr an der Entwicklung von Modellen arbeiten. Wenn die Gruppe in Deutschland Feierabend macht, dann arbeiten die Kolleginnen und Kollegen in Amerika am gleichen Projekt weiter.
Geht der Arbeitstag in Amerika zur Neige, dann beginnt für ein Team in Malaysia oder auf den Philippinen ein neuer Arbeitstag. Auch hier wird an der Entwicklung des gleichen deutsch-amerikanisch-asiatischen Projekts gearbeitet.

Moderne Informationssysteme machen es möglich, dass die Teams überall jederzeit die gleichen Informationen zur Verfügung haben. So lässt sich die Entwicklungszeit eines Fahrzeugs deutlich senken, Kosten werden eingespart und das Unternehmen kann schneller als bisher mit neuen Modellen am Markt sein.

Montag, 9.00 Uhr: Ein deutsches Team beginnt mit der Arbeit an einer neuen Abgasreinigungsanlage.

16.00 Uhr mitteleuropäische Zeit = 10.00 Uhr Ortszeit in Boston, USA: Amerikanische Ingenieure setzen die Arbeit fort.

Dienstag, 2.00 Uhr MEZ = 8.00 Uhr Ortszeit Singapur: 7 Stunden bevor die deutschen Kollegen die Arbeit beginnen, beschäftigt sich das Team aus Singapur mit dem gemeinsamen Projekt.

Methode: Wirtschaftsteil einer Tageszeitung lesen

Viele Informationen erhalten wir über Rundfunk, Fernsehen und über die Zeitungen. Hören und Sehen fällt vielen Menschen leichter als eine Zeitung zu lesen. Der wohl schwierigste Teil einer Zeitung ist der Bereich Wirtschaft.
Um diesen Zeitungsteil machen selbst viele Erwachsene einen großen Bogen. Aber so aktuelle Informationen zu Wirtschaftsthemen kann kein Schulbuch liefern.
Wenn ihr in einer kleinen Gruppe zu zweit oder zu dritt arbeitet, könnt ihr euch gegenseitig unterstützen.

1. Schritt: Überblick verschaffen
Viele Meldungen sind über die Seiten eines Wirtschaftsteils verteilt. Lest zuerst die Überschriften (Schlagzeilen) und orientiert euch eher an bekannten Wirtschaftsbegriffen wie Arbeitslosigkeit, Entlassungen, Gewinne von Unternehmen usw.
Sucht euch einen Themenbereich aus, der euch interessiert und kreuzt alle Meldungen an, die damit etwas zu tun haben.

2. Schritt: Meldung auswählen
Unter der Überschrift steht oft ein kurzer Einleitungstext, der das Wichtigste aus dem Artikel zusammenfasst. So bekommt ihr schon mal einen Überblick, um was es in dem Artikel geht.
Wählt einen Artikel, den ihr als ersten bearbeiten wollt – am besten einen, der euch nicht allzu schwer erscheint.

3. Schritt: Nachrichten auswerten
Nach dem ersten Durchlesen des Artikels ist sicher noch nicht alles klar und manche Begriffe waren nicht zu verstehen. Schlagt Begriffe, die ihr nicht verstanden habt, im Lexikon nach.

Geht die Meldung noch einmal gemeinsam durch und kennzeichnet mit einem Marker wichtige Informationen. Dabei können euch die Fragen auf der nächsten Seite helfen.
Fasst mit eigenen Sätzen und Stichworten die Inhalte des Artikels zusammen.

Verbraucherinteressen

Umwelt

Unternehmensinformationen

Arbeitnehmerinteressen

Wettbewerb

Neue Technologien

Deutsche Telekom steigt bei griechischer OTE ein
Bonn/Athen (dpa) - Die Deutsche Telekom will mit dem Einstieg bei der griechischen Hellenic Telecom (OTE) ihre Position in Südosteuropa deutlich ausbauen.

Metro stellt Kaufhof zum Verkauf
Düsseldorf (dpa) - Deutschlands größter Handelskonzern Metro läutet wenige Monate nach einem spektakulären Führungswechsel die Trennung von der Warenhauskette Kaufhof ein.

Wirtschaftliche Stabilität

- Bruttoinlandsprodukt und Konjunktur
- Einflüsse auf die Konjunktur
- Das magische Viereck der Stabilität

Das Bruttoinlandsprodukt

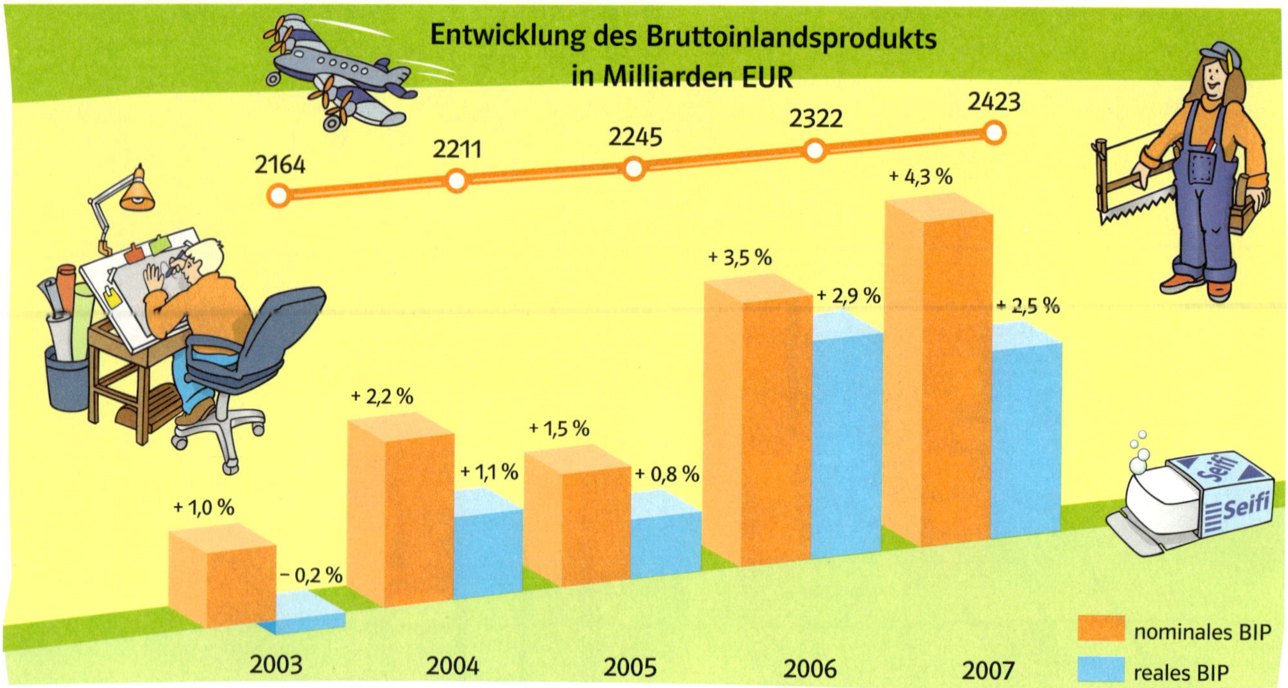

Das Statistische Bundesamt erstellt für jedes Jahr eine volkswirtschaftliche Gesamtrechnung. Als wichtigste Größe wird hier das Bruttoinlandsprodukt (BIP) aufgeführt.

Dies ist der Wert aller in einem bestimmten Zeitraum (üblicherweise ein Jahr) produzierten Waren und Dienstleistungen. Vom Stück Seife bis zum Passagierflugzeug, vom Haareschneiden bis zum Schulunterricht werden alle in unserer Volkswirtschaft erbrachten Leistungen von den Statistikern erfasst. Selbstverständlich werden nur Endprodukte gezählt, damit Zwischenprodukte nicht mehrfach in die Gesamtrechnung aufgenommen werden.

Das BIP spiegelt somit die wirtschaftliche Leistungskraft eines Landes in einem Jahr wider. Das Ergebnis dieser statistischen Messung ist ein umfangreiches Zahlenwerk, das die entscheidenden Größen in Geldwert, in unserem Fall also in Euro, ausdrückt.

Bei der Feststellung des BIP werden die Preise aller produzierten Waren und Dienstleistungen erfasst.
Wenn nun die Preise für bestimmte Waren oder Dienstleistungen innerhalb eines Jahres um 2 % steigen, bedeutet dies jedoch nicht, dass damit auch das Bruttoinlandsprodukt um diese 2 % zugenommen hat. In diesem Fall ist es lediglich nominal um 2 % angestiegen. Über die wirkliche Lage der Volkswirtschaft sagt dagegen allein der reale Anstieg des BIP etwas aus.

Um diesen wichtigen Wert zu erhalten, rechnen Statistiker die „Verfälschung" durch die jährlichen Preisveränderungen heraus. Als Rechengrundlage werden dazu immer die Ergebnisse des Vorjahrs genommen.

Die Statistiker erfassen nicht nur die Entstehung des BIP. Sie halten auch fest, wofür die gesamte Wirtschaftsleistung eines Jahres verbraucht wird und wie das Bruttoinlandsprodukt verteilt wird.

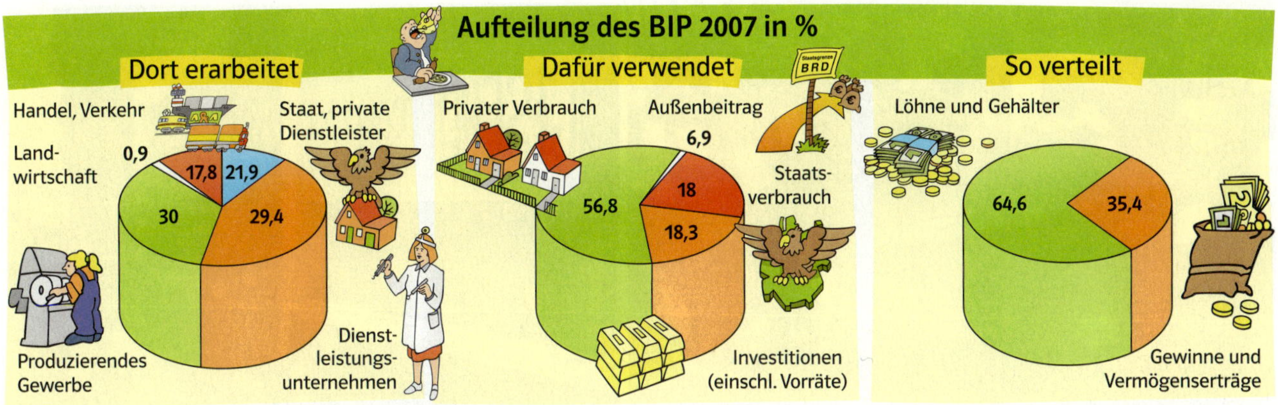

Staatsverbrauch genauer betrachtet

Bei der Erstellung der volkswirtschaftlichen Gesamtrechnung wird mit dem BIP der Wert aller produzierten Güter und Dienstleistungen errechnet. Mit diesem Wert gelingt es, den Wohlstand aller Länder zu vergleichen. Ist damit auch der Wohlstand eines Landes dargestellt?

- Wenn man bedenkt, dass bei der Berechnung des BIP auch die Aufwendungen zur Beseitigung von Schäden durch Verkehrsunfälle oder den Klimawandel gehören, dann sieht man, dass Zahlen nicht alles aussagen.
- Ebenso zeigt das BIP nicht auf, wie der Wohlstand in einem Land verteilt ist. Dazu verhilft dann eher das Pro-Kopf-Einkommen der Bevölkerung.
- Eine Vielzahl von sinnvollen Tätigkeiten (z. B. Erziehen von Kindern und Pflege alter Menschen in der Familie, Hausarbeit, Nachbarschaftshilfe, ehrenamtliches Engagement) wird im BIP zum großen Teil nicht erfasst.

1 **Wenn von einer Steigerung des Bruttoinlandsprodukts gesprochen wird, dann ist der reale Zuwachs noch nicht bekannt. Erkläre diese Aussage.**

2 **Verkehrsunfälle verursachen oft hohe Kosten bei den Sozialversicherungen. Auf das Bruttoinlandsprodukt haben sie jedoch eine positive Auswirkung. Erkläre diesen Zusammenhang.**

Konjunktur

Gute Konjunktur verschafft Betrieben gute Auftragslage

Schlechte Konjunktur kann zur Geschäftsaufgabe führen

Über einen längeren Zeitraum betrachtet verlaufen wirtschaftliche Aktivitäten niemals geradlinig. Immer wieder gibt es sowohl auf nationaler als auch auf internationaler Ebene gewisse Schwankungen, ein Auf und Ab in der Wirtschaft. Diese Veränderung der gesamtwirtschaftlichen Lage in einem bestimmten Zeitablauf wird als Konjunktur bezeichnet.

Eine entscheidende Messgröße für den Zustand der Konjunktur ist das jeweilige Bruttoinlandsprodukt.

- Von einer schlechten Konjunktur wird dann gesprochen, wenn das BIP über einen längeren Zeitraum real sinkt.
- Dagegen spricht man von einer guten konjunkturellen Lage, wenn ein stetiger Anstieg des BIP zu verzeichnen ist.

Heute wissen Konjunkturforscher, dass die Konjunktur in Phasen verläuft. Der Konjunkturverlauf kann somit als wellenförmige Kurve dargestellt werden, deren Ausschläge nach oben bzw. unten die Höhen bzw. Tiefen der Konjunktur zum Ausdruck bringen.

Worauf Konjunkturforscher achten

- Wie ändert sich das **Bruttoinlandsprodukt**: Steigt es, sinkt es oder bleibt es unverändert?
- Wie sieht der **Arbeitsmarkt** aus: Werden neue Arbeitsplätze geschaffen, sinkt also die Zahl der Arbeitslosen, oder verschwinden noch mehr Arbeitsplätze und steigt die Zahl der Arbeitslosen?
- Wie sind die Betriebe mit **Aufträgen** ausgelastet: Können alle vorhandenen Anlagen voll genutzt werden oder stehen ganze Abteilungen still?
- Wie verhalten sich die **Verbraucher:** Kaufen sie gern und viel oder üben sie Zurückhaltung im privaten Verbrauch?
- Wie gestaltet sich das Geschäft über die nationalen Grenzen hinweg: Übertreffen die **Exporte** die **Importe** oder ist es eher umgekehrt?

Export: Ausfuhr
Import: Einfuhr

Konjunkturforscher beobachten die wirtschaftliche Entwicklung über längere Zeiträume hinweg. Speziell die Auslastung der in den Betrieben vorhandenen Produktionsanlagen wird genau unter die Lupe genommen.
Die hierbei registrierten Schwankungen ergeben das Bild eines Phasenmodells.

Dieses Grundmuster eines Konjunkturverlaufs nennt man auch Konjunkturzyklus. Hierbei treten immer wieder vier typische Phasen auf:

Depression – Krise
Expansion – Aufschwung
Boom – Hochkonjunktur
Rezession – Abschwung

... wir haben die Talsohle erreicht!

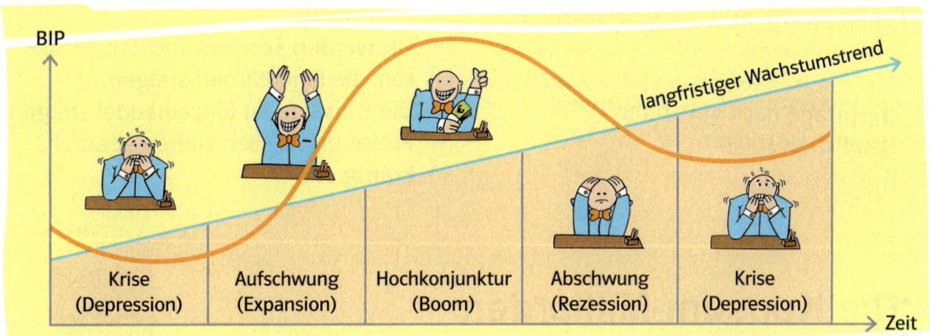

Fahrzeugbau
Chemieindustrie
Bauwirtschaft
Medien

Eine Volkswirtschaft ist ein vielschichtiges Gebilde, das aus vielen Teilbereichen, den sogenannten Branchen, besteht. Insofern muss man davon ausgehen, dass der schematisch dargestellte Konjunkturverlauf niemals für alle Teile der Wirtschaft eines bestimmten Landes gleiche Gültigkeit besitzt.
Im Gegenteil: Es ist durchaus üblich, dass sich ein oder mehrere Wirtschaftsbereiche in einem Aufschwung befinden, während andere nicht aus der Krise herausgelangen.

Viele Branchen kennen auch saisonale Schwankungen. So wird z. B. im Winter weniger gebaut als in den Sommermonaten, vor Weihnachten erzielen viele Einzelhändler größere Umsätze als in anderen Monaten des Jahres.
Um sich einen Überblick über die wirkliche Lage der Wirtschaft verschaffen zu können, berechnen Fachleute einen Trend. Dieser Trend glättet die Spitzen der Depression und des Booms.

1 **„Multimedia boomt!“ Was meint diese Schlagzeile einer Tageszeitung?**
2 **In welchen Wirtschaftsbereichen sind saisonale Schwankungen normal?**
3 **Auf welche Branchen bzw. Zulieferer hat eine anhaltende Depression in der Bauindustrie direkte Auswirkungen?**

Vom Aufschwung zum Boom

Unternehmen investieren in zweistelligen Prozentzahlen

Kräftige Lohnerhöhungen durchgesetzt

Industrie und Handwerk auf der Suche nach Facharbeitern

Preise für Konsumgüter ziehen an

Aktienkurse steigen erneut deutlich

Banken erhöhen Zinsen
Aufschwung etwas gebremst

Nachfrage nach Konsumgütern deutlich gestiegen

Ein wirtschaftlicher Aufschwung beginnt als Erholungsphase nach einer Depression. Die Produktion kommt langsam wieder auf Touren, die Geschäfte beginnen zaghaft zu „laufen" und Unternehmer machen wieder Gewinne.
Damit können neue Investitionen getätigt werden, sodass die Produktion auch auf neue Bereiche ausgeweitet werden kann.

Risikobereite Unternehmer stellen jetzt Kapital für Erweiterungsinvestitionen bereit. Neue Aufträge für die Bauindustrie, den Maschinenbau usw. heizen die Konjunktur zusätzlich an.

Ein anhaltender Aufschwung führt zu einer Hochkonjunktur, dem Boom:
- Die Maschinen in den Betrieben sind ausgelastet.
- Oft werden Sonderschichten gefahren, die Einkommen steigen.
- Die Umsätze im Einzelhandel steigen.
- Preise und Zinsen ziehen ebenfalls kräftig an.

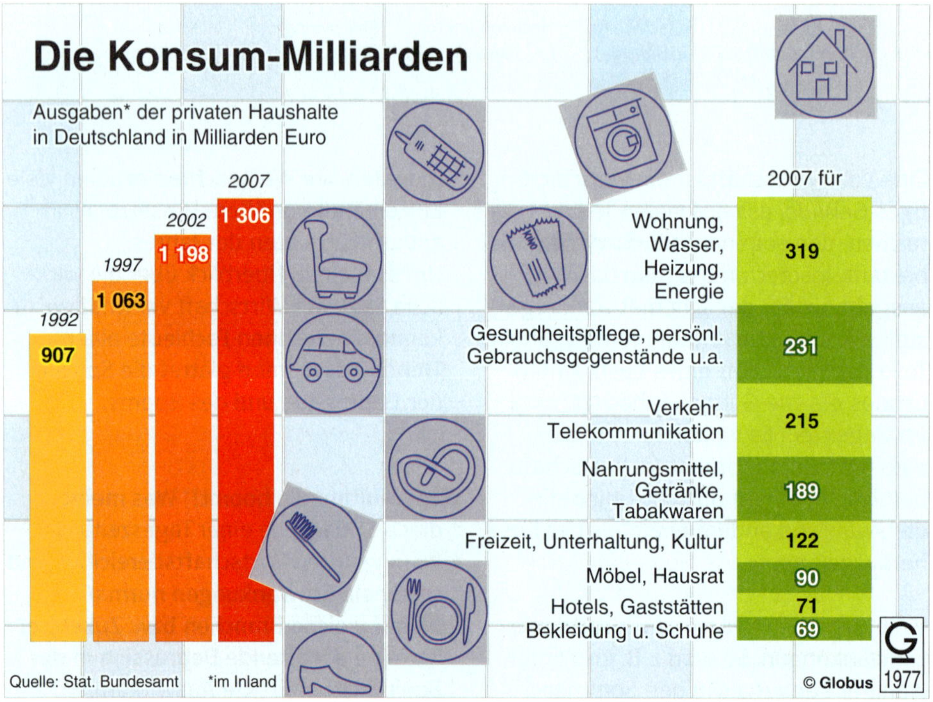

Vom Abschwung zur Depression

„Arbeitslosigkeit oder Börsenkurse?"

Weihnachtsgeschäft enttäuschend für den Einzelhandel

Produktion rückläufig – Kurzarbeit im Südwesten

Unternehmen stoppen Investitionen

Aktienkurse in Bewegung

Erste Entlassungen führen zu Warnstreiks

Geringe Nachfrage und Entlassungen beunruhigen Politiker

Schon die Bibel berichtet von „sieben fetten" und darauf folgenden „sieben mageren Jahren". Fachleute deuten diese Textstelle als Beweis für wirtschaftliche Schwankungen in lange zurückliegender Zeit.

Tatsächlich wird auch heute regelmäßig ein Boom durch eine Phase des wirtschaftlichen Abschwungs abgelöst. Es beginnt meistens mit einem Nachlassen des Konsums. Dies hat zur Folge, dass die Produktion der Konsumgüter ebenfalls zurückgefahren wird.

Kein Unternehmer nimmt Investitionen vor, wenn der Absatz seiner Produkte ins Stocken gerät. Im Gegenteil: Er wird sehr bald Kurzarbeit beantragen oder sogar Entlassungen vornehmen.

Nun beginnt eine Vertrauenskrise: Immer mehr Beteiligte am Wirtschaftsleben ziehen sich zurück und fordern Hilfen vom Staat.

Jetzt ist die Talsohle des wirtschaftlichen Abschwungs erreicht. Neue Ideen sind nun genauso gefragt wie engagierte Unternehmer und Arbeitnehmer, damit ein erneuter Aufschwung auf den Weg gebracht werden kann.

DIE ZEIT

Verkaufen in gesättigten Märkten

1 **Welche Schwierigkeiten zeigen die Karikaturen auf?**

2 **Übernimm diese Konjunkturkurve in dein Heft und trage die einzelnen Phasen des Abschwungs ein (Talsohle, Nachlassen des Konsums, keine Investitionen, Kurzarbeit).**

Die Wirtschaftsprognose

Diagnose: Beurteilung über den Zustand von etwas

Prognose: wissenschaftliche Vorhersage

Konjunkturforscher, aber auch alle anderen am Wirtschaftsleben Beteiligten, haben ein großes Interesse daran, über den Zustand der Konjunktur jederzeit genau informiert zu sein. Sie sammeln eine riesige Zahl an Einzelfakten und erstellen – ähnlich dem Arzt – daraufhin eine Diagnose über die aktuelle Lage der Konjunktur.

In regelmäßigen Abständen veröffentlichen diese Fachleute zudem ihre Ansichten über den künftigen Verlauf der Konjunktur. Solche Prognosen haben großen Einfluss auf die Entscheidungen der Unternehmer und der Verbraucher.

Je nachdem wie diese Prognosen aussehen, verhalten sich nämlich die Beteiligten am Wirtschaftsleben: Sie bremsen ihre Konsumtätigkeit, kürzen betriebliche Investitionen oder sie geben mehr Geld für private bzw. betriebliche Anschaffungen aus.

Am bekanntesten ist der Öffentlichkeit der „Sachverständigenrat zur Begutachtung der gesamtwirtschaftlichen Lage". Dieser Rat übergibt der Bundesregierung jedes Jahr ein Frühjahrs- und ein Herbstgutachten.

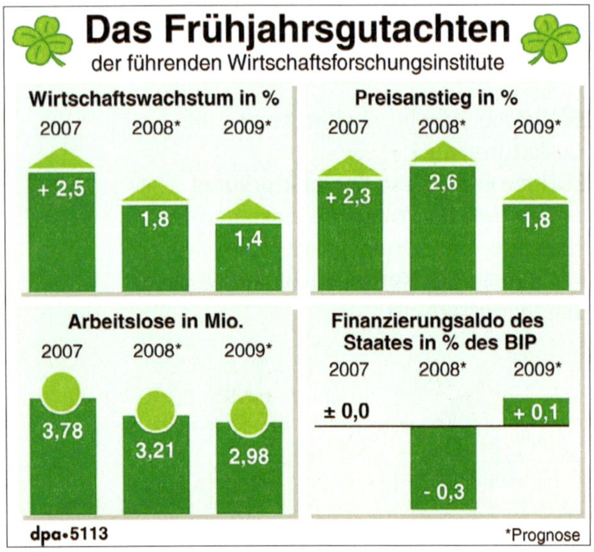

Auch die Bundesregierung trifft viele wirtschaftspolitische Entscheidungen aufgrund der Vorhersagen dieser Gutachter, z. B. Einführung von Konjunkturprogrammen oder Kürzung der öffentlichen Investitionen.

Gute Aussichten – schlechte Aussichten?

	Prognose 1	Prognose 2
Inlandsnachfrage	↘	↗
Auslandsnachfrage	↗	↗
Auslastung der Maschinen/Anlagen	↘	↗
Produktion Maschinenbau	↗	↗
Produktion Konsumgüter	↘	↗
Beschäftigungslage	↘	↘
Erzeugerpreise	↗	↗
Lohnentwicklung	↘	↗
Preisentwicklung	→	↗

↗ *steigt* ↘ *sinkt* → *bleibt gleich*

1 Beschreibe die beiden Konjunkturprognosen (blau, rot) und beurteile sie aus der Sicht der Verbraucher, der Arbeitnehmer und der Unternehmer.

2 Wie reagieren Verbraucher auf die Ankündigung von weiteren geplanten Entlassungen?

3 Eine sinkende Inlandsnachfrage wird oft als „Totengräber der Konjunktur" bezeichnet. Erkläre diese Aussage.

4 Wozu benötigt die Bundesregierung regelmäßig Gutachten von Konjunktursachverständigen?

So arbeitet ein Wirtschaftsforschungsinstitut

Um eine möglichst genaue Prognose über die wirtschaftliche Entwicklung treffen zu können, verschicken Wirtschaftsforschungsinstitute Fragebögen an ausgewählte Unternehmen.
Darin soll Auskunft über gegenwärtige und zukünftige Aktivitäten dieser Betriebe gegeben werden. Diese Daten werden von Fachleuten als Indikatoren bezeichnet, denn sie geben Auskunft über eine zukünftige konjunkturelle Entwicklung einer bestimmten Branche oder der gesamten Wirtschaft.

Indikator: Anzeiger

Berichtsmonat:

Bereich:

1) Wir beurteilen unsere **Geschäftslage** für XY z. Z. als
- gut (1)
- befriedigend (saisonüblich) (2)
- schlecht (3)

2) Unsere inländische **Produktionstätigkeit***) bezüglich XY war gegenüber dem Vormonat
- lebhafter (1)
- unverändert (2)
- schwächer (3)
- keine nennenswerte inländische Produktion (4)

3) Unseren **Bestand** an unverkauften **Fertigwaren** von XY empfinden wir z. Z. als
- zu klein (1)
- ausreichend (saisonüblich) (2)
- zu groß (3)
- Lagerhaltung nicht üblich (4)

4) Die **Nachfragesituation** für XY hat sich bei uns gegenüber dem Vormonat
- gebessert (1)
- nicht verändert (2)
- verschlechtert (3)

8) Unsere **Inlandsverkaufspreise** (Nettopreise) für XY wurden - unter Berücksichtigung von Konditionsveränderungen - gegenüber dem Vormonat
- erhöht (1)
- nicht verändert (2)
- gesenkt (3)

9) Unsere inländische **Produktionstätigkeit***) bezüglich XY wird voraussichtlich im Laufe der nächsten 3 Monate in konjunktureller Hinsicht
- steigen (1)
- etwa gleich bleiben (2)
- abnehmen (3)
- keine nennenswerte inländische Produktion (4)

10) Unsere **Inlandsverkaufspreise** (Nettopreise) für XY werden - unter Berücksichtigung von Konditionsveränderungen - voraussichtlich im Laufe der nächsten 3 Monate
- steigen (1)
- etwa gleich bleiben (2)
- fallen (3)

11) Der Umfang unseres **Exportgeschäfts** mit XY wird voraussichtlich in den nächsten 3 Monaten - unter Berücksichtigung der bisherigen Exportabschlüsse und der laufenden Auftragsverhandlungen -

5 Welches Risiko steckt in jeder Prognose? Wie versuchen die Forschungsinstitute trotzdem möglichst genaue Prognosen zu erstellen?

In der Informations- und Umwelttechnologie werden heute überdurchschnittlich hohe Wachstumszahlen erzielt. Und alle Prognosen verheißen auch für die Zukunft in diesem Bereich Wachstum. Wer also das unternehmerische Risiko nicht scheut und die entsprechenden Fachkenntnisse besitzt, der kann sich hier in den nächsten Jahren eine „goldene Nase" verdienen. Glaubt man den Prognosen!

Neben der richtigen Idee und der persönlichen Risikobereitschaft ist jedoch auch Startkapital notwendig. Immer mehr junge Unternehmer verlangen von Banken und vom Staat ein sogenanntes „Risikokapital". Dies soll neuen Ideen in zukunftsweisenden Geschäftsfeldern zum Durchbruch verhelfen.
Denn ohne Kapital keine Investition und ohne Investitionen keine Geschäfte!

Die private Nachfrage

„Deutsche Kinder so reich wie nie“

Jedes der 6- bis 13-jährigen Kinder verfügt nach der Kids-Verbraucher-Analyse 2006 über ein Vermögen von durchschnittlich 1006 €.
Das Taschengeld liegt laut Statistik bei monatlich 20,50 €. Die Kinder geben es zum großen Teil für Süßigkeiten aus. 20 % des Taschengeldes werden für die Handy-Kosten verwendet.
Besonderen Wert legen die Kinder auf Marken, wenn sie das Outfit betreffen. „Finanziell stehen die Kinder so gut da wie nie zuvor. Schon die Jüngeren besitzen eine hohe Markenkompetenz gepaart mit großer Bereitschaft der Eltern, die Wünsche ihrer Sprösslinge auch zu erfüllen“, folgert die Studie.

> „Die letzten Jahre waren für uns sehr gut. Die Flachbildfernseher brachten uns wesentliche Umsatzsteigerungen. Wir könnten ruhig öfter solche Trends gebrauchen, die unsere Verkaufszahlen so nach oben schnellen lassen!“ Dieser Bericht eines Geschäftsführers aus dem TV-Geräte-Bereich schildert die positiven Erfahrungen mit einem typischen Trend-Artikel.
Alte aber noch brauchbare Fernsehgeräte werden durch neue ersetzt. Die Werbung lässt nichts unversucht, die neuen Flachbildfernseher in jeder Größe anzupreisen.

Die private Nachfrage wird durch Modetrends gesteigert. Durch veränderte Ladenöffnungszeiten ergeben sich außerdem neue Einkaufsgewohnheiten.

1 **Verfasse einen kleinen Text zu der Bilderfolge rechts: „Privater Konsum und Konjunktur“.**

2 **Welche Bedeutung haben Trend-Artikel für den Einzelhandel?**

Nationales und Internationales

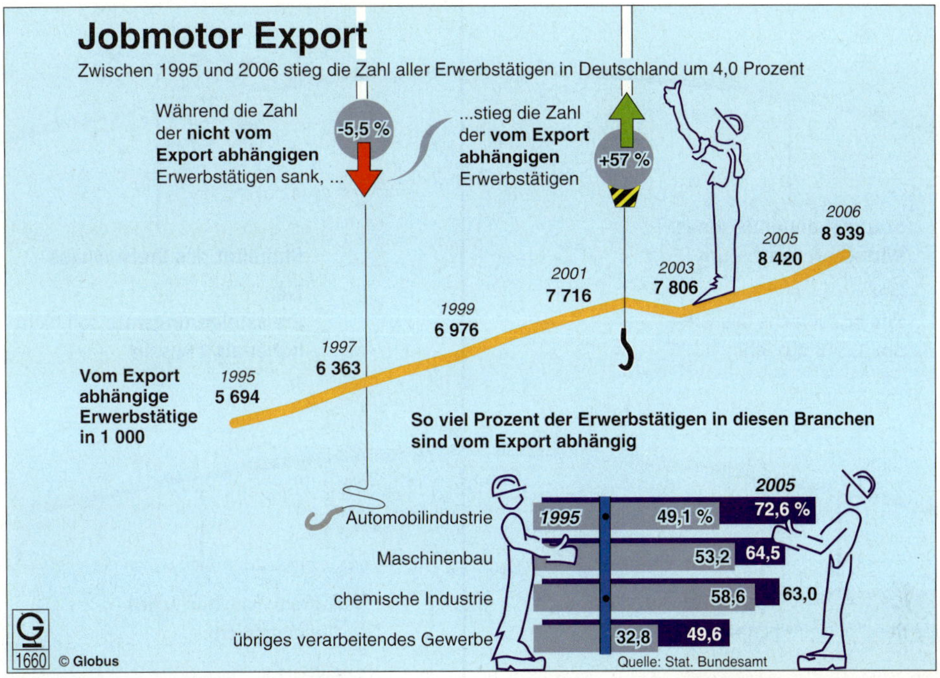

Das Schicksal der deutschen Wirtschaft und damit auch der deutschen Konjunktur wird nicht nur von uns allein bestimmt. Vielmehr sind wir seit Jahrzehnten in das europäische Wirtschaftsgeschehen und auch in das Weltwirtschaftsgeschehen eingebunden. Nur so hat die deutsche Industrie die Möglichkeit, solche Rohstoffe zu bekommen, die es in Deutschland nicht gibt. Umgekehrt ist der Export für viele Branchen zum Hauptstandbein geworden.

„Wir sind keine japanische Firma. Wir sind ein globales Unternehmen, das seinen Sitz aus historischen Gründen in Japan hat. Nur 30 Prozent unserer Umsätze kommen aus Japan." Sony-Chef Idel

Immer stärker bestimmen sogenannte Wachstumsbranchen die Konjunktur der einzelnen Staaten. Dazu gehört in den hoch industrialisierten Staaten auch die Kommunikationstechnologie. Hierbei ist es besonders auffällig, dass diese Branche nicht auf nationalen Märkten jeweils für sich alleine wachsen kann. Vielmehr kann hier nur über alle nationalen Grenzen hinweg eine positive Entwicklung stattfinden. Viele Unternehmen und auch Regierungen haben den Weg zu einer globalen Zusammenarbeit auf diesem Sektor geebnet.

Rohstoff	hauptsächliche Verwendung	Importanteil in Prozent
Aluminium	Flugzeugbau	100
Asbest	Bremsen	100
Baumwolle	Stoffe	100
Chrom	Stahl	100
Kobalt	Computer	100
Mangan	Stahl	100
Nickel	Stahl	100
Phosphat	Dünger	100
Quecksilber	Chemie, Elektro	100
Titan	Flugzeugbau	100
Vanadium	Stahl	100
Wolfram	Elektro	100
Zinn	Blech	100
Kupfer	Kabel	99

1 **Deutsche Maschinen- und Fahrzeugbauer sind in besonderer Weise auf die weltweiten Wirtschaftsbeziehungen angewiesen. Erkläre diese Aussage.**

2 **Internationale Arbeitsteilung dient dem Welthandel und nutzt den Verbrauchern. Nimm Stellung zu dieser Aussage.**

Das „Magische Viereck“

Stetiges, angemessenes Wirtschaftswachstum

Ziel:
Realer Zuwachs des BIP um 2–3 % pro Jahr

Stabilität des Preisniveaus

Ziel:
Preissteigerungsrate soll nicht höher als 2 % sein.

Hoher Beschäftigungsstand

Ziel:
Arbeitslosenquote soll nicht höher als 2–3 % sein.

Außenwirtschaftliches Gleichgewicht

Ziel:
Der gesamte Handel mit dem Ausland soll mittelfristig ausgeglichen sein.

Das „Gesetz zur Förderung der Stabilität und des Wachstums der Wirtschaft“ aus dem Jahre 1967 verpflichtet jede Bundesregierung, alles zu tun, damit diese Ziele erreicht werden.
Das „magische Viereck“ wurde als Mobile dargestellt, um aufzuzeigen, dass die Ziele nie gleichzeitig erreicht werden können. Die verschiedensten wirtschaftlichen und politischen Einflüsse spielen dabei eine große Rolle.

Politiker sprechen von der „Kunst des Machbaren“, wenn sie heute versuchen, Preisstabilität, Vollbeschäftigung, außenwirtschaftliches Gleichgewicht und Wirtschaftswachstum so zu gewährleisten, wie es das Gesetz vorschreibt.

Im Laufe der Jahre hat es sich als notwendig erwiesen, dass das Gesetz um die Ziele Umweltverträglichkeit und Einkommensgerechtigkeit erweitert wird.

Umweltverträglichkeit

Ziel:
Wirtschaftliche Aktivitäten sollen in jeder Hinsicht umweltverträglich durchgeführt werden.

Einkommensgerechtigkeit

Ziel:
Alle am Wirtschaftsleben Beteiligten sollen einen gerechten Lohn für ihre Arbeit erhalten.

Methode: Gruppenpuzzle

Mit dieser Methode lernt ihr, selbstständig in einer Gruppe arbeitsteilig vorzugehen. Das Besondere daran ist, dass sich jede(r) Einzelne ein Expertenwissen aneignet, das er dann den anderen Gruppenmitgliedern präsentiert und erklärt. Ein Gruppenpuzzle eignet sich immer dann besonders gut, wenn ihr euch über ein Thema informieren wollt, dass sich in mehrere Einzelthemen aufteilen lässt.

Auf den folgenden Seiten erfahrt ihr mehr über das sogenannte „Magische Viereck". Dieses Thema soll in den nächsten Stunden von euch mithilfe der Methode Gruppenpuzzle intensiv und selbstständig erarbeitet werden.

1. Schritt: Stammgruppen bilden
Teilt eure Klasse in Gruppen auf, z. B. bei 4 Einzelthemen in Vierergruppen, bei 6 Einzelthemen in Sechsergruppen. Diese Gruppen werden als Stammgruppen bezeichnet. In jeder Gruppe wird besprochen, wer welches der Themen bearbeitet und damit zum Experten für das Thema wird. Achtet dabei darauf, dass alle Themen verteilt werden.

Stammgruppen

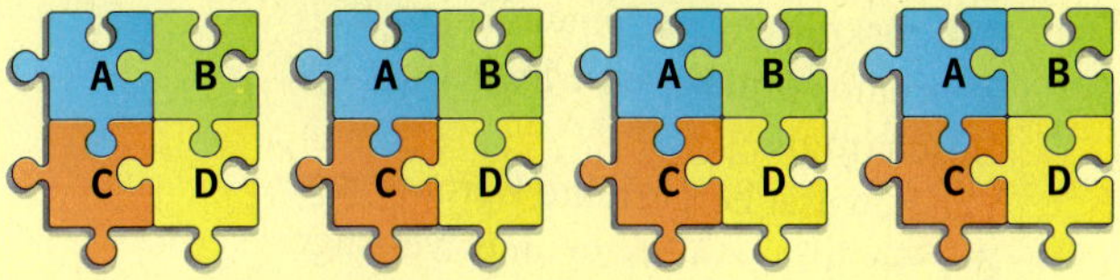

Die Themen A, B, C, und D werden in jeder Stammgruppe verteilt.

2. Schritt: Expertenwissen erarbeiten
Es werden nun aus den einzelnen Stammgruppen neue Gruppen gebildet, denen die Mitglieder angehören, die sich für dasselbe Thema entschieden haben. Also gibt es jetzt z. B. eine Gruppe „Preisstabilität", „Hoher Beschäftigungsstand" usw. Diese Gruppen werden als Expertengruppen bezeichnet.

Für alle Gruppen wird die Zeit festgelegt, die sie für die Bearbeitung ihres Themas zur Verfügung haben.

Expertengruppen

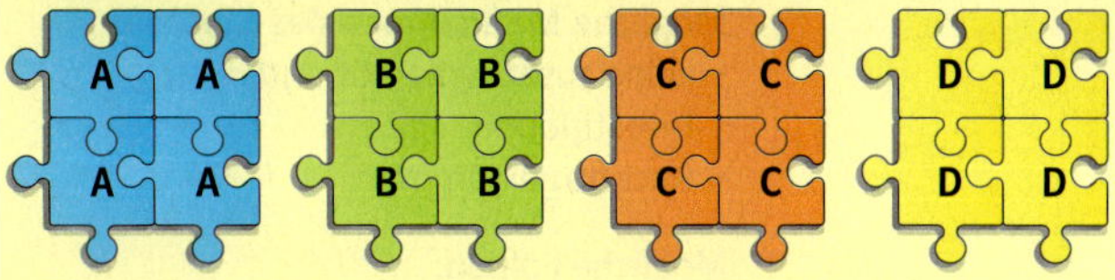

Jede Expertengruppe bearbeitet 1 Thema.

Ihr arbeitet in eurer Gruppe zunächst eine vereinbarte Zeit lang allein und besprecht euch dann in eurer Expertengruppe. Fragen, die noch nicht geklärt sind, werden dann zusammen bearbeitet. Bei Bedarf steht euer Lehrer oder eure Lehrerin als Ansprechpartner zur Verfügung.

Jeder von euch erstellt ein Infoblatt (maximal 2 Seiten), das euch später hilft, euer Wissen den Nichtexperten in eurer Stammgruppe zu erläutern.

3. Schritt: Expertenwissen vermitteln
Nach der vereinbarten Zeit trefft ihr euch wieder in der anfangs gebildeten Stammgruppe. Nun gibt es in jeder Gruppe Experten zu den verschiedenen Themen des „Magischen Vierecks". Jedes Thema wird von einem Experten präsentiert und erklärt. Am Ende haben alle Gruppenmitglieder einen Überblick über jedes bearbeitete Thema. Eine Zusammenfassung aller Ergebnisse könnte z. B. in Form einer Mindmap gemacht werden.

4. Schritt: Nachbetrachtung durchführen
Als letzten Schritt solltet ihr eine Nachbetrachtung im Klassengespräch durchführen. Dabei können Tipps und Anregungen gegeben werden, wie man das Gruppenpuzzle das nächste Mal noch besser machen könnte.

Stichwort: Preisstabilität

Ziel:
Die Preise sollen nicht mehr als 1–2 % über den Preisen des Vorjahres liegen.

Mögliche Situation:
Preissteigerung von 3,4 %.

Mögliche Maßnahmen des Staates:
- keine zusätzlichen öffentlichen Investitionen
- Nachfrage dämpfen

Mögliche Folgen:
- Inlandsnachfrage sinkt
- Arbeitslosigkeit steigt
- BIP bleibt gleich oder sinkt

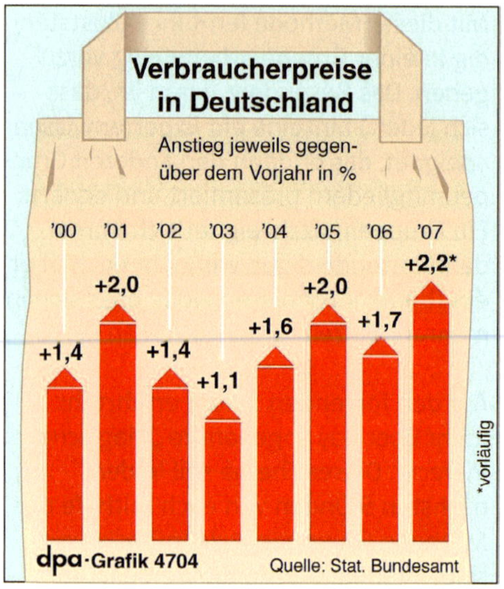

Geld versetzt uns in die Lage, Waren zu kaufen oder Dienstleistungen in Anspruch zu nehmen. Allen Gütern ist ein Geldwert zugeordnet, mit dem sie gehandelt werden.
Wenn es um die Stabilität unseres Geldes geht, dann ist nicht nur der Finanzminister verantwortlich.
Seit dem 1.1.1999 wird die Geldpolitik im gesamten Euro-Raum von der Europäischen Zentralbank (EZB) gestaltet. Bei ihren Aufgaben wird die EZB jedoch von den nationalen Zentralbanken, z.B. der Deutschen Bundesbank, unterstützt:
- Festlegung und Ausführung der Geldpolitik im Euro-Raum
- Sicherung der Preisstabilität
- Ausgabe von neuem Geld und Kontrolle des Geldumlaufs
- Regelung von Devisengeschäften mit Ländern außerhalb des Euro-Raums

Damit ist es die Europäische Zentralbank, die einen wesentlichen Einfluss auf den Wert des Euro hat. Nach innen kann sie durch die umlaufende Geldmenge die Stabilität der Währung steuern. Nach außen können Zinsveränderungen das Verhältnis des Euro zu anderen wichtigen Währungen beeinflussen.

Bund „streckt" Investitionen

Der Ausbau weiterer Autobahnabschnitte wird langsamer vorangehen als zunächst geplant.
Autofahrern und Gemeinden mit hohem Durchgangsverkehr wird diese Entscheidung nicht gefallen. Doch die Gründe für diese Maßnahme haben auch etwas für sich:
- Die Konjunktur auf dem Bausektor wird so gedämpft.
- Die Auslastung von Maschinen und Arbeitskräften über einen längeren Zeitraum sorgt für eine Sicherung der Beschäftigung.
- Die bewusst hergestellte Beruhigung der Nachfrage führt zu einer Verringerung des Preisanstiegs.

1 **Nenne Nachteile, die eine „Streckung" von Investitionen mit sich bringt.**
2 **Was ist die gemeinsame Aufgabe von EZB und den jeweiligen nationalen Zentralbanken?**
3 **Wer gibt den Auftrag für die Herstellung von neuen Geldscheinen?**
4 **Beurteile die Preisentwicklung seit dem Jahr 2000.**

Stichwort: Einkommensgerechtigkeit

Die Frage nach der Einkommensgerechtigkeit wird so lange gestellt, wie es Einkommen gibt. Schulbildung und anschließende Berufswahl sind sicherlich immer noch die entscheidenden Weichenstellungen für die spätere Einkommenshöhe.
Der Staat versucht mit vielfachen gesetzlichen Regelungen etwas zur Einkommensgerechtigkeit beizutragen:

- Gestaffelte Steuersätze sollen Menschen mit niedrigem Einkommen weniger belasten als diejenigen mit höherem Einkommen.
- Private Vermögensbildung wird durch steuerliche Begünstigung verschiedener Anlageformen gefördert (Bausparen, Riester-Rente).
- Familien erhalten Kindergeld und beim Hausbau bzw. Kauf einer Wohnung ein günstiges Darlehen. Damit sollen die besonderen finanziellen Belastungen dieses Personenkreises etwas ausgeglichen werden.
- Steuerliche Begünstigungen gewährt der Staat für „außergewöhnliche Belastungen". So erhalten z. B. Berufspendler eine Entfernungspauschale, womit die Kosten für die Fahrt zur Arbeit vermindert werden.

Nur 6 Prozent der Arbeitnehmer sind in Deutschland an ihrem Unternehmen beteiligt.

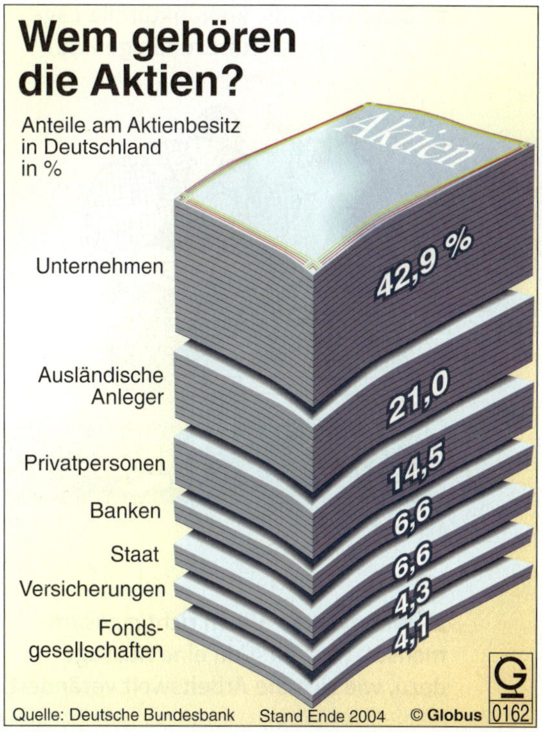

1 **„Privatpersonen sind immer noch zu wenig am Produktivvermögen beteiligt." Lässt sich diese Aussage belegen?**

2 **„Sieben Familien besitzen 60 % des Dorfes." Was bedeutet diese Feststellung für die Welt?**

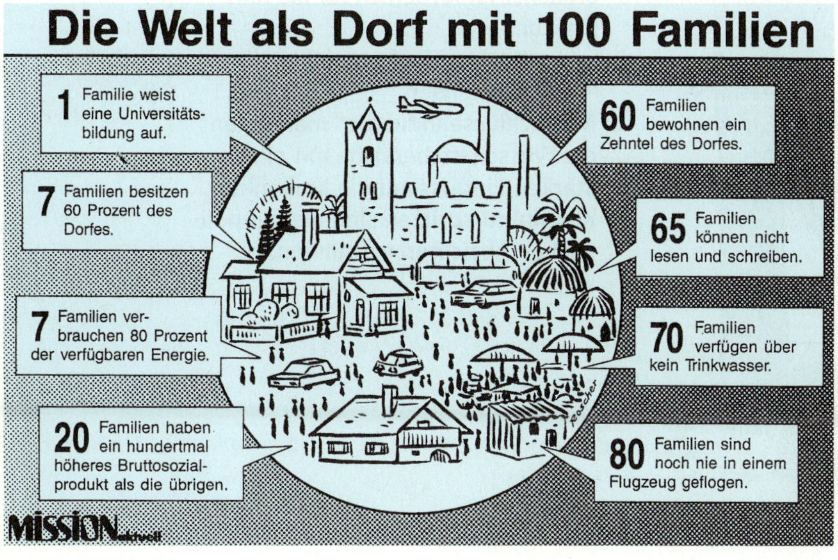

Zu den Armen dieser Erde zählen etwa 80 Prozent der Weltbevölkerung. Und die Kluft zwischen Arm und Reich wird immer größer.
Um die drängenden Probleme anschaulich zu machen, projizierte sie der indische Theologe Raimundo Panikkar auf ein Dorf mit 100 Familien. Es ist ein Dorf, in dem die meisten auf der Schattenseite leben: besitzlos, ohne Ausbildung und grundlegende Versorgung. Der Mehrheit fehlt selbst das Trinkwasser.

(aus: Mission aktuell, Heft 2/90)

Alles klar

1 Beschreibe die konjunkturelle Lage, die die Karikatur zur Grundlage hat.

Mahlzeit

2 Wenn du die Silben richtig zusammensetzt, erhältst du eine Aussage dazu, wie sich die Arbeitswelt verändert.

Im – we – schen – du – ren – im – mer – ter – mehr – mer – Men – pro – ni – ger – Gü – zie

Welche Folgen hat dies für die Bereiche: Arbeit – Sozialversicherungen – Steuereinnahmen – Maschinenbau – Mikroelektronik?

3 Nur 3 Aussagen stimmen!

a) In der Rezession verdienen Unternehmen und Arbeitnehmer überdurchschnittlich.

b) Realer Zuwachs des Bruttoinlandsprodukts ist niedriger als nominaler.

c) Erweiterungsinvestitionen können neue Arbeitsplätze schaffen.

d) Eine Schlüsselindustrie hat nur mit Stahl zu tun.

e) Umweltschutz schafft auch neue Arbeitsplätze.

f) Die Bundesregierung wacht über die Stabilität des Euro.

4 Welche der folgenden Aussagen sind richtig, welche falsch? Schreibe die falschen Aussagen in dein Heft und erkläre den Fehler.

A Bei Vollbeschäftigung gibt es keine Arbeitssuchenden mehr.

B Derzeit ist das Handlungsziel „außenwirtschaftliches Gleichgewicht“ erreicht.

C Stabilität des Preisniveaus bedeutet, dass sich die Preise nicht verändern dürfen.

D Der Staat hat keine Möglichkeiten bei Arbeitslosigkeit einzugreifen.

E Eine hohe Sparbereitschaft der Verbraucher ist förderlich für die Konjunktur.

F In der Hochkonjunktur sinken die Preise und Zinsen.

G Mit „Schlüsselindustrie“ meint man die Wirtschaftsbereiche mit einem starken Einfluss auf die Konjunktur.

H Konjunkturspritzen sind nie mit politischen Absichten verbunden.

Ökonomie und Ökologie

- Wohlstand und die Folgen
- Ressourcen schonen
- Nachhaltig wirtschaften

Wohlstand und noch mehr

Ein Samstagmorgen 2008:
Die Kaufhäuser und Supermärkte bieten alles, was das Herz begehrt. Die Regale sind gefüllt und jeder kann auswählen, ob Sprudel aus Hamburg oder Berlin, Jogurt aus Griechenland, Lammfleisch aus Neuseeland. Die Versorgung mit Waren aus aller Welt lässt keine Wünsche offen.

Ein Haushalt:
Behagliche Wohntemperatur, jederzeit die Möglichkeit heiß zu duschen – und die vielen elektrischen Helfer schaffen jeden Tag einen Lebensstandard, den wir nicht missen möchten.

Ein Bundesland:
Die Sommerferien haben begonnen. Flugreisen sind gebucht. Spanien und die Atlantikküste Frankreichs locken mit Erholung, Spaß und Sonnenschein.

Eine Familie:
Zum Glück haben sie zwei Autos, denn Arbeitsplätze, Sportgelegenheiten und Einkaufszentren sind weit. Die Jungen möchten abends ins Kino oder in die Disco. Unabhängig und jederzeit beweglich, das ist herrlich!

Ein Industriegebiet:
Die Stadt hat hier neuen Betrieben die Ansiedlung ermöglicht. Weitere Arbeitsplätze in verschiedenen Bereichen und damit neue Verdienstmöglichkeiten sowie Ausbildungsplätze wurden geschaffen.

Eine Messe:
High Tech mit revolutionären Entwicklungen, schnelleren und qualitativ besseren Maschinen und Geräten verspricht Produktivität und Komfort.

Eine Stadt:
Der Gemeinderat hat die Erschließung eines neuen Baugebiets mehrheitlich angenommen. 47 neue Mieteinheiten sollen entstehen, um mehr Neubürgern angemessene Wohnungen zu schaffen.

Eine Landschaft:
Weizenfelder, Maiskulturen, Obstplantagen, Weinberge und Gemüsefelder wechseln sich ab und versprechen gute Ernte.

Eine Prognose:
Auch im kommenden Jahr wird das Bruttoinlandsprodukt steigen. Besonders der Export sichert weiteres Wirtschaftswachstum. Es sei denn, der Höhenflug des Euro setzt sich fort und verteuert dadurch die deutschen Produkte im Ausland.

Ökonomie und Ökologie im Spannungsfeld

Mit riesigen Summen versuchen wir schon entstandene Umweltschäden zu „reparieren". Dazu zählen die steigenden Abfallentsorgungskosten, Wasserreinigungskosten, die Kosten für Altlastsanierungen und die Schadenskosten für Luftverschmutzungen.
Etwa 1,5 % unseres Bruttoinlandsprodukts, das sind viele Milliarden Euro pro Jahr, wenden Industrie und Staat für den Umweltschutz auf.
Was wir finanziell nicht messen können, sind die Verringerung der Lebensqualität, die Landschaftszerstörung und die Gesundheitsschädigung.

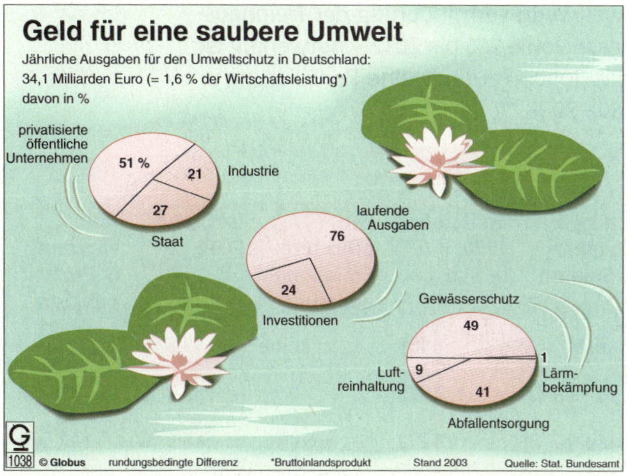

Gewinnstreben der Unternehmen, angemessenes Wachstum des Bruttoinlandsprodukts und die Steigerung des Wohlstands des Einzelnen werden mit dem Begriff der Ökonomie zusammengefasst. Um diese Ziele zu erreichen, vergessen wir oft, wie stark wir die Ökologie stören. Alle – Produzenten wie Konsumenten – sind gefordert, abzuwägen, umzudenken und schließlich zu handeln.

Ökonomie: Wirtschaft

Ökologie: Beziehungen zwischen Lebewesen und ihrer Umwelt

Was lokal erlebt wird, muss heute global betrachtet werden. Wir müssen Verantwortung für unsere Umwelt übernehmen, um sie für spätere Generationen zu bewahren. Nachhaltigkeit ist der Begriff, der das beschreibt – nicht auf Kosten der nachfolgenden Generationen leben.

Gleichzeitig ist „Global denken, lokal handeln" zum Schlagwort geworden. So beziehen wir Rohstoffe aus aller Welt, vergessen aber die Schäden, die in der Natur angerichtet werden.
Wir sehen das Möbelstück aus Tropenholz im Möbelhaus und machen uns meist nicht klar, dass dafür in Südamerika ein weiterer Teil des Regenwalds abgeholzt wurde. Als Folge daraus wird fruchtbarer Boden abgetragen und das Klima verändert sich weltweit.

Der Schutz der Umwelt ist eine Herausforderung an alle Staaten. Sie müssen durch Gesetze, Umweltabgaben oder Umweltsteuern Anreize schaffen, damit Industrie und Privatleute umweltschonend produzieren und konsumieren. Ziel dieser Maßnahmen ist es, ein Umweltbewusstsein bei allen zu schaffen und es als grundlegenden Bestandteil in unserem Leben zu verankern.

1 **Stelle in einer Collage oder Zeichnung das Spannungsfeld zwischen Ökologie und Ökonomie dar:**
beim Kauf eines Fahrzeugs, in der Landwirtschaft, beim Bau eines Hauses.

2 **„Nachhaltigkeit" oder „Global denken – lokal handeln" sind Schlagworte. Erläutere die Bedeutung mithilfe des Textes.**

Energieverbrauch und Luft

Kohle, Erdöl und Gas sind Rohstoffe, die nicht erneuerbar sind. Mit ihnen wird Energie sowohl für die industrielle als auch für die private Nutzung produziert. Doch der Preis unserer energieintensiven Lebensweise ist hoch. Durch die Verbrennung fossiler Rohstoffe erzeugen Industrie, Haushalte und Verkehr Millionen Tonnen von Schadstoffen. Emissionen aus Schornsteinen und Auspuffen führen zu einer hohen Belastung unserer Luft und somit zu einer Gefährdung unserer Gesundheit. Sie sind hauptverantwortlich für den zusätzlichen Treibhauseffekt und bedrohen das Klima dieser Erde.
Kohlenstoffdioxid – CO_2 – trägt maßgeblich zu einer Aufheizung der Atmosphäre bei. Folgen einer Klimaveränderung können Überschwemmungen, Dürren und Wirbelstürme sein.

Auf der 3. Weltklimakonferenz in Kyoto wurde 1997 das „Kyoto-Protokoll" verabschiedet. Darin verpflichten sich die teilnehmenden Staaten, den Ausstoß der Treibhausgase zu reduzieren. Ausgangspunkt für die Verminderung sind die Emissionswerte von 1990. Die einzelnen Länder sind dabei unterschiedliche Verpflichtungen eingegangen, die sie bis 2012 erfüllen müssen.

Umweltschützer zweifeln daran, dass diese Ziele erreicht werden. Außerdem genügen die Anstrengungen nicht, um die Erderwärmung nachhaltig zu verhindern. Das Kyoto-Protokoll vereinbart eine weltweite Verminderung der Treibhausgase von 5,2% bis 2012 – notwendig ist bis 2050 allerdings eine Reduzierung um 60 – 80%.

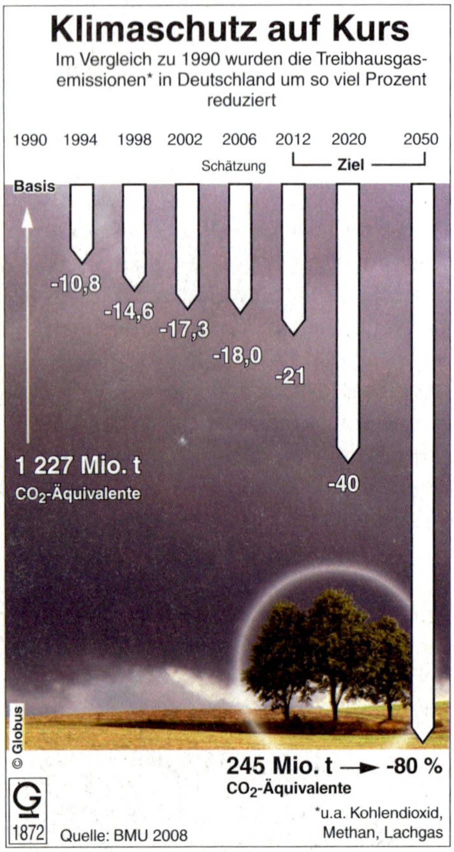

ausgewählte Staaten	Emissionen 1990 in Mio. t	verpflichtete Emissionsänderung	Ist-Stand 2004	Abweichung in Prozentpunkten
USA	6103	keine	+15,8 %	
Russland	2975	0 %	−32,0 %	−32,0 %
Japan	1272	−6,0 %	+6,5 %	+12,5 %
Deutschland	1226	−21,0 %	−17,2 %	+3,8 %
Ukraine	925	0 %	−55,3 %	−55,3 %
Kanada	599	−6,0 %	+26,6 %	+32,6 %
Frankreich	567	0 %	−0,8 %	−0,8 %
Polen	459	−6,0 %	−31,2 %	−25,2 %
Italien	520	−6,5 %	+12,1 %	+18,7 %

Wikipedia: Kyoto-Protokoll / Teiltabelle

1 **Die Entwicklungsländer werden zunehmend mehr Energie verbrauchen. Diskutiert die Auswirkungen in einer Gruppe und präsentiert das Ergebnis.**

2 **Erstelle eine Wandzeitung mit den aktuellen klimapolitischen Zielen der EU und Deutschlands.**

Maßnahmen

Speziell zur Reinhaltung der Luft hat der Staat verschiedene Verordnungen und Gesetze geschaffen. Dadurch werden Industrie und private Haushalte veranlasst, ihre Produktionsanlagen, Häuser, Autos usw. so auszustatten, dass die Schadstoffemissionen verringert werden.

Beispiel: Schadstoffreduzierung
Durch die flächendeckende Einführung von Rauchgasentschwefelungs- und -entstickungsanlagen wurden in der Elektrizitätswirtschaft seit dem Jahr 1990 rund 90 % weniger Schwefeldioxide und ca. 70 % weniger Stickstoffoxide ausgestoßen als noch 1982, als die Installation noch nicht vorgeschrieben war.
Die jährlichen Mehrkosten durch Entstickung und Entschwefelung von fossil befeuerten Kraftwerken in Deutschland belaufen sich auf etwa 2,5 Mrd. Euro. Sie verteuern den Kohlestrom durchschnittlich um 1,5 Eurocent je Kilowattstunde.

Beispiel: Wärmedämmung
Bundesweit entfallen ca. 23 % des jährlichen CO_2-Ausstoßes auf private Haushalte. Besonders wichtig ist die Wärmedämmung in Altbauten.

Die Infrarot-Kamera macht die Wärmeverluste sichtbar (gelb bis rot). Sie zeigt aber auch, was Spezialfenster bringen (grün bis blau). Energiesparen fängt mit einer guten Wärmedämmung des Hauses an. So kostet bei der Erneuerung des Außenputzes die Wärmedämmung 60 bis 80 € pro m², reduziert jedoch die Wärmeverluste um 65 bis 90 %.

Bundes-Immissionsschutzgesetz
Gesetz zum Schutz vor schädlichen Umwelteinwirkungen durch Luftverunreinigungen, Geräusche und Erschütterungen.
In der 35. Verordnung werden Kraftfahrzeuge Schadstoffgruppen zugeordnet und „Feinstaub"-Plaketten eingeführt.

Benzinbleigesetz
Der Gehalt an Blei und Metallverbindungen in Kraftstoffen wird beschränkt.

Energieeinsparverordnung
Verordnung über energiesparenden Wärmeschutz und energiesparende Anlagentechnik bei alten und neuen Gebäuden.

Verordnung für Großfeuerungsanlagen
Feuerungsanlagen für feste Brennstoffe sind so zu errichten, dass die staubförmigen Emissionen im Abgas eine Massenkonzentration von 20 Milligramm je Kubikmeter nicht überschreiten.

Beispiel: Ökonomischer Anreiz
Seit langem werden vom Staat finanzielle Anreize geschaffen, den Schadstoffausstoß von Kraftfahrzeugen mithilfe von Katalysatoren und Filtern zu reduzieren.
Beispielsweise erhält der Besitzer eines Dieselfahrzeugs, der sein Auto mit einem Rußfilter nachrüstet, unter bestimmten Bedingungen einen einmaligen Steuernachlass von 330 €. Das sind mehr als 50 % der Einbaukosten.

Eine andere Möglichkeit ist, die Kfz-Steuer auf eine Besteuerung nach CO_2-Ausstoß (g/km) umzustellen. Das würde alle Fahrzeuge mit niedrigem Kraftstoffverbrauch begünstigen.

Erneuerbare Energien

Energiesparen und technische Verbesserungen tragen dazu bei, die Schadstoffemissionen zu vermindern. Eine weitere Reduzierung kann man erreichen, indem man Wasser, Wind, Sonne oder Biomasse zur Erzeugung von Energie einsetzt.

Wasserkraft wird seit langer Zeit genutzt. Wind- und Solarkraftwerke werden zwar immer mehr gebaut, bedürfen jedoch nach heutigem Stand staatlicher Unterstützung und weiterer Entwicklungen, um sie wirtschaftlich attraktiver zu gestalten.

Hoher finanzieller Aufwand beim Bau solcher „Energiewandler" und großer Flächenbedarf sind oft Hindernisse, die erneuerbaren Energien, wie Wasser, Wind und Sonne, verstärkt zu nutzen.

Beispiel: Biogas

Biogas entsteht beim bakteriellen Abbau von organischem Material unter Luftabschluss (Vergärung) zusammen mit Wasser bei Temperaturen zwischen 20 und 55 °C.
Es unterscheidet sich vom Klär- und Deponiegas vor allem durch einen höheren Methangehalt (55 bis 75 %) und somit einen höheren Energiegehalt (5,5 bis 7,5 kWh/m³).

Methan kann in Kesseln, Gasmotoren oder Turbinen verbrannt werden und so Wärmeenergie oder mechanische Energie bzw. mithilfe von Kraft-Wärme-Kopplung beides gleichzeitig erzeugen.

Seit 1983 betreibt die zwischen Ravensburg und Tettnang gelegene Stiftung Liebenau auf ihrem landwirtschaftlichen 300-ha-Betrieb eine Biogasanlage zur Einsparung fossiler Energie.
Die Gülle von ca. 300 Rindern und Schweinen wird zur Biogaserzeugung genutzt. Die Energie für die Anlage wird mithilfe einer Wärmepumpenanlage durch die Nutzung von Überschusswärme aus den Stallgebäuden bereitgestellt.
Der Gasertrag beläuft sich auf etwa 400 m³/Tag, die Heizöleinsparung beträgt ca. 95 000 l/Jahr. Nimmt man einen Preis von 0,90 € pro Liter Heizöl, ergibt sich eine Einsparung von 85 500 €.

1 **Sammelt Beispiele, wie Energie gespart und der Rohstoffverbrauch vermindert werden kann. Als Anregung kann die Wandzeitung auf Seite 213 dienen.**

Was kostet die Beleuchtung?

Super-Sonderangebot 50 Cent

Energie-Sparangebot 7,99 Euro

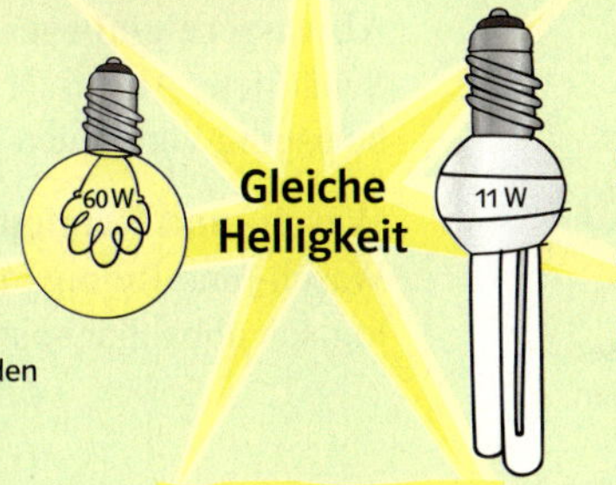

Gleiche Helligkeit

Lebensdauer
1000 Stunden

Anschaffungskosten
10 x 0,50 € = 5,00 €

Betriebskosten
10 000 Stunden
x 0,060 kW
x 0,22 €/kWh

= 132,00 €
+ 5,00 €

Summe: 137,00 €

Anschaffungskosten: 2,99 € günstiger

Betriebskosten: 107,80 € höher

Lebensdauer
10 000 Stunden

Anschaffungskosten
1 x 7,99 €

Betriebskosten
10 000 Stunden
x 0,011 kW
x 0,22 €/kWh

= 24,20 €
+ 7,99 €

Summe: 32,19 €

Anschaffungskosten: 2,99 € höher

Betriebskosten: 107,80 € günstiger

Beispielrechnung mit Strompreis 0,22 €/kWh

Ersparnis beim Einsatz einer einzigen Energiesparlampe bei einer Leuchtdauer von 10 000 Stunden: 104,81 €

In Kooperation mit der Stadt Emmendingen bauten Privatinvestoren eine Wasserkraftanlage zur Stromerzeugung.
Die Wasserkraftanlage Am Tor ergänzt die 4 noch bestehenden Wasserkraftwerke am Mühlbach sinnvoll.
Mit dieser Anlage lassen sich mehr als 300 000 Kilowattstunden pro Jahr erzeugen. Das ist Strom für ca. 100 Durchschnittshaushalte bzw. 300 Energie sparende Haushalte.

Wussten Sie, …
… wie Ihnen eine berufliche Fahrgemeinschaft Ihren Urlaub finanziert?
Ein Rechenbeispiel:
Täglicher Arbeitsweg: 50 Kilometer

Variable Kosten pro km: 20 Cent
50 x 0,20 € = 10 €
10 € x 200 Arbeitstage = 2000 €
Das bedeutet: Wenn sich zwei Arbeitskollegen / Arbeitskolleginnen bei der Fahrt zur Arbeit abwechseln, spart jede/r 1000 € pro Jahr an variablen Kosten fürs Auto. Davon können Sie gut Urlaub machen. Umweltfreundlich natürlich!

Ohne Wasser läuft nichts

Fast drei Viertel der Erdoberfläche sind von Wasser bedeckt. Stell dir die gesamte Wassermenge der Erde als eine gefüllte Badewanne (150 Liter) vor:

Trinkwasserverordnung
Sie enthält Bestimmungen über die Beschaffenheit des Trinkwassers und die Überwachung durch die Gesundheitsämter.

Wasserhaushaltsgesetz
Die Benutzung der Gewässer, insbesondere die Entnahme und das Einleiten von Abwasser, ist von einer behördlichen Genehmigung abhängig.

Abwasserabgabegesetz
Schädliche Abwässer sollen durch Kostenbelastung vermieden werden.

Wasch- und Reinigungsmittelgesetz
Wasch- und Reinigungsmittel müssen biologisch abbaubar sein.

Grundwasser, Quellen und Gewässer
- bieten Raum für vielfältiges Leben von Pflanzen und Tieren,
- dienen der Trinkwasserversorgung,
- erfüllen die Bedürfnisse des Menschen nach Freizeit und Erholung,
- stellen Wasser zur landwirtschaftlichen Bewässerung und industriellen Nutzung zur Verfügung,
- nehmen Wasser aus Wohnsiedlungen und Industrie auf, das in Kläranlagen gereinigt wurde,
- ermöglichen die Entnahme und Einleitung von Kühlwasser für Kraftwerke.

Wasserverbrauch einer vierköpfigen Familie pro Tag

Gefahren für dieses kostbare Gut

- Chemikalien wie Reinigungs- und Waschmittel, Heimwerkerchemikalien oder Medikamente verunreinigen das Wasser und lassen es gesundheitsschädlich werden.
- Das Sickerwasser aus nicht genügend gesicherten Deponien gelangt ins Grundwasser und belastet es.
- Die in Abluft und Abgasen enthaltenen Schwefeloxide und Stickstoffoxide gelangen über den „sauren Regen" als Gemisch verschiedener Säuren ins Wasser.
- Übermäßige Düngung bringt Nitrate ins Grundwasser.
- Industrielle Abwässer und Abwärme stören das ökologische System.

1 **Hole Informationen über die Wasserqualität sowie den Preis für Wasser und Abwasser in deiner Gemeinde ein.**

2 **Wie kann man im privaten Haushalt den Wasserverbrauch verringern und die Belastung des Abwassers vermeiden?**

„Die beste Abwasserreinigung ist die, die man nicht braucht."

Neben vielen anderen Umweltschutzaktivitäten erzielte die Fürstlich Fürstenbergische Brauerei KG besonders durch den Bau einer modernen Flaschenwaschanlage Erfolge für den Umweltschutz. Der Wasserverbrauch konnte um ca. 20 % und der Reinigungsmittelverbrauch sogar um ca. 45 % vermindert werden.
Seit ein Kühlwasserkreislauf eingerichtet wurde, wird kein erwärmtes Wasser mehr in die Brigach eingeleitet.
Neue Ammoniakverdichter verhindern den Austritt dieses Schadstoffs.
Durch Ressourcenschonung und Schadstoffvermeidung konnten so auch die laufenden Kosten für Wasser und Abwasser gesenkt werden. „Umweltschutz lohnt sich", so die eindeutige Aussage der Verantwortlichen.

Nutzwasserkreislauf: Beispiel einer Privatinitiative

Familie Bühler ließ nachträglich eine Regenwasseraufbereitungsanlage einbauen, um daraus Nutzwasser für die Toilettenspülung, Gartenwässerung und zum Waschen der Arbeitskleidung in der Waschmaschine zu entnehmen. Die Installation aller notwendigen Einbauten kostete 7700 Euro.
Nach circa vier Jahren kann Frau Bühler laut Stundenzähler folgende Rechnung aufstellen:
235 Betriebsstunden à 3 000 l
= 705 000 l = 705 m^3.

Bei einem Wasserpreis von 2,05 €/m^3 ergibt sich eine Einsparung von 1445,25 €. Das deckt die Kosten noch lange nicht, aber die vierköpfige Familie hat einen Beitrag zur Umweltschonung geleistet.

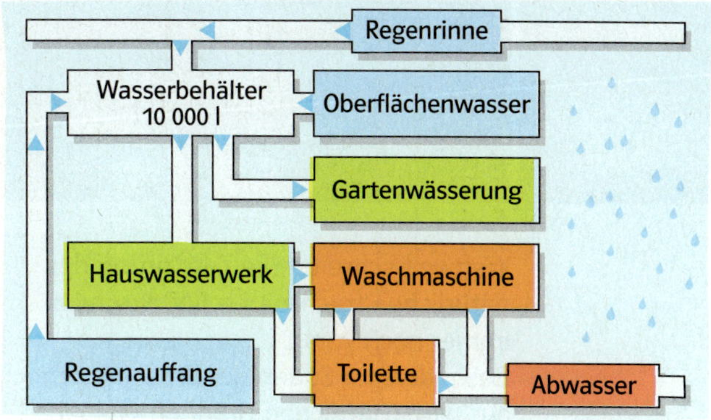

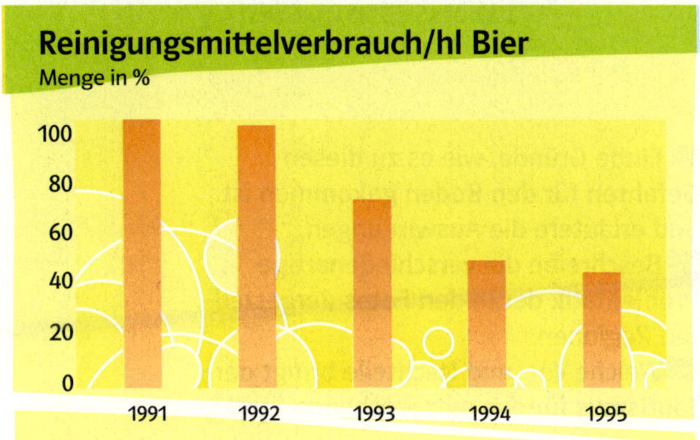

3 **„Die Frage ist nicht, was uns der Umweltschutz kostet, sondern was er uns wert ist."
Nimm Stellung zu dieser Aussage anhand des Beispiels der Familie Bühler.**

4 **Was bedeutet eine Schadstoffreduzierung im Abwasser für die Gemeinde?**

5 **„Umweltschutz lohnt sich langfristig." Begründe diese Aussage anhand von Beispielen.**

Nutzung und Belastung des Bodens

Weltweit schreitet die Zerstörung der natürlichen fruchtbaren Bodenschicht immer noch voran.
Besonders im Süden der Erde werden aus wirtschaftlichen Gründen Wälder abgeholzt oder durch Brandrodung in Ackerland verwandelt. Zu viele Tiere werden auf den Weideflächen gehalten. Die Folgen sind Auslaugung, Erosion und Verödung. Was den Menschen in diesen Ländern heute zur Existenzsicherung dient, zerstört langfristig ihre Lebensgrundlage.

Erosion: Bodenabtrag

Aber auch bei uns wird der Boden durch chemische Düngung und Schädlingsbekämpfungsmittel in der Landwirtschaft belastet. Der Bau von immer mehr Straßen und Häusern versiegelt den Boden. Dort kann Regenwasser nicht mehr versickern, der natürliche Lebensraum von Pflanzen- und Tierwelt wird zerstört.

Tourismus ist für viele Länder ein wichtiger Wirtschaftsfaktor. Dadurch werden Arbeitsplätze geschaffen und zusätzlich Kulturdenkmäler geschützt. Doch Hotelburgen, bequeme und schnelle Anfahrtswege und der gewaltige Konsum der Urlauber tragen gleichzeitig zum Zerfall der traditionellen Landwirtschaft und zur Zersiedelung bei. Urlauber sehen oft nur die Sonnenseite des Landes, selten die Problematik.

Gefahr für den Boden und die Gesundheit der Menschen liegt auch in vielen abgebauten Industrieanlagen und stillgelegten Mülldeponien. Wegen des Verdachts auf Altlasten müssen diese Flächen untersucht und saniert werden.

Feuer vernichtet Waldregionen

Schlammlawine verwüstet Alpendorf

Versiegelte Böden verstärken Hochwasserspitzen

Altlasten verseuchen Neubaugebiet

Verdichtete Böden durch schwere Maschinen

1 **Finde Gründe, wie es zu diesen Gefahren für den Boden gekommen ist und erläutere die Auswirkungen.**
2 **Beschreibe die verschiedenartige Problematik der in den Fotos dargestellten Regionen.**
3 **Welche Vor- und Nachteile bringt der Tourismus für das entsprechende Land?**

Pilotprojekt: Ökowäsche ohne Aufpreis

Coop, eine große Handelskette in der Schweiz, feiert seit 1995 große Erfolge mit Naturtextilien und beweist gleichzeitig, dass Ökoware nicht teurer sein muss als herkömmliche. Wie ist das möglich?

Bio-Anbau in Indien: Dort wo die Böden durch intensiven Baumwollanbau längst ausgelaugt waren, startete eine schweizerische Garnhandelsfirma ihr Projekt. Die neu aufgebaute Maikaal-Spinnerei stellte den Bauern biologisches Saatgut zur Verfügung und verpflichtete sich zur Abnahme der Ernte, für die sie einen Aufschlag von 15 % auf den Marktpreis zahlt. Gleichzeitig lernten die Bauern statt giftiger Chemikalien biologische Schädlingsbekämpfungsmittel einzusetzen. Außerdem verwenden sie keinen Kunstdünger mehr und düngen nur noch mit Kuhdung, aus dem auch Biogas gewonnen wird.

Biologische Herstellung: Inzwischen produzieren rund 10 000 Bauern in Indien und Tansania ca. 12 500 t Bio-Baumwolle. Auch in der Weiterverarbeitung wird der ökologische Anspruch verwirklicht: keine Chlorbleiche, Färbung mit schwermetallfreien Farben, keine Formaldehydzusätze, sondern mechanische Veredelung und Abwasserbehandlung in den Fertigungsbetrieben.

Wirtschaftlichkeit: Die aufwendige Herstellung der Öko-Kleidung kostet etwa 30 % mehr als die übliche. Als Massenproduzent kann Coop die Mehrkosten auf 20 % senken, die nicht auf den Verkaufspreis geschlagen werden. Sie können zunächst durch einen betriebsinternen Ökofonds finanziert werden. Durch den Verkaufserfolg können die Hersteller inzwischen jedoch kostengünstiger produzieren – und vielleicht veranlassen die Verbraucher durch eine erhöhte Nachfrage nach Öko-Produkten mehr Firmen, einen neuen Weg zu gehen.

§ **Gesetz zur Bau- und Raumordnung**
Mit Grund und Boden soll sparsam und schonend umgegangen werden, dabei sind Bodenversiegelungen auf das notwendige Maß zu begrenzen.

Nach diesem Gesetz muss eine Gemeinde, die einen neuen Bebauungsplan aufstellt, Ausgleichsmaßnahmen für die bebauten und versiegelten Flächen nachweisen, d. h., innerhalb oder außerhalb des bebauten Gebietes soll eine ebenso große Naturfläche in ihren ursprünglichen Zustand zurückgeführt und gepflegt werden. Finanziert wird dies gemeinsam durch die Kommune und die Eigentümer der Neubauten.

4 **Stelle das Pilotprojekt vor und berücksichtige die folgenden Fragen:**
a) Was veranlasste die Bauern ihre Anbauweise umzustellen?
b) Welche veränderten Maßnahmen führten zum Bio-Anbau?
c) Welche Personenkreise können den Bio-Anbau und seine Vermarktung fördern?

5 **Eingriff in die Natur – Ausgleich in der Natur. Beschreibe diesen Zusammenhang am Beispiel des Gesetzes und des Textes.**

Methode: Szenario

Heute die Zukunft entwickeln

„Hilfe … Die Erde SCHMILZT!" wird der Frau in den Mund gelegt. Wer kommt auf diese merkwürdige Idee: die Erde als Eiskugel – was steckt dahinter – wie kommt es zu dieser Aussage?

Da hat jemand eine bestimmte Vorstellung, was mit unserer Erde passieren wird. Nur welche Gründe und Annahmen führen zu diesen Gedanken?
Vielleicht stand ein Szenario am Anfang. In einem Szenario soll nämlich eine Vorstellung von der Zukunft entwickelt werden, die der wahrscheinlichen Entwicklung sehr nahe kommen könnte.

Das bedeutet natürlich, dass man sich mit einem Thema eingehend beschäftigen muss, denn ohne die aktuellsten Informationen kann man kaum vorhersehen, wie sich etwas entwickeln könnte. Dabei darf auch nicht vergessen werden, dass es nie eine Einbahnstraße beim Denken geben darf, denn viele verschiedene – manchmal kaum vorstellbare – Dinge können Einfluss auf die Zukunft nehmen.

Mithilfe der Szenario-Methode soll von deiner vertrauten jetzigen Welt ausgehend, eine möglichst genaue Vorstellung von der Zukunft entstehen.

Sich eine Zukunft vorzustellen heißt für uns, die Entwicklungen der nächsten 5, 10, höchstens 20 Jahre möglichst genau vorauszusagen.

Es werden immer zwei Szenarien entwickelt:
- Positives Extremszenario: die günstigstmögliche Zukunftsentwicklung (best-case-scenario)
- Negatives Extremszenario: die schlechtestmögliche Zukunftsentwicklung (worst-case-scenario)

Daraus entsteht ein Trendszenario, das den wahrscheinlichen Mittelweg bei der Entwicklung der Zukunft darstellt.

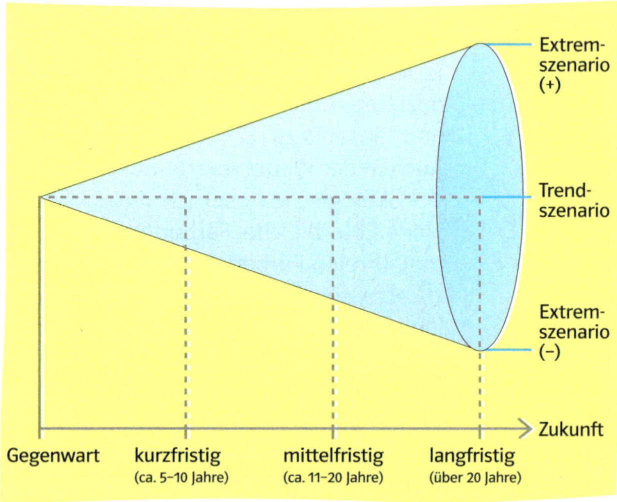

Dieses Trendszenario muss zum Abschluss präsentiert werden. Es soll eine möglichst aussagekräftige, vorstellbare Vision vorgestellt werden. Die Zuhörer oder Betrachter müssen sich in die Situation hineinversetzt fühlen. Letztendlich verfolgen die Entwickler bzw. Auftraggeber eines Szenarios bestimmte Ziele und dafür muss Überzeugungsarbeit geleistet werden.

Ein paar wichtige Schritte, damit das Szenario auch klappt.

1. Schritt: Thema eingrenzen
Sucht euch ein aktuelles Thema aus dem Bereich Ökonomie und Ökologie.

Unser Thema ist das 1-Liter-Auto.

2. Schritt: Zeitraum festlegen
Überlegt euch, bevor ihr mit der Arbeit beginnt, auf welchen Zeitraum sich das Szenario beziehen soll.

Wir untersuchen einen Zeitraum von 10 Jahren.

3. Schritt: Informationen sammeln
Nun kommt der wichtigste Teil der Vorbereitung eines Szenarios. Ihr müsst Informationen beschaffen.

- Wie ist der aktuelle Stand zu eurem Thema?
- Welche Entwicklungen gab es bisher?
- Welche neuen Entwicklungen sind erkennbar?
- Welche Prognosen sind schon vorhanden?
- Welche Einflüsse gibt es aus anderen Bereichen (z. B. Politik, Gesellschaft)?

Die Informationen müssen aus verschiedenen Quellen stammen, die nachvollziehbar und überprüfbar sind (Lexika, Fachbücher, Zeitschriften, Tageszeitung, Internet). Wichtig ist, dass ihr alle Informationen selbst verstanden habt.

Aktueller Stand: Das 3-Liter-Auto gibt es schon ...

Entwicklungen bisher: Sparsame Motoren, z. B. ...

Neue Entwicklungen zu erkennen bei: Leichtbaufahrzeugen, ...

Vorhandene Prognosen: Benzinpreis könnte in 10 Jahren auf 4 Euro steigen ...

Einflüsse aus anderen Bereichen: öffentlicher Nah- und Fernverkehr ...

4. Schritt: Unterschiedliche Sichtweisen beachten
Berücksichtigt in jedem Fall die unterschiedlichen Standpunkte, die es immer zu einem Thema gibt – auch besonders dann, wenn sie nicht eurer Meinung entsprechen.

3-Liter-Auto genügt ...
Nur mit 1-Liter-Auto ist Individualverkehr noch möglich ...

5. Schritt: Szenarien entwickeln
Positivste Entwicklung
Erarbeitet aus all euren Erkenntnissen jetzt die aus eurer Sicht positivste Entwicklung.

Negativste Entwicklung
Stellt nun aus eurer Sicht die denkbar negativste Entwicklung dar.

Trendszenario
Aus den beiden Extremszenarien müsst ihr jetzt die Variante erstellen, die eine wahrscheinliche, einleuchtende Entwicklung darstellt.

Positiv: in 10 Jahren weit verbreitet, kaum noch Abgase durch Autos ...

Negativ: 1-Liter-Auto unmöglich, viele große spritfressende, umweltschädigende Autos ...

Trend: 2,5-Liter-Auto teuer, viele verbrauchsarme, abgasreduzierte Autos, weniger Autos ...

6. Schritt: Trendszenario präsentieren
Die Ergebnisse des Trendszenarios müssen der Zielgruppe so präsentiert werden, dass sie verständlich, übersichtlich und überzeugend sind.
Ihr müsst dazu auch auf Fragen und Erläuterungswünsche eingehen können.

Grafik mit Verbrauchsentwicklung, Abnahme der Zulassungszahlen

Das richtige Maß

Das Bruttoinlandsprodukt eines Landes bezieht sich auf die wirtschaftlichen Leistungen seiner Einwohner. Veränderungen zeigen an, ob eine Wirtschaft wächst oder schrumpft.
Wirtschaftswachstum ist aber immer mehr mit „heimlichen Kosten" verbunden, die längerfristig gesehen den erreichten Wohlstand wieder einschränken können.

Wenn die Gesundheit von Menschen beeinträchtigt, Natur und Gebäude geschädigt werden, Grundwasserreserven abnehmen und Abfallberge wachsen, muss dies in die Rechnung mit einbezogen werden.
Die Werte der Auswirkungen von Luft-, Boden- und Wasserbelastungen müssten vom Bruttoinlandsprodukt abgezogen werden. Das Ergebnis wäre dann das sogenannte Ökoinlandsprodukt, das den tatsächlichen Wohlstand eines Landes beschreiben könnte.

Abfallaufkommen pro Person und Jahr

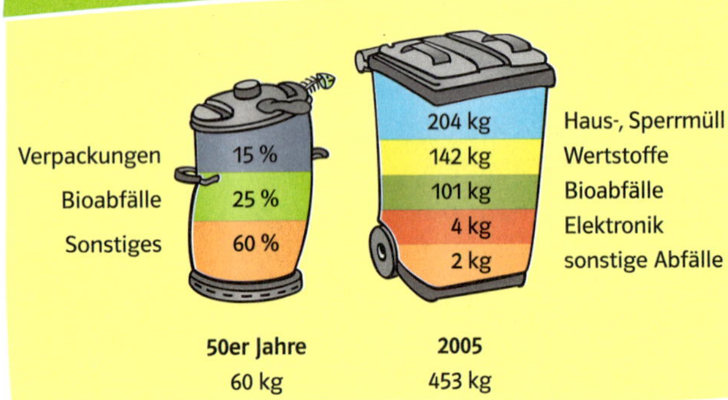

Während in den 50er Jahren jeder Deutsche etwa 60 kg Abfälle produzierte, waren es Mitte der 80er Jahre schon 300 kg pro Einwohner, die in den Hausmüll wanderten. Inzwischen gibt es das „Duale System" und die wiederverwertbaren Abfälle werden getrennt gesammelt. Der Restmüllanteil ist von 87 % (1990) auf 42 % (2005) gesunken. Jedoch ist die Gesamtmenge des Hausmülls auf 453 kg pro Person angestiegen.

Beim Zerkleinern verschiedener Arten von Schrott entstehen wieder verwertbare Stoffe und Schredderabfälle.

Hausmüll und Sperrmüll landen in Müllverbrennungsanlagen, die nur unter hohen Umweltauflagen arbeiten dürfen. Ein weiteres Problem unserer Industrie- und Konsumgesellschaft sind die Sonderabfälle und Reststoffe, die so entsorgt werden müssen, dass keine Schadstoffe in Boden, Wasser oder Luft gelangen können.

„Hurra, wieder 2,5 Prozent höher!"

1 **Die Karikatur bringt Wirtschaftswachstum und Umweltbelastung in einen Zusammenhang. Erkläre diesen Zusammenhang mit den Begriffen Bruttoinlandsprodukt, Umweltbelastungen, Rohstoffentnahme. Suche Lösungsvorschläge.**

2 **Versuche die Erhöhung des Abfallaufkommens zu erklären.**

Um Abfallmengen zu reduzieren und wertvolle Rohstoffe zu nutzen, gilt beim Umgang mit endlichen Ressourcen folgender Grundsatz:

Vermeiden vor Verringern
Verringern vor Verwerten
Verwerten vor Entsorgen

Chancen für die Umwelt
Alle Gesetze und sonstigen Regelungen im Umweltschutz haben das Ziel, das menschliche Verhalten so zu steuern, dass eine bestimmte Umweltqualität erhalten bleibt oder wieder hergestellt werden kann.

Die Umweltpolitik folgt zur Verwirklichung dieses Ziels im Wesentlichen den unten beschriebenen Prinzipien:

3 **Ist der Grundsatz auf dem Zettel eine Chance für die Umwelt?**

4 **Ordne folgende Verordnungen und Auflagen dem entsprechenden Prinzip zu:**
- **Jede Kfz-Werkstatt muss Öl- und Benzinabscheider einbauen lassen.**
- **Die privaten Haushalte müssen Müll- und Abwassergebühren bezahlen.**
- **Kommunen und Kreise sind für die Abfallbeseitigung zuständig.**

Verursacherprinzip
Der Schutz der Umwelt kostet Geld. Wer einen Schaden verursacht, trägt die Verantwortung und die Kosten dafür.

Wer ist nun Verursacher? Zum Beispiel der Hersteller, der einen gefährlichen Stoff bei der Produktion seiner Erzeugnisse verwendet und diesen an Handel und Verbraucher weitergibt.
Aber auch der Anwender eines Produkts kann als Verursacher gelten.

Vorsorgeprinzip
Durch entsprechende Maßnahmen soll erreicht werden, dass Umweltschäden erst gar nicht auftreten.

Die Verhütung eines Schadens kommt allemal billiger als seine Beseitigung. Ob es um Landverbrauch beim Straßenbau, die Errichtung einer Müllverbrennungsanlage oder die Sauberhaltung der Luft geht – Vorsorge zahlt sich aus.

Kooperationsprinzip
Staat und Gesellschaft bzw. Wirtschaft sollen beim Umweltschutz zusammenarbeiten.

Angestrebt werden Lösungen, die alle mittragen können. Prinzipien und Verordnungen bewirken nur etwas, wenn die Kommunen, die Industrie und alle Bürgerinnen und Bürger im praktischen Umweltschutz an einem Strang ziehen.

Kreislaufwirtschaft

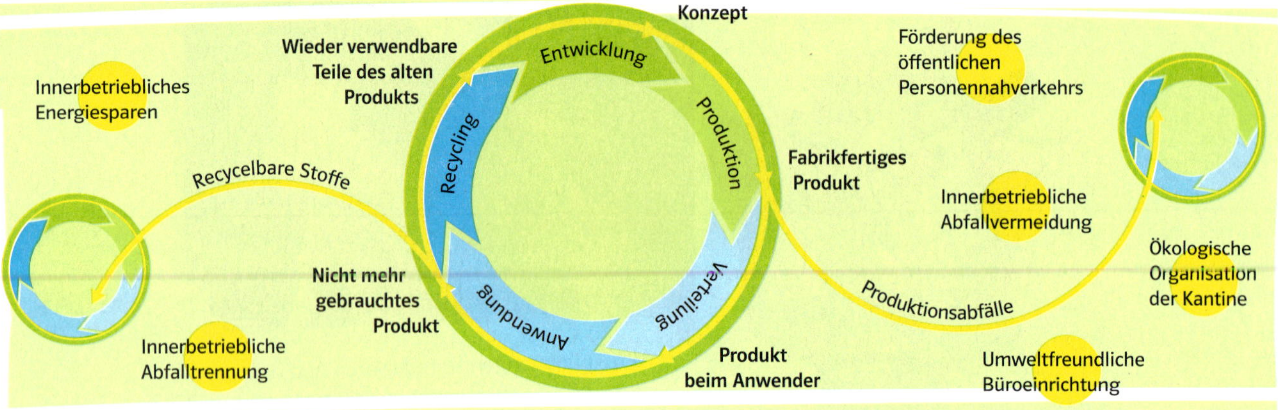

Im Kreislaufwirtschaftsgesetz von 1996 wurde ein Rahmen geschaffen, der dem Grundsatz des nachhaltigen Wirtschaftens Rechnung trägt. Ziel einer Kreislaufwirtschaft ist es, langfristig Ressourcen zu schonen und abfallarme, langlebige Produkte zu entwickeln. Wer Güter produziert, vermarktet oder konsumiert, soll auch für die Vermeidung, Verwertung und umweltverträgliche Beseitigung der Abfälle verantwortlich sein.
Jeder Einzelne kann seinen Beitrag zum nachhaltigen Wirtschaften leisten. Schon bei der Kaufentscheidung müssen die Verbraucher auf Güter achten, deren Produktion und Verwendung weder heute noch in Zukunft die Lebensgrundlagen des Ökosystems Erde gefährden können. Umweltfreundliche Produkte sind besonders gekennzeichnet.

Verpackungsverordnung

§ 1 Abfallwirtschaftliche Ziele

(1) Die Verordnung bezweckt, die Auswirkungen von Abfällen aus Verpackungen auf die Umwelt zu vermeiden oder zu verringern.

§ 4 Rücknahmepflichten für Transportverpackungen
Hersteller und Vertreiber sind verpflichtet, Transportverpackungen nach Gebrauch zurückzunehmen.

1 Erstelle eine Checkliste für den umweltgerechten Einkauf von Wasch- und Reinigungsmitteln, Kühl- und Gefriergeräten, Wandfarben, Getränken, Heften und Umschlägen.

2 Welche Grundsätze der Kreislaufwirtschaft haben verschiedene Firmen verwirklicht?

Gut durchdachte Bürostühle leben länger
Auch noch 10 Jahre nach Serienende können Ersatzteile nachbestellt werden.

Keine unnötigen Fahrten
Täglich sind mehr als 300 Busse im Pendelbussystem zu den Werkstoren von BMW im Einsatz, um Individualverkehr zu reduzieren.

Grüne PCs
Heute bis zu 95 % recycelbar und bis zu 80 % weniger Energieverbrauch

Nach Gebrauch zurück
Altbeläge aus Kautschuk werden zurückgenommen und zu Granulat verarbeitet. Aus dem Rohstoff können spezialisierte Firmen neue Industrie- oder Sportplatzbeläge herstellen.

Süße Fracht
Durch Verwendung von leichter Stretchfolie statt schwerer Kunststoffhauben für den Versand der Leckereien konnten 20 000 kg Kunststofffolien eingespart werden.

Betriebsrat: Wird von den Arbeitnehmern und Angestellten eines Betriebes (ab 5 Arbeitnehmern) in geheimer Wahl gewählt.

Betriebsvereinbarung: Absprache zwischen Betriebsleitung und Betriebsrat über ganz spezielle betriebliche Angelegenheiten (z. B. Pausenregelung).

Boom: Wenn der Aufschwung seinen Höhepunkt erreicht hat und die Produktionsanlagen ausgelastet sind, wird vom Boom gesprochen. Man unterscheidet einen Boom der Gesamtwirtschaft vom Boom einzelner Branchen, wie z. B. der Autoindustrie.

Branche: Ein bestimmter Wirtschaftszweig, wie z. B. die Chemieindustrie, Versicherungen, Straßenbau usw.

Browser: Der Browser ist ein Computerprogramm, mit dem die Inhalte aus dem Internet dargestellt werden können.

Bruttoinlandsprodukt: Alle Leistungen einer Volkswirtschaft, die im Laufe eines Jahres von Inländern und Ausländern in den Grenzen eines Staatsgebietes erbracht worden sind, werden als Bruttoinlandsprodukt bezeichnet. Es wird in Geldwert gemessen.

Bruttolohn: Lohn oder Gehalt, bei dem noch keine Sozialabgaben und Steuern abgezogen sind. Der Bruttolohn ist immer höher als der Nettolohn.

Bruttosozialprodukt: Hierbei wird nur der Wert gemessen, der von den jeweiligen Staatsbürgern geschaffen wurde. Einnahmen von Deutschen im Ausland werden hinzugerechnet, die Einnahmen von Ausländern in Deutschland dagegen abgezogen.

Bürgerliches Gesetzbuch (BGB): In ihm stehen die meisten Bestimmungen über die Rechte und Pflichten beim Kaufvertrag.

Bürgschaft: Eine dritte Person (Bürge) erklärt sich bereit, im Falle der Zahlungsunfähigkeit des Schuldners für die Schulden aufzukommen. Der Kreditgeber hat also zwei Schuldner.

Bundeskartellamt: Staatliche Behörde, die über das Funktionieren des freien Wettbewerbs wacht. Sie kann Bußgelder in Millionenhöhe verhängen, wenn gegen die Wettbewerbsbestimmungen verstoßen wird.

C

Charge: Artikel aus einem Produktionsabschnitt werden mit einer gleichen Nummer versehen. Somit kann z. B. ihr Produktions- und Lieferweg nachvollzogen werden.

D

Darlehen: siehe Kredit

Deponie: Eine Deponie ist ein nach strengen Umweltvorschriften angelegter Platz, auf dem Restabfall gelagert wird. Jeder Abfall muss dafür durch Verbrennung oder mechanisch-biologische Anlagen vorbehandelt werden, um eine Umweltbelastung möglichst gering zu halten.

Depression: Tiefpunkt der Konjunktur, es finden keine Investitionen statt, die Arbeitslosigkeit steigt, viele Unternehmen müssen schließen.

Dienstleistungsbereich: Umfasst die Berufe, die nicht auf die Herstellung von Sachgütern gerichtet sind, sondern die vielfältige Dienste für die Verbraucher anbieten.

Dispositionskredit: Kreditinstitute räumen die Möglichkeit ein, das Girokonto um ein bis drei Monatseinkommen zu überziehen. Der Zinssatz wird durch Aushang in den Filialen bekannt gegeben.

duales System: Die Kombination aus betrieblicher und schulischer Ausbildung (Berufsschule).

E

effektiver Jahreszins: In ihm sind alle Kosten, die für einen Kredit anfallen, wie Zinsen und Bearbeitungsgebühren, enthalten. Er dient zum Vergleich von Kreditangeboten.

Einkommen: Oberbegriff für das Geld, das jemand in einem bestimmten Zeitraum erhält. Für Arbeit erhält man Lohn, Gehalt, Honorar, Sold usw. Stellt man jemandem eine Wohnung zur Verfügung, so erhält man Miete. Bringt man Geld zur Bank, dann gibt es dafür Zinsen.

Einzelhändler: Das Geschäft, in dem wir die Güter kaufen, die wir brauchen. Meistens werden diese Güter von Großhändlern hierher geliefert.

Emissionen: Feste, flüssige und gasförmige Luftverunreinigungen werden in die Atmosphäre entlassen. Sie entstehen in der Industrie, im Verkehr und in Haushalten. Geräusche, Wärme und Erschütterungen zählen ebenfalls dazu.

Energie: Energie wird heute hauptsächlich durch Verbrennung fossiler Rohstoffe, wie Kohle, Öl und Gas, gewonnen. Diese Energieträger können nicht erneuert werden und stehen uns nicht ewig zur Verfügung. Energie aus Sonne, Wind, Wasser und Biomasse nennt man regenerative Energie, weil diese Quellen unerschöpflich scheinen.

Lexikon

Entwicklungs- und Schwellenländer: Als Entwicklungsland wird ein Land bezeichnet, das im wirtschaftlichen, sozialen und politischen Bereich einen sehr niedrigen Stand aufweist. Erzielt aber ein Entwicklungsland im Lauf der Jahre überdurchschnittliche Wachstumsraten, so wird es als Schwellenland bezeichnet. Es befindet sich also auf der Schwelle zu einem Industrieland.

Ergonomie: Wissenschaft von den Leistungsmöglichkeiten des arbeitenden Menschen und von der Anpassung der Arbeitsbedingungen an den Menschen.

Erosion: Durch Rodung, Überweidung oder intensive Nutzung des Bodens kommt es oft zur Abtragung der fruchtbaren oberen Bodenschicht. Dadurch entstehen unfruchtbare und verödete Landschaften.

Ersatzinvestition: Finanzieller Aufwand für den Ersatz alter, kaputter oder nicht mehr zeitgemäßer Produktionsmöglichkeiten in einem Betrieb. Da neue Maschinen oft leistungsstärker als die alten sind, ist eine Ersatzinvestition oft gleichzeitig eine Erweiterungsinvestition.

Erweiterungsinvestition: Finanzieller Aufwand für den Ausbau der Produktionsmöglichkeiten in einem Betrieb.

Expansion: Alle oder manche Branchen erleben einen Aufschwung. Die Produktionsanlagen sind ausgelastet und auch die Einkommen der Arbeitnehmer beginnen zu steigen.

F

Familieneinkommen: Das Gesamteinkommen, das von allen Familienmitgliedern erwirtschaftet wird.

Flaute: Vorübergehender Stillstand in der konjunkturellen Entwicklung.

G

Gehalt: Angestellte erhalten ein Gehalt. Dies ist ein fester Monats-, manchmal sogar Jahreslohn. Gehalt wird nicht nach den gearbeiteten Stunden bezahlt.

Geld: Ein anerkanntes Zahlungsmittel, das man als Recheneinheit, Tauschmittel oder Wertaufbewahrungsmittel nutzt.

Generationenvertrag: Hierbei handelt es sich um keinen wirklichen, also irgendwo schriftlich festgehaltenen Vertrag. Vielmehr beinhaltet der Generationenvertrag die Tatsache, dass die jeweils jüngere Generation durch ihre Beiträge zur Rentenversicherung die Auszahlung der laufenden Renten sichert. Im Gegenzug sollen die jetzigen Beitragszahler einmal von den nachfolgenden Generationen die Altersversorgung erhalten.

Geschäftsfähigkeit: Per Gesetz ist geregelt, ab welchem Alter rechtsfähige Verträge geschlossen werden dürfen. Man unterscheidet dabei geschäftsunfähig, beschränkt und unbeschränkt geschäftsfähig.

Gewerbefreiheit: Notwendige Voraussetzung der Marktwirtschaft, wobei jeder die Freiheit hat, im Rahmen der gesetzlichen Bestimmungen ein Gewerbe zu betreiben. In Deutschland wurde die Gewerbefreiheit 1810 durch die preußischen Wirtschaftsreformen eingeführt.

Gewerkschaft: Sie vertritt die Interessen der Arbeitnehmer in unterschiedlichen Branchen. Sie setzt sich z. B. für höhere Löhne, bessere Arbeitsbedingungen, Arbeitszeitverkürzungen usw. ein.

Gewinn: Wenn ein Unternehmer vom Verkaufserlös eines Produkts nach Abzug aller Kosten (Material, Löhne usw.) noch Geld übrig hat, dann hat er Gewinn gemacht. Diesen muss er allerdings noch versteuern.

Girokonto: Ein Bankkonto zur Abwicklung von Bankgeschäften (z. B. Teilnahme am bargeldlosen Zahlungsverkehr).

Globalisierung: Viele Branchen erweitern ihre Geschäftstätigkeit über nationale Grenzen hinaus und nutzen so die internationale Arbeitsteilung. Es wird an den Standorten produziert, an denen es am günstigsten ist. Die grenzenlosen Möglichkeiten der schnellen Datenübertragung begünstigen die Globalisierung.

Güter: Sie dienen der Bedürfnisbefriedigung des Menschen (z. B. Verbrauchsgüter).

Gutschrift: Geld wird auf ein Konto überwiesen oder bar eingezahlt und dort gutgeschrieben (Gegenteil: Lastschrift).

H

Haushalt: Eine oder mehrere Personen, z. B. eine Familie, bilden einen Haushalt. Die Einkommen aller Haushaltsmitglieder sind die wirtschaftliche Grundlage eines Haushalts. Geld wird verdient und wieder ausgegeben. Neben diesen privaten Haushalten gibt es auch öffentliche Haushalte. Gemeinden, Bundesländer und der Bund erhalten Steuergelder, mit denen sie verantwortungsvoll wirtschaften müssen.

Hochkonjunktur: Die Wirtschaft ist in großem Umfang ausgelastet, die Arbeitslosigkeit ist gering. Die Preise steigen während der Hochkonjunktur schneller als sonst.

Honorar: Ärzte, Architekten oder Rechtsanwälte bekommen für ihre Arbeit ein Honorar. Meistens ist genau festgehalten, wie viel Geld für eine bestimmte Leistung verlangt werden darf.

Humanisierung: Die Arbeitsbedingungen sollen menschengerechter und damit weniger gefährlich und belastend sein. Man spricht in diesem Fall auch von Humanisierung der Arbeitswelt.

I

Immissionen: Die Immission ist eine Folge der Emission. Sie beschreibt die Einwirkung der Emission auf die Umwelt, d.h. auf Menschen, Tiere, Pflanzen, Böden und Gebäude.

Impulskauf: Eine Kaufentscheidung, die einem spontanen Kaufanreiz nachgibt; wird häufig auch als unüberlegter Kauf bezeichnet.

Industrie- und Handelskammer (IHK), Handwerkskammer: Organisationen, die bestimmte Aufgaben für ihre Mitglieder (Handwerks-, Industrie- bzw. Handelsbetriebe) wahrnehmen, wie z.B. die Abfassung von Ausbildungsinhalten, die Teilnahme bei Gesellenprüfungen usw. Außerdem geben diese Kammern Informationsbroschüren für ihre Mitglieder und die Öffentlichkeit heraus.

Individualversicherung: Freiwillige Versicherung, die alle möglichen Risiken des Einzelnen abdecken kann (Lebensversicherung, Rechtsschutz, Haftpflicht usw.).

Industrialisierung: Eine Bezeichnung für eine im 18. Jahrhundert in England beginnende Form der gewerblichen Produktion mit hohem Maschineneinsatz und der maschinellen Veredelung von Rohstoffen.

Inflation: Preissteigerung von Sachgütern und Dienstleistungen gegenüber einem bestimmten Zeitraum (z.B. Vorjahr).

Informationstechnik: Mithilfe moderner Informationstechnik lassen sich Informationen (z.B. Bilder, Nachrichten, Videos) weltweit und sekundenschnell versenden bzw. empfangen.

Internet: Weltweites Informations- und Kommunikationsnetz.

Internethandel: Einkauf und Verkauf über das Internet. Mithilfe des Computers werden Geschäfte abgeschlossen, ohne ein Geschäft betreten zu müssen oder die eigenen vier Wände zu verlassen.

Investition: Rückführung eines Teils vom Gewinn in den Betrieb, um z.B. neue Maschinen zu kaufen oder das Unternehmen zu erweitern.

Investitionsgüter: Güter, wie Werkzeuge, Maschinen oder Roboter, mit denen neue Güter produziert werden können.

J

Jugendarbeitsschutzgesetz: Das „Gesetz zum Schutz der arbeitenden Jugend" soll Jugendliche vor körperlichen und seelischen Schäden durch Arbeit bewahren.

Just in time: Kommt aus dem Amerikanischen und bedeutet „genau zur richtigen Zeit" oder „auf Abruf". Die Anlieferung benötigter Teile für die Produktion erfolgt in dem Moment, in dem diese Teile verarbeitet werden müssen. Das Ziel ist die Verringerung der Kosten für die Lagerhaltung, weil das Lager kleiner gehalten werden kann.

K

kapitalintensiv: siehe arbeitsintensiv.

Kartell: Vereinbarungen von Unternehmen zur Erlangung eines wirtschaftlichen Vorteils. Meist geht es um Preisabsprachen oder die Einschränkung des freien Wettbewerbs.

Kaufvertrag: Käufer und Verkäufer verpflichten sich, bestimmte Bedingungen und die Erfüllung der Inhalte einzuhalten. Die gesetzlich festgelegten Rechte der Käufer und die vereinbarten Merkmale der Ware oder Dienstleistung müssen eingehalten werden.

Kohlenstoffdioxid (CO_2): Es entsteht vor allem bei der Verbrennung fossiler Energieträger (Kohle, Erdöl, Gas). Es trägt hauptsächlich zum zusätzlichen Treibhauseffekt bei.

Kompetenzen: Fähigkeiten wie Teamfähigkeit, Selbstständigkeit, soziale Kompetenz, Kritikfähigkeit, die in modern geführten Industriebetrieben vorausgesetzt werden.

Konjunktur: Das Auf und Ab der Wirtschaft wird Konjunktur genannt. Die Veränderungen der Konjunktur stellen Wirtschaftsfachleute in Form einer Kurve dar. Es gibt eine Konjunktur der gesamten Wirtschaft eines Landes und unterschiedliche Konjunkturen der jeweiligen Wirtschaftszweige.

Konkurrenz: Mitbewerber beim Wettbewerb am Markt um Absatzgebiete und Kunden.

Konkurrenzfähigkeit: Fähigkeit, im nationalen und internationalen Wettbewerb bestehen zu können. Die Konkurrenzfähigkeit eines Unternehmens hängt u. a. vom Preis und von der Qualität der angebotenen Produkte ab.

Konsumentenkredit: Private Verbraucher nehmen einen Kredit zu privaten Zwecken auf, z. B. Anschaffungsdarlehen und Dispositionskredit.

Konsumgüter: Güter, die für den Verbrauch, den Konsum, hergestellt werden, wie Kleidung, Nahrungsmittel usw.

Konsumieren: Verbrauchen und Gebrauchen der Konsumgüter.

Kooperationsprinzip: Alle Gesellschaftsgruppen sind aufgerufen, gemeinsam am praktischen Umweltschutz zu arbeiten. Bund, Länder, Gemeinden und Bürger leisten ihre Beiträge dazu.

Kredit: Die zeitweilige Überlassung von Geld durch einen Kreditgeber an einen Kunden. Dafür zahlt der Kunde Zinsen und Gebühren. Kredite werden auch als Darlehen bezeichnet, wenn sie z. B. für den Kauf eines Hauses genutzt werden und über viele Jahre zurückgezahlt werden müssen.

Kreditfähigkeit: Persönliche Daten (z. B. Einkommen, Familienstand, finanzielle Verpflichtungen, Miethöhe, …) und die Volljährigkeit werden abgefragt, um zu überprüfen, ob die rechtlichen Grundlagen für einen Kredit gegeben sind.

Kredithaie: Anbieter auf dem freien Geldmarkt, die undurchsichtige, manchmal ungesetzliche Vereinbarungen treffen und überhöhte Zinsen für einen Kredit verlangen.

Kreditinstitute: Banken und Sparkassen, die einen Kredit gewähren.

Kreditsicherung: Der Kreditgeber verlangt normalerweise vom Kreditnehmer eine Sicherheit für die Rückzahlung des Kredits. Häufige Kreditsicherungen sind Lohn- oder Gehaltsabtretungen, d. h. im Falle der Zahlungsunfähigkeit wird ein Teil des Lohns oder Gehalts des Kreditnehmers einbehalten. Auch die Übereignung von Kaufgegenständen kann als Sicherung dienen, d. h. kann der Kreditnehmer nicht zahlen, geht der Gegenstand in das Eigentum des Kreditgebers über.

L

Laufzeit: Ein Kredit muss innerhalb einer vertraglich vereinbarten Zeit zurückgezahlt werden. Geld wird für eine vertraglich festgelegte Zeit angelegt.

Lean Production: „Schlanke Produktion", Produktionsweise mit weniger Mitarbeitern auf allen betrieblichen Ebenen. Ziel ist die Vermeidung von unnötigen Arbeitsgängen und die Vermeidung von Fehlern und Materialverschwendung. Alle Mitarbeiter tragen höhere Verantwortung für ihren Bereich.

Lebensstandard: Die Art und Weise, wie die Mehrzahl der Menschen in einem Land oder in einer bestimmten Gegend ihr Leben führt, bezeichnet man als Lebensstandard. Arbeitszeit, Freizeit, Einkommenshöhe, medizinische Versorgung sind einige Punkte, die man bei dem Vergleich unterschiedlicher Lebensstandards berücksichtigen muss.

Leih- und Zeitarbeit: Firmen verleihen Arbeitnehmer an Betriebe mit kurzfristigem Arbeitskräftebedarf. Die ausgeliehenen Arbeitnehmer erhalten nur zeitlich begrenzte Arbeitsverträge ohne Kündigungsschutz.

Link: Durch einen Link wird man von einer Internetseite auf eine andere Internetseite oder ein Dokument weitergeleitet. Meistens werden Links durch Symbole oder farbige Schrift dargestellt.

Lohn: Arbeiter erhalten einen Lohn. Meist wird dieser als Stundenlohn vereinbart und als Monatslohn für die geleistete Arbeitszeit ausbezahlt.

Lohnkosten: Bei den Gesamtkosten eines Unternehmens, die bei der Produktion anfallen, werden die Lohn- und die Lohnnebenkosten gesondert aufgeführt. Lohnkosten werden als Arbeitsentgelt den Arbeitnehmern direkt überwiesen. Lohnnebenkosten sind z. B. gesetzliche Leistungen wie die Beiträge des Unternehmens zur Renten-, Arbeitslosen- und Krankenversicherung, sowie eine Reihe weiterer tariflicher und auch freiwilliger Leistungen (z. B. 13. Monatsgehalt, Urlaubsgeld).

M

Markenartikel: Waren, die vom Hersteller oder Händler unter einem bestimmten Namen auf den Markt gebracht werden.

Markt: Wo Angebot und Nachfrage zusammentreffen, da entsteht automatisch ein Markt. Früher war dies immer ein fester Ort, ein Marktplatz. Heute gibt es zusätzlich nationale und internationale Märkte oder die Börse. Dazu kommen die „Marktplätze", die im Internet genutzt werden können.

Marktwirtschaft: Die Wirtschaftsordnung in der Bundesrepublik Deutschland wird auch soziale Marktwirtschaft genannt. In einer freien Marktwirtschaft herrscht das freie Spiel der Kräfte „Angebot und Nachfrage". Zum Schutz der Schwachen, der Umwelt und der Arbeitnehmer greift der Staat durch Gesetze ein. Daraus entwickelte sich die soziale Marktwirtschaft.

materielle Dinge: Alles, was wir anfassen, mit unseren Händen greifen können. Im Unterschied dazu stehen die nichtmateriellen geistigen oder sozialen Werte wie Freundschaft, Liebe, Anerkennung usw.

Miete: Der Preis, den man für einen festgelegten Zeitraum für eine Wohnung, ein Haus, eine Garage, ein Auto von einer Leihfirma oder auch ein Paar für den Urlaub geliehene Skier zahlen muss.

Minderung: Bei fehlerhafter Ware oder Dienstleistung kann der Käufer eine Herabsetzung des Kaufpreises verlangen.

N

Nachfrage: Deckung der Bedürfnisse durch Kauf von Waren und Dienstleistungen.

nachhaltiger Konsum: Sowohl bei der Kaufentscheidung als auch beim Verbrauch und bei der Entsorgung sollen die Verbraucher auf umweltfreundliche Produkte achten. Dadurch nehmen sie Einfluss auf die Produktion umweltfreundlicher Produkte, können Wertstoffe in einen Kreislauf zurückführen und Müll vermeiden.

nachhaltiges Wirtschaften: Industrie, Handel und Verbraucher sollen bei Planung, Herstellung, Verkauf und Verbrauch von langlebigen und umweltschonenden Produkten gemeinsam verantwortlich sein. Die Bundesregierung setzt im Kreislaufwirtschaftsgesetz auf die Einsparung von Rohstoffen und Energie.

Nettolohn: Beim Lohn oder Gehalt spricht man vom Nettolohn oder Nettobetrag, wenn die Steuern und Sozialabgaben abgezogen sind. Den Nettobetrag bekommt man ausbezahlt.

O

Offene Waren: Lebensmittel, die keine Warenbezeichnung tragen müssen, z. B. Obst, Gemüse, Gebäck, Fleisch, …

Ökoinlandsprodukt: Finanziell messbare Schäden, die durch die Umweltbelastung entstehen. Die Kosten der Beseitigung dieser Schäden müssen vom Bruttoinlandsprodukt abgezogen werden, um so den tatsächlichen Wohlstand des Landes festzustellen.

Ökologie: Sie zeigt die Beziehungen zwischen Lebewesen und ihrer Umwelt auf.

Ökonomie: Lehre von der Wirtschaft. Ursprünglich bezog sich der Begriff auf das Haus, den Haushalt (griechisch: oikos = Haus). Heute steht Ökonomie für die Wirtschaft und das Wirtschaftssystem eines Staates.

ökonomisch: rückt den Gedanken der Wirtschaftlichkeit in den Vordergrund. Der sinnvolle und gewinnbringende Einsatz aller wirtschaftlichen Faktoren wird als ökonomisches Handeln bezeichnet.

Ökosystem: In der natürlichen Umwelt bilden Pflanzen und alle Lebewesen eine Gemeinschaft, die sich selbst regulieren kann. Der Mensch nutzt diese natürliche Umwelt und kann sie dadurch zerstören.

Onlinebanking: Bankgeschäfte, wie Überweisungen oder Kontostand abrufen, können mittels Computer oder Telefon getätigt werden.

P

Preis: Im Idealfall soll sich der Preis durch das Zusammentreffen von Angebot und Nachfrage am Markt bilden. Oft werden Preise jedoch von Herstellern oder Händlern einseitig festgelegt.

Preisabsprache: Verschiedene Hersteller des gleichen Produkts einigen sich auf bestimmte Preise für ihre Produkte. Damit herrscht kein echter Wettbewerb mehr und eine freie Preisbildung nach den Regeln der sozialen Marktwirtschaft wird umgangen.

Produkt: Dinge, die in Fabriken oder Handwerksbetrieben hergestellt (produziert) werden. Aber genauso sind Obst, ein Musikstück oder ein Roman Produkte.

Produktionsmittel: Voraussetzung zur Herstellung von Wirtschaftsgütern. Darunter versteht man Boden, Arbeit und Kapital (Maschinen, Werkzeuge, Geld). Auch der „Faktor Wissen" oder das „Knowhow" werden als wichtiges Produktionsmittel angesehen.

Produktivität: Ist z. B. das Verhältnis zwischen der Menge der hergestellten Waren und der dafür benötigten Arbeitszeit oder das Verhältnis des Wertes der hergestellten Waren zum Wert des eingesetzten Kapitals.

Prognose: Vorhersage, die auf Erfahrungen und wissenschaftlichen Erkenntnissen beruht. Fachleute geben regelmäßig Prognosen über den Verlauf der Konjunktur ab. Dies soll den Unternehmern und Politikern bei ihren Planungen hilfreich sein.

R

Rationalisierung: Es werden für die Arbeit besser geplante neue Verfahren und Arbeitsweisen eingesetzt. Die Arbeit wird dadurch gestrafft. Rationalisierung dient im engeren Sinne zur Produktivitätssteigerung oder zur besseren Wirtschaftlichkeit eines Unternehmens (z. B. Kostensenkung).

Recherche: Suche nach Informationen.

Rendite: Tatsächlicher Gewinn (z. B. Zinsen) aus einem angelegten Kapital (z. B. in Wertpapieren). Die Rendite wird meist in Prozent angegeben.

Rezession: Wenn die Hochkonjunktur nachlässt, die Bevölkerung also nicht mehr so viel kauft und die Unternehmen nicht mehr so viel produzieren, dann befindet sich die Wirtschaft in einer Rezession, in einem Abschwung.

Rüstzeit: Zeitspanne, die benötigt wird, um eine Maschine für die Bearbeitung eines neuen Auftrags vorzubereiten.

S

Saisonartikel: Ein Artikel, der nur für eine kurze Zeit von Käufern verlangt wird. Meist wird in dieser kurzen Zeit eine große Menge dieses Saisonartikels verkauft, z. B. Skistiefel oder Osterhasen.

Schlichter: Neutrale Persönlichkeit, die während einer laufenden Tarifverhandlung von den Tarifpartnern gerufen werden kann, damit man doch noch einen Kompromiss findet, um einen Streik zu vermeiden.

Schlüsselindustrie: Ein Industriebereich, der vielen anderen Branchen eine wirtschaftliche Grundlage verschafft. So sichert die Autoindustrie Arbeitsplätze in Betrieben aus den Bereichen Elektronik, Polsterei, Glas usw.

Skonto: Der Kunde erhält einen freiwilligen Rabatt, wenn er bar bezahlt oder wenn er innerhalb einer festgelegten Frist zahlt.

Schuldnerberatungsstellen: Sie bieten kostenlos Hilfe und Möglichkeiten der Schuldenregulierung bei Überschuldung an.

Solidaritätszuschlag: Ein Zuschlag zur Einkommensteuer, Kapitalertragsteuer und Körperschaftsteuer, der eingeführt wurde, um die Kosten der deutschen Wiedervereinigung zu finanzieren.

Sozialabgaben: Darunter versteht man die Beiträge zur Sozialversicherung.

Schwellenländer: siehe Entwicklungsländer.

Sozialgeld: Personen bzw. Familien, die ihren Lebensunterhalt nicht selbst erwirtschaften und denen auch nahe Verwandte nicht helfen können, erhalten Sozialgeld. Dabei handelt es sich um einen monatlichen Grundbetrag pro Person und Zusatzleistungen für bestimmte Anlässe.

Soziales Netz: Bezeichnung für die Gesamtheit aller sozialen Leistungen staatlicher und anderer Organisationen, z. B. Krankenversicherung, Rentenversicherung, Kindergeld, Wohngeld, Altershilfe für Landwirte usw.

Sozialpartner: Tarifvertragsparteien, in der Regel Gewerkschaften und Arbeitgeberverbände.

Sozialversicherung: Seit Ende des 19. Jahrhunderts besteht die gesetzliche Sozialversicherung in Deutschland. Sie umfasst heute die Kranken-, Arbeitslosen-, Renten-, Unfall- und Pflegeversicherung. Die Beiträge zu diesen Sozialversicherungen werden von Arbeitgebern und Arbeitnehmern gezahlt, mit Ausnahme der Unfallversicherung. Dafür müssen die Arbeitgeber allein aufkommen.

Spezialisierung: 1. Verringerung der Produktion auf wenige Produkte oder nur ein Produkt.
2. Sichere Beherrschung von wenigen Arbeitsschritten durch Arbeitszerlegung.
3. Ausrichtung auf ein Fachgebiet.

Staat: Gemeinwesen, das in Form unterschiedlicher Behörden im Bund, den Ländern und Gemeinden vielfältige Aufgaben erfüllt. Der Staat kann gewisse Rahmenrichtlinien für das Funktionieren der sozialen Marktwirtschaft erlassen, darf in einer Demokratie aber nicht in die wirtschaftlichen Entscheidungen der Unternehmen eingreifen.

Steuer, direkte: Lohn- und Einkommensteuer sind Abgaben an den Staat, die direkt von den Arbeitgebern abgezogen und an die jeweiligen Finanzbehörden überwiesen werden.

Steuer, indirekte: Die Mehrwertsteuer ist die bekannteste indirekte Steuer. Sie ist im Preis aller Produkte enthalten. Für Produkte wie z. B. Tabak, Alkohol und Benzin gibt es zusätzliche indirekte Steuern.

Strukturwandel: Das Gefüge der gesamten Wirtschaft ist nicht starr, sondern verändert sich laufend. Ganze Wirtschaftszweige verlieren im Laufe der Jahre an Bedeutung, andere entstehen völlig neu und erlangen immer größere Bedeutung. Diese Veränderungen, die weltweit stattfinden, werden als Strukturwandel bezeichnet.

Subvention: Staatliche Finanzbeihilfe. Entweder wird eine Subvention als direkte Geldleistung oder indirekt als steuerliche Erleichterung über einen bestimmten Zeitraum gewährt. Subventionen sollen benachteiligten Branchen oder gefährdeten Unternehmen helfen.

T

Tabellenkalkulation: Ein Computerprogramm zum Ausführen von Berechnungen in Tabellenform.

Tarifvertrag: Abmachung zwischen Arbeitgeberverbänden und Gewerkschaften über Lohn- bzw. Gehaltserhöhungen, Arbeitszeiten, Urlaubstage, Arbeitsbedingungen usw.

Technologie: Das Wissen um die Anwendung bestimmter Produktionstechniken.

Tilgung: In festgelegten regelmäßigen Raten wird der Betrag eines aufgenommenen Kredits zurückgezahlt.

Treibhauseffekt: „Natürlicher Treibhauseffekt“: Die kurzwelligen Sonnenstrahlen können die Atmosphäre durchdringen und heizen die Erdoberfläche auf. Die Erdoberfläche strahlt die Wärme wieder ab, doch nur ein kleiner Teil kann direkt in das Weltall entweichen. Der überwiegende Teil wird von Wolken und Spurengasen wieder zur Erde zurückgestrahlt. Dadurch herrscht auf der Erde eine erträgliche Durchschnittstemperatur von 15 °C.
„Zusätzlicher Treibhauseffekt“: Durch die zunehmende Belastung der Atmosphäre mit Kohlenstoffdioxid und anderen Gasen wird der natürliche Treibhauseffekt verstärkt. Dieser Temperaturanstieg kann eine weltweite Klimaveränderung zur Folge haben.

Treibhausgas: Kohlenstoffdioxid (CO_2) trägt am meisten zum zusätzlichen Treibhauseffekt bei. Weitere Gase sind Methan, CFKW, Ozon und andere.

Trend: 1. Gibt eine Richtung an, die längerfristig und nachhaltig wirkt, z. B. spricht man von Trend bei der Mode, bei Automodellen oder Wahlen.
2. Fachleute berechnen eine Grundrichtung, in der die Konjunktur verläuft. Dabei werden die Spitzen und die Tiefen einzelner Branchen ausgeklammert.

U

Überschuldung: Kann jemand seine Schulden – in welcher Form auch immer – nicht mehr zurückzahlen, spricht man von Überschuldung.

Umsatz: Die gesamten Einnahmen aus dem Verkauf von Waren oder Dienstleistungen. Davon sind noch keine Kosten (z. B. Lohnkosten, Ladenmiete, ...) abgezogen.

V

Verbraucher: Nutzer einer Ware oder einer Dienstleistung.

Verlust: Sind die Einnahmen geringer als die Kosten, spricht man von Verlust.

Verursacherprinzip: Wer einen Schaden verursacht, muss dafür bezahlen. Wird die Umwelt belastet, müssen Gebühren dafür entrichtet werden, wie z. B. Abwasser- und Abfallgebühren. Hohe Preise, z. B. für Benzin, sollen bewirken, dass weniger verbraucht wird.

Vorsorgeprinzip: Es ist besser Schäden zu vermeiden, als sie wieder zu reparieren. So muss die Industrie z. B. bestimmte gesetzliche Vorgaben erfüllen, um Luft-, Wasser- oder Bodenbelastungen zu vermeiden.

W

Wachstum, nominal: Das Wirtschaftswachstum wird vom Statistischen Bundesamt in regelmäßigen Abständen gemessen. Der veröffentlichte Prozentwert drückt immer das Ansteigen der Wirtschaftsleistung gegenüber einer festgelegten Bezugsgröße aus (z. B. das BIP des Vorjahres). Nominal bedeutet, dass bei diesem errechneten Wert die Inflation noch nicht berücksichtigt wurde.

Wachstum, real: Wird aus einer errechneten Wachstumsgröße die Geldentwertung durch die jährliche Inflation herausgerechnet, dann erhält man den realen Anstieg des Wirtschaftswachstums.

Wandelung: Rückgängigmachen des Vertrags. Der Käufer kann die mangelhafte Ware zurückgeben, der Verkäufer muss den Kaufpreis zurückzahlen.

Warenkorb: Ausgewählte Waren und Dienstleistungen werden zu einem statistischen Warenkorb zusammengefasst, um so die Veränderung der Preise über einen bestimmten Zeitraum hinweg zu verfolgen.

Weiterbildungsmaßnahme: Schulungen seitens der Bundesagentur für Arbeit oder eines Betriebes, um Mitarbeiter mit neuen bzw. geänderten Arbeitstechniken vertraut zu machen.

Werbung: Werbung wird eingesetzt, um etwas bekannt zu machen oder um auf sich aufmerksam zu machen. Sie kann sich z. B. auf Waren, Dienstleistungen, Parteien oder bestimmte Interessen beziehen.

Wertpapiere: Urkunden wie Aktien, Pfandbriefe, Bundesschatzbriefe usw. Man kann diese Papiere bei Banken kaufen und erhält dafür Zinsen.

Wettbewerb: Mehrere Anbieter gleicher Produkte bemühen sich am Markt um den Kunden. Freier Wettbewerb ist ein wichtiger Grundpfeiler der Marktwirtschaft und wird vom Bundeskartellamt in Berlin überwacht.

Wirtschaftskreislauf: Darin wird modellhaft aufgezeigt, wie die wesentlichen Beziehungen zwischen Haushalt, Unternehmen, Staat und Ausland stattfinden. Dies wird an Geld- und Güterströmen dargestellt.

Z

Zahlungsformen: Es gibt verschiedene Möglichkeiten Rechnungen zu begleichen: Barzahlung, Überweisung vom Girokonto, Lastschrift vom Girokonto, Zahlen mit Girocards oder Kreditkarten.

Zinsen: Legt man Geld bei einer Bank oder Sparkasse an, erhält man Zinsen, deren Höhe mit einem bestimmten Prozentsatz vorher festgelegt wird. Nimmt man einen Kredit auf, muss man Zinsen bezahlen.

Stichwortverzeichnis

Stichwortverzeichnis

Bildquellenverzeichnis

U1.1 Corbis (Ron Chapple), Düsseldorf
U1.2 AP (Thomas Kienzle), Frankfurt
U1.3 Getty Images (Clive Brunskill), München
U1.4 Getty Images (RF/STOCK4B), München
7.1 Picture-Alliance (Chromorange), Frankfurt
9.1 TV Yesterday, München
9.2 Alamy Images RM (imagebroker), Abingdon, Oxon
9.3 Deutsches Rundfunkarchiv (Hanni Forrer), Frankfurt
9.4 Fotolia LLC (Konstantin Sutyagin), New York
9.5 Alamy Images RM (Sami Sarkis Studio), Abingdon, Oxon
9.6 Alamy Images RM (Simon Belcher), Abingdon, Oxon
10.1 BECK/www.schneeschnee.de, Leipzig
10.2 iStockphoto (Natasha Litova), Calgary, Alberta
11.1 Picture-Alliance (dpa), Frankfurt
14.1 Klett-Archiv (Herbert Blazejewicz), Stuttgart
16.1 Klett-Archiv (Dieter Gebhardt), Stuttgart
17.1 Klett-Archiv (Dieter Gebhardt), Stuttgart
17.2 Klett-Archiv (Dieter Gebhardt), Stuttgart
18.1 shutterstock (Kristian Sekulic), New York, NY
18.2 iStockphoto (RF/Gingerich), Calgary, Alberta
20.1 Keystone (DiAgentur), Hamburg
21.1 Klett-Archiv (Dieter Gebhardt), Stuttgart
24.1 Picture-Alliance (Globus Infografik), Frankfurt
27.1 Imago Stock & People (INSADCO), Berlin
28.1 Süddeutscher Verlag (H. Lohmeyer/Joker), München
28.2 Alamy Images RM (Peter Widmann), Abingdon, Oxon
28.3 Visum (Thomas Langreder), Hamburg
29.1 Klett-Archiv (Uwe Lenz), Stuttgart
30.1 Picture-Alliance (Globus Infografik), Frankfurt
30.2 CCC, www.c5.net (Martin Erl), Pfaffenhofen a.d. Ilm
31.1 iStockphoto (Mustafa Deliormanli), Calgary, Alberta
31.2 iStockphoto (Jakub Semeniuk), Calgary, Alberta
31.3 mindset AG, St. Niklausen
32.1 Action Press (Jerry Bergman), Hamburg
32.2 Action Press (Fritz Rust), Hamburg
32.3 ecopix Fotoagentur (Andreas Froese), Berlin
33.1 Klett-Archiv (Uwe Lenz), Stuttgart
34.1 Fotosearch RF, Waukesha, WI
36.1 Klett-Archiv (Herbert Blazejewicz), Stuttgart
37.1 Picture-Alliance (Globus Infografik), Frankfurt
38.1 Das Fotoarchiv (Thomas Mayer), Essen
39.1 Picture-Alliance (Globus Infografik), Frankfurt
40.1 Klett-Archiv (Helmut Neutschel), Stuttgart
41.1 www.bilderbox.com, Thening
42.1 Picture-Alliance (Globus Infografik), Frankfurt
45.1 Getty (Stephen Chernin), München
48.1 iStockphoto (Luca di Filippo), Calgary, Alberta
50.1 Klett-Archiv (Norbert Umlandt), Stuttgart
50.2 Corbis (RF/Roy McMahon), Düsseldorf
51.1 Klett-Archiv (Cira Moro), Stuttgart
52.1 Imago Stock & People (Jochen Tack), Berlin
53.1 Imago Stock & People (Olaf Döring), Berlin
53.2 Klett-Archiv (Hans-Werner Thunig), Stuttgart
53.3 Caro Fotoagentur (Ruffer), Berlin
54.1 Klett-Archiv (Karl Gälle), Stuttgart
57.1 Deutscher Sparkassen Verlag, Stuttgart
58.1 Mauritius (Bergmann), Mittenwald
58.2 Imago Stock & People (Steinach), Berlin
59.1 Volkswagen AG, Wolfsburg
60.1 Picture-Alliance (Globus Infografik), Frankfurt
61.1 CCC, www.c5.net (Horst Haitzinger), Pfaffenhofen a.d. Ilm
63.1 ThyssenKrupp AG, Düsseldorf
66.1 Intro (Peter Himsel), Berlin
68.1 Klett-Archiv (Norbert Umlandt), Stuttgart
69.1 shutterstock (Magdalena Bujak), New York, NY
70.1 iStockphoto (Annett Vauteck), Calgary, Alberta
70.2 Picture-Alliance (dpa), Frankfurt
70.3 www.bilderbox.com, Thening
71.1 Klett-Archiv (Norbert Umlandt), Stuttgart
71.2 Klett-Archiv (Norbert Umlandt), Stuttgart
71.3–5 Bundesagentur für Arbeit, Nürnberg
72.1 Helga Lade (B. Blume), Frankfurt
72.2 Schornsteinfegerinnung Stuttgart, Waiblingen
72.3 Vividia (Hardenberg), Puchheim
72.4 Visum (Lutz Fischmann), Hamburg
72.5 Keystone, Hamburg
72.6 Mediacolor's, Zürich
73.1 Klett-Archiv (Sebastian Frey), Stuttgart
75.1 Mauritius (Rosenfeld), Mittenwald
76.1 Klett-Archiv (Sabine Streit), Stuttgart
76.2 Klett-Archiv (Horst Babendererde), Stuttgart
77.1 Klett-Archiv (Helmut Neutschel), Stuttgart
77.2 Klett-Archiv (Horst Babendererde), Stuttgart
78.1 Kurt Römer, Plochingen
78.2 Picture-Alliance (Globus Infografik), Frankfurt
78.3 Visum (Joerg Mueller), Hamburg
79.1 Marie Marcks, Heidelberg
80.1 Joker (Martina Hengesbach), Bonn
80.2 Klett-Archiv (Zuckerfabrik digital), Stuttgart
80.3 Klett-Archiv (Matthias Nortmeyer), Stuttgart
81.1 Mauritius (Hubatka), Mittenwald
82.1 Bildagentur-online, Burgkunstadt
82.2 Bildmaschine (Robert Kneschk), Berlin
83.1 Imago Stock & People (Emil Umdorf), Berlin
83.2 Bildagentur Waldhäusl, Waidhofen/Ybbs
83.3 Imago Stock & People (Sven Lambert), Berlin
83.4 ddp Deutscher Depeschendienst GmbH (David Hecker), Berlin
86.1 Picture-Alliance (Harry Melchert), Frankfurt
89.1 Porsche AG, Stuttgart
91.1 BiBB, Bonn